走向蔚蓝

张謇与港航现代化

·沈道明 主编

·张謇企业家学院 编

凤凰出版社

图书在版编目（CIP）数据

走向蔚蓝：张謇与港航现代化 / 沈道明主编；张
謇企业家学院编. -- 南京：凤凰出版社，2025. 3.
ISBN 978-7-5506-4489-2

Ⅰ. K825.38；F552.9

中国国家版本馆CIP数据核字第202459VJ85号

书　　　名	走向蔚蓝:张謇与港航现代化	
主　　　编	沈道明	
编　　者	张謇企业家学院	
责 任 编 辑	莫　培	
装 帧 设 计	陈贵子	
责 任 监 制	程明娇	
出 版 发 行	凤凰出版社(原江苏古籍出版社)	
	发行部电话025-83223462	
出版社地址	江苏省南京市中央路165号,邮编:210009	
照　　排	南京凯建文化发展有限公司	
印　　刷	江苏扬中印刷有限公司	
	江苏省扬中市大全路6号,邮编:212212	
开　　本	652毫米×960毫米　1/16	
印　　张	17.25	
字　　数	232千字	
版　　次	2025年3月第1版	
印　　次	2025年3月第1次印刷	
标 准 书 号	ISBN 978-7-5506-4489-2	
定　　价	68.00元	

(本书凡印装错误可向承印厂调换,电话:0511-88420818)

序

　　港航业乃海洋强国之基、交通体系之脉，织就海洋经济兴盛与国际贸易繁荣的壮丽篇章。先贤张謇，以其远见卓识，开启港航早期现代化之旅，其理念与实践，如璀璨星辰，点缀着近代灰暗的历史天空。今日回望，不仅是对先贤智慧的深度触摸，更是为未来发展寻找镜鉴，为新时代港航业乃至交通强国建设铺设智慧基石。在波澜壮阔的发展浪潮中，港航与交通体系交织共舞，彰显着前行的内在韵律，引领我们紧握机遇之舵，勇对挑战之风，共绘国家向海图强、交通先行的恢宏画卷。

　　通览《走向蔚蓝：张謇与港航现代化》，能深切感知近代中国港航发展历程的曲折与张謇先生在其中所做出的重要贡献。张謇，这位中国近代史上杰出的实业家，其交通、港航理念不仅具有前瞻性，更体现了他对国家发展的深刻思考。他深知交通、港航之于国家经济的重要性，因此在清末民初之际，致力于推动交通与港航事业的早期现代化。通过引进先进技术、改善港口设施、拓展航线网络等港航实践，为近代中国港航事业注入了新的活力。他推进港航事业的努力，对于当代海洋强国与交通强国建设有着深远的启示。

　　本书由沈道明同志担任主编。他长期从事海事管理工作，在港航监管方面有较高的政策理论水平和较为丰富的实践经验。由他带领的科研团队汇聚了海事、航运教育及张謇企业家学院等多领域的管理与科研人员，确保了在港航研究与张謇研究上的专业性。他们以虔诚之心追溯张謇先生的足迹，将对先贤的崇敬之情转化为研究动力，深度融合丰富的港航管理经验开展理论探索，匠心独运地续写张謇港航现代化理念的当代传承与发展新篇。他们从总体上规划、从细节上着手,较为全面地展现了张謇与港航现代化之间的紧密联系,形成了研究的开创性、全面性、准确性、启发性和成熟性五个特性。这些特性共同勾勒出一幅丰富而深邃的历史画卷,为更深入地了解张謇,了解其与中国港航现代化之间的关系提供了新的时空场景。

课题研究体现出创新性。从研究视角的选取来看,围绕张謇在航运公司、航线、码头、港口、渔业、海权、航道、船闸、仓储、船厂、商船学校、商船公会等方面,深入探讨了张謇港航事业及其对当代社会的深远意义。这一研究角度在既有的学术文献中虽有涉及,但缺少系统性和深入性。本书通过系统研究,综合运用历史学、经济学、社会学等多学科的理论和方法,对张謇港航事业及其社会影响进行了全面而深入的分析,不仅详细展现了张謇对港航事业的贡献和影响,更从中提炼出了具有普遍意义的经验和启示,不仅是对张謇港航事业研究的深化和拓展,也为其他领域的研究提供了可贵的参考和借鉴。

研究内容呈现出全面性。本书以中国近代港航事业的发展脉络为历史背景,为读者提供了一个宏观的历史视野。结合剖析张謇一生所从事的港航事业,不仅详细叙述了其主要经历和业绩,还客观分析了其中的成败得失。这种全面性的分析使得读者能够深入了解张謇在港航事业中的贡献和局限,从而对其形成更为全面和客观的认识。更为重要的是,本书在介绍张謇的港航事业时,特别注重对其理念和精神层面的总结。通过对张謇的港航理念、实践策略以及精神风貌的深入挖掘,展现了张謇作为一位杰出实业家的独特魅力和深远影响。书中还紧密结合当代港航高质量发展的现实问题,有针对性地提出了一系列启发和见解,既彰显出张謇港航事业在中国近代史上的重要地位和作用,还为解决当代港航事业面临的问题提供了有益的启示。

研究观点表现出准确性。必须强调的是,尽管从学术研究上来说难以确保书中所有观点都绝对无误,但在总体上,本书不仅依托了大量的历史文献和档案资料,还运用了历史分析法、比较分析法等多种研究方法,注重逻辑性和条理性,使得观点之间的关联和推理过程清晰明了,其基本观点和重要观点均经过深入思考和严密论证,并没有盲目地追求新颖和独特,而是在充分吸收前人研究成果的基础上,结合新发现的历史资料和现实情况,提出了具有创新性和实践意义的观点,具有一定的前瞻性和启发性,表现出严谨性与准确性。

学术思想彰显出启发性。本书在梳理张謇港航经历和业绩的同时,深入研究张謇在当时具有前瞻性和创新性、对后世亦产生了深远影响的港航理念,注重提炼出其核心要义,并发掘其对现实的启发意义,凸显出张謇港航理念在当今社会背景下的适用性和发展潜力,展现了一种跨时代、跨领域的思考方式。这种将历史与现实相结合的研究方法,为理解张謇及近代港航事业的发展历程和规律提供了新颖的视角。

研究方法凸显出成熟性。在材料搜集与整理方面,编写组进行了广泛而深入的文献挖掘和实地调研,确保了研究材料的丰富性和准确性。并按照学术研究的规范和标准,进行了系统的梳理和归纳。这种严谨的态度不仅体现在文本表述的准确性和逻辑性上,更体现在对研究问题的深刻理解和全面把握上。在立论构建方面,基于充分的材料支撑和深入的理论分析,提出了具有创新性和实践意义的研究观点。使得本书在结构安排、语言表达、逻辑论证等方面均达到了较高的水准。这不仅体现了编写组扎实的学术功底和严谨的研究态度,更展示了本书在学术上的成熟性、专业性和严谨性。

鉴于本书是聚焦于张謇港航理念与实践的课题研究成果,在专题性阐明史实、阐发理念的同时,也留下诸多可供发散思考、深入挖掘的研究点。在课题结题评审会上,我曾提出要辩证认识李鸿章、盛宣怀创办轮船招商局在近代史上的积极意义与消极作用,以及盛宣怀与张謇的关系、招商局对张謇港航事业的影响;充实张謇吴淞开埠的具体史实,以及他所具有并与时俱进的港航理念、开埠理念,更要客观地评价吴淞开埠在近代史上的价值;还希望深入考证张謇创办中比国际航运公司的过程,深入挖掘张謇强烈的爱国主义、执着的强国梦想、与五洲竞文明的国际视野,力求展现其竭力推进中国早期现代化进程,与世界先进国家比肩而立的宏大抱负。值得欣慰的是,编写组在结项报告基础上,围绕以上建议对书稿进行了实质性的拓展与深化,新增内容颇为可观,此等努力值得高度肯定。研究学问没有止境,不同的史料、不同的视角、不同的方法往往会形成创新性的结论。我诚挚地建议,有志于张謇研究的专家学者,可沿此脉络继续深耕,特别是在上述提及的多个视点上,开展更为精细、更为深入的研究,形成更多富有见地的研究成果,共同推动张謇研究走向新的高度。

　　总之,本书犹如一幅波澜壮阔的画卷,缓缓铺展开中国近代港航事业发展的曲折历程。它不仅引领我们穿越历史长河,一睹港航业在中国近代的起始与变迁,更以细腻的笔触,勾勒出张謇这位实业巨擘的港航传奇。书中,张謇的港航征程被生动描绘,每一次尝试与挑战,成功与挫折,都跃然纸上,让读者能够产生亲历其境的感觉。张謇的智慧与汗水,在字里行间生动体现,他的每一次决策、每一次创新,都闪耀着勇毅力行的光芒。而书中对张謇港航理念的深度挖掘,更是让人感受到他超越时代的远见卓识与不懈追求,那份对事业的热爱与执着,激励着后人砥砺前行。尤为精彩的是,本书并未止步于对历史的回顾,而是巧妙地将张謇的港航智慧与当代港航高质量发展的现实需求相结合,提出了一系列既具前瞻性又接地气的见解。这不仅是对历史的致敬,更是对未来的期许,让读者在品味历史的同时,也能感受到时代脉搏的跳动,思考如何在新时代背景下,续写港航事业的新篇章。

　　期待我们的张謇研究继续走深,走实,走向更为广阔的空间!

　　期待我们的海洋强国、交通强国建设走向蔚蓝,迈向深蓝,早日梦圆!

　　与诸君共勉!

　　是为序。

罗一民

甲辰年冬月于金陵

目　录

前　言

　　走向蔚蓝,是人类对海洋的向往、开发与利用,推动着人类全球化与现代化的进程。海洋连接世界,拓宽了人类的视野与边界,促进了经济、文化的交流与融合,推动着社会不断进步,为人类现代化的发展铺设了更广阔的舞台。中国式现代化是中国共产党带领人民群众接续推进并取得伟大成就的社会主义现代化。但其源起,始于19世纪中叶因西方列强强势入侵而被迫开启的中国早期现代化(近代化)。中华民族由此时被裹挟进世界现代化潮流之中,开始了对现代化道路的探索与追求。无数仁人志士为挽救危难中的民族,毅然投身于多种形式的救国运动之中。张謇作为其中的杰出代表,在中国走向早期现代化的过程中,高举"实业救国""教育救国"的大旗,"强毅力行、坚苦自立"地探索着强国富民之路,以其突出的事业成就,成为早期现代化事业极其重要的开拓者之一,被誉为"中国早期现代化的先驱",推动形成区域现代化发展的南通模式。① 张謇开办轮船公司、建设港口、开辟航线、办航运学校、培养航运人才,注重以港兴城等利用、开发蔚蓝色江海的实践努力,为推进港航早期现代化进程作出了探索,不仅在当时具有开拓性意义,而且对当代港航现代化建设也有深远的启迪。尽管张謇只是我国港航早期现代化的众多开拓者之一,但其拓展蔚蓝色江海空间的创

---

　　① 章开沅:《章开沅文集》(第五卷),武汉:华中师范大学出版社,2015年,第394页。

新精神,追求交通强国、海洋强国的不懈努力所体现出的典型性与代表性,足以得到后人的尊敬与研究者的关注。

人类对海洋的向往,如同对未知的渴望,自古至今,始终未减。蔚蓝的海水,既是生命的摇篮,也是需要不断探索的广阔空间。随着科技的进步,海洋的开发日益深入,不仅为人类提供了丰富的资源,更打开了通向这片蓝色国土的新路径。海洋的未来开发,既是挑战,也是希望,需要人类在继承以往探索经验的基础上,以更加科学的态度,共同迈向更广阔的蔚蓝。海洋文明作为人类历史上一种重要的社会文化形态,深刻影响着人类社会的进步与发展。随着全球化时代海洋文明优势的进一步凸显,港口航运产业作为海洋文明的重要构成要素,在国家海洋产业体系、国家交通运输体系中的重要地位也日益显现。党的十八大以来,以习近平同志为核心的党中央先后作出了建设海洋强国、交通强国的重大战略部署。2018 年 11 月,习近平总书记在上海考察时深刻指出"经济强国必定是海洋强国、航运强国"。[1] 2019 年 1 月 17 日,习近平总书记在天津港考察时强调:"经济要发展,国家要强大,交通特别是海运首先要强起来。要志在万里,努力打造世界一流的智慧港口、绿色港口。"[2]为我国迈向海洋强国、航运强国,打造世界一流港口指明了方向,提供了根本遵循,有力地指导着我国新时代港口航运产业的高质量发展。

当前,我国拥有辽阔海域和世界级港口群,既是海洋大国、航运大国、造船大国,也是全球第一大货物贸易国。我国约 95% 的进出口货运量由海运承担,航线和服务网络覆盖全球主要国家和地区。船员队

---

① 《东风浩荡　潮涌浦江——习近平总书记考察上海纪实》,《光明日报》,2018 年 11 月 10 日。

② 《习近平在京津冀三省市考察并主持召开京津冀协同发展座谈会时强调稳扎稳打勇于担当敢于创新善作善成推动京津冀协同发展取得新的更大进展》,《人民日报》,2019 年 1 月 19 日。

走向蔚蓝:张謇与港航现代化

伍、造船市场份额、海运船队规模、海洋渔业等方面均处于世界领先地位。[①] 2023 年,全球货物吞吐量前 10 大港口,中国占 8 席;[②] 全球前 10 大集装箱港口,中国占 6 席;[③] 全国造船完工量 4232 万载重吨,占全球总量的 50.2%;[④] 全国外贸海运量 37.1 亿吨,占世界海运量的 30.1%。[⑤] 从这些数据可以看出,我国的航运产业已获得突飞猛进的发展。而实现从航运大国到航运强国的宏伟跨越,既是全面建设社会主义现代化国家的必然要求,也是新时代港航事业高质量发展的应然任务。在此背景下,针对建设海洋强国、交通强国、航运强国,打造世界一流的智慧港口、绿色港口的发展目标,以及构建服务国内国际双循环新发展格局的时代任务,学习贯彻习近平总书记"在对历史的深入思考中汲取智慧、走向未来"[⑥]的重要讲话精神,深入研究和传承发扬我国港航事业先驱的思想与实践成果就成为时代之必需。

2020 年 7 月 21 日,习近平总书记在企业家座谈会上指出:"爱国是近代以来我国优秀企业家的光荣传统。从清末民初的张謇,到抗战时期的卢作孚、陈嘉庚,再到新中国成立后的荣毅仁、王光英,等等,都是爱国企业家的典范。"[⑦]2020 年 11 月 12 日,习近平总书记在江苏南通博物苑考察调研,参观张謇生平展陈,了解张謇兴办实业救国、发展

---

① 航海日活动组织工作委员会:《2024 年中国航海日公告》,2024 年 7 月 11 日。

② 潘梦婷、谢文卿等:《全球前五十货物港口排名》,"航运评论"微信公众号,2024 年 5 月 25 日。

③ 《2023 年全球前 10 大集装箱港口排名出炉》,深圳市物流与供应链管理协会微信公众号,2024 年 2 月 22 日。

④ 《2023 年我国造船三大指标同步增长 国际市场份额保持全球领先》,中华人民共和国工业和信息化部网站,2024 年 1 月 15 日。

⑤ 《中国港口运行分析报告(2024)》,宁波 2024 海丝港口合作论坛,交通运输部规划研究院,2024 年 06 月 26 日。

⑥ 《习近平致中国社会科学院中国历史研究院成立的贺信》,《光明日报》,2019 年 1 月 4 日。

⑦ 习近平:《在企业家座谈会上的讲话》,新华网,2020 年 7 月 21 日。

教育、从事社会公益事业情况,指出张謇是中国民营企业家的先贤和楷模。① 在此背景下,汲取我国近代以来民族企业家的思想和实践智慧、促进当代民营经济高质量发展,就成为新时代的热点话题;也为深入研究张謇的港航早期现代化理念与实践提供了方向性指引。

作为我国港航早期现代化发展的先驱,张謇将置轮船、建港口、辟航线、开商埠、育人才、立法规、护海权等结合起来,推进了由点及面的港航事业发展。他面对外国航运势力和清政府封建官办航运势力垄断行业的社会现实,不畏强权,敢为人先,艰苦创业,不屈不挠,先后成立大达内河小轮公司、大达轮步公司等港航企业;积极开辟苏北、长江航线,收购国外航运公司,促成我国近代民族港航事业发展;建立定时定船定票的新型航运形式,组织物流网络,开辟航线体系,构建江苏南北与上海的物流网,促成交通物流发展;建设内河港口,实施天生港自开商埠,促成其他商埠的布局与自主开放;建设天生港港口,促成南通港城共建发展;护岸止坍,疏浚航道,维护灯塔,制定海上渔业法,促成航运航政保障体系初步建成;以商渔船船员培养为基础充实海军人才,绘制渔业图,提出维护主权新思想,促成国家海权维护意识觉醒;率先筹办吴淞商船学校,创建江苏省立水产学校,创建河海工程专门学校,开港航人才培养之先河。张謇运用世界眼光,系统思考国家航权、海权、商权、主权,在港航事业发展实践过程中,逐步形成了其独具特色的港航早期现代化理念。张謇港航早期现代化理念与实践对推进我国港航早期现代化具有开拓性的意义,也对在其之后的港航现代化具有重要影响,对于新时代我国港航事业高质量发展以及建设海洋强国、交通强国、航运强国依然具有重要的启迪意义。

在岁月的长河中,张謇的名字如同灯塔,聚焦着中国近代实业救国的道路。张謇的港航早期现代化理念及实践是其作为先驱者之一,推

---

① 《习近平赴江苏南通考察长江生态》,《人民日报》,2020 年 11 月 13 日。

　　　　　　　　　　　　　　　　　　走向蔚蓝:张謇与港航现代化

进我国港航事业现代化的具体体现,宛如一颗璀璨的星辰,引领着时代的潮流,闪耀着智慧的光芒。当我们追溯那段曲折行进的历史,不难发现,张謇的港航理念不仅仅是对港航技术的追求,更是对民族命运的深刻思考。他以敏锐的洞察力,洞察到了海洋贸易的重要性,将港航建设视为国家强盛的关键。他的理念,如同种子一般,在中国近代化的土壤里生根发芽,绽放出绚丽的花朵。当代学者从事张謇研究的不在少数,但对张謇港航事业发展体系进行系统研究,乃至提出张謇港航早期现代化理念的,尚未有之。张謇将实业救国思想付诸实践,创立大生实业体系以及港航事业发展体系,在此过程中,张謇从无到有、从小到大、从分散到系统,逐步形成了比较成熟完备的港航早期现代化理念发展体系。由此,张謇港航早期现代化理念构成了张謇实业救国思想的有机组成部分。如今,当我们站在新的历史起点上,回望张謇的港航早期现代化理念,依然能感受到它的时代价值和现实意义。它告诉我们,一个国家的繁荣富强,离不开对外开放和海洋贸易的支撑。同时,它也提醒我们,在追求经济发展的同时,更要注重主权的保护与可持续发展。因此,系统挖掘和分析张謇的港航早期现代化理念,不仅是对历史的回顾和尊重,更是对现实的启示和引领。让我们以张謇为镜,不断探索实业救国思想体系的丰富内涵,为实现中华民族的伟大复兴汲取智慧和力量。

张謇的港航早期现代化理念,宛如历史的航标,为新时代的海洋强国之路提供着历史智慧。在新时代的浪潮中,我们追寻着这位先驱者的智慧之光,致力于推进国家海洋强国战略的实施,坚定维护国家的海洋权益。党的十八大作出了建设海洋强国的重大战略部署。党的十九大进一步强调,坚持陆海统筹,加快建设海洋强国。2022 年 4 月 10 日,习近平总书记在海南考察时强调,建设海洋强国是实现中华民族伟大复兴的重大战略任务。党的二十大报告提出"发展海洋经济,保护海洋生态环境,加快建设海洋强国"。① 张謇"渔界所至,海权所在",发展港航和以渔业维护海权的主张,是在清末民初时期结合国际惯例对海洋权益深入思考后形成的,对新时代建设海洋强国、维护国家海洋主权具有较强的借鉴意义。张謇的远见卓识,激励着我们以更加坚定的步伐,迈向深蓝,书写新时代的海洋盛景。让我们铭记历史,汲取智慧,共同守护蓝色国土,为实现中华民族伟大复兴的中国梦贡献力量。

拨开历史的烟云,张謇的港航现代化理念如同古老的诗篇,诉说着对江海的向往与追求。新时代,需要我们重拾这份智慧,服务于国家交通强国战略,大力提升国家综合实力。张謇的远见让我们明白,港航不仅是交通的纽带,更是国家发展的引擎。港口航运业作为国家交通运输体系的重要组成部分,党的十九大和二十大都作出了建设交通强国的重大战略部署。要完成建设交通强国重大战略任务,必须深刻汲取1840年鸦片战争以来我国被西方列强侵略的惨痛历史教训,传承张謇"自立码头、自开航路",主动应对列强入侵的理念,汲取其不畏艰难建设港口开辟航路的实践智慧,充分认识港航发展在整个交通运输体系与世界经济竞争中的关键作用,下大力气发展港航经济,健全水上交通运输安全保障体系,积极构建水、公、铁、空、管衔接畅通的综合立体交通运输体系,全面提升国家综合实力。可见,建设交通强国是建设现代化产业体系的重要内容,张謇港航早期现代化理念对建设交通强国和促进国家综合实力全面提升具有较高的借鉴价值。

在历史的洪流中,张謇港航早期现代化理念熠熠生辉,为新时代建设航运强国提供了宝贵的经验。这一理念不仅彰显了张謇对国家港航事业的远见卓识,更蕴含着他对经济发展的深刻洞察。历史实践充分证明,在强国建设的诸多路径中,通过一个产业的发展,进而带动一个

---

① 习近平:《高举中国特色社会主义伟大旗帜　为全面建设社会主义现代化国家而团结奋斗——在中国共产党第二十次全国代表大会上的报告》,北京:人民出版社2022年,第33页。

国家综合国力全面提升的案例不胜枚举,航运业就是这样一个具有重要带动作用的产业。在近代,张謇通过建港口、开航路,促进了港航和地方经济的发展。当代一些国家的快速崛起,也离不开航运的发展。强国建设的基础是经济,经济的增长离不开贸易,而航运是贸易的最重要载体,全球贸易量的80%以上是通过航运实现流通的,可以说航运是国民经济和世界贸易的"大动脉"。党的十八大以来,习近平总书记在更广阔的视野上布局统筹港口航运发展,规划航运强国建设。研究张謇港航早期现代化理念及实践,既是对我国港航早期现代化发展历程的回顾和总结,也对当今时代建设航运强国和全面促进我国港航经济高质量发展具有重要的借鉴意义。在新时代的征程上,我们秉承这一理念,砥砺前行,致力于促进国家港航经济高质量发展,为实现中华民族伟大复兴的中国梦贡献力量。

前事不忘,后事之师,在我国早期现代化肇始的宏大历史背景下,以张謇港航早期现代化理念与实践为具体案例,观照我国港航现代化的演进历程,总结近代港航事业曲折发展的经验,有助于更好地推进新时代港航现代化行稳致远。如果说张謇的港航事业是一幅历史画卷,那么其展开的方式将体现出以下次序。首先,以中国近代港航事业的发轫作为宏观历史背景,分析论证中国近代港航事业发展、外国航运势力在华发展、国内航运企业发展及近代港航企业发展对经济社会发展的作用;其次,系统梳理张謇港航事业的发展历程,科学分析张謇港航早期现代化理念的源起、发展过程、实践成就及遭遇挫折的深层次原因,概括提炼张謇港航早期现代化理念的主要内涵和精髓;再次,阐释张謇港航早期现代化理念与实践的时代价值以及对航运强国建设、海事高质量发展、港城融合发展、港航人才队伍建设、港航服务保障和港航安全发展等方面的启示。

2024年召开的全国两会上,李强总理代表国务院在《政府工作报告》中提出要"大力发展海洋经济,建设海洋强国""加快国际物流体系建设""加快建设西部陆海新通道""深化电力、油气、铁路和综合运输体系等改革""推进交通运输结构转型"等重要举措,这些战略决策体现了我国对建设海洋强国、交通强国的高度重视和深远布局。在当前全球化背景下,海洋资源的重要性日益凸显,发展海洋经济不仅是推动经济增长的新引擎,更是提升国家综合国力、维护国家利益的重要途径。这一奋斗目标吹响了中国共产党带领人民群众,踔厉奋发,团结奋斗,全面建设社会主义现代化国家、全面推进中华民族伟大复兴的奋进号角。新征程上,我们要以习近平新时代中国特色社会主义思想为指导,学习贯彻习近平总书记称赞张謇是"爱国企业家的典范""民营企业家的先贤和楷模"的重要讲话精神,牢记空谈误国、实干兴邦、坚定信心、同心同德,埋头苦干、奋勇前进,深入研究张謇港航早期现代化理念与实践的当代价值,弘扬张謇推进港航早期现代化的开拓进取精神,汲取张謇推动港航事业早期现代化的实践智慧,以之作为推动当代港航事业内涵式高质量发展的重要动力要素,运用到海洋强国、交通强国、航运强国的建设实践之中,在科技创新、环境保护、国际合作等多方面下功夫,取得高质量发展的显著成效。通过加强海洋科技研发,提高海洋资源的开发利用效率;注重生态平衡绿色发展,保护海洋生态环境,实现可持续发展;积极参与国际海洋治理体系的建设与改革,展现负责任大国的担当,进一步推动和促进新时代中国港航现代化的高质量发展。展望未来,我们有理由相信,在党和国家的正确指引和有力推动下,我国的海洋经济将迎来更加广阔的发展前景,从而为实现建设海洋强国、交通强国的宏伟目标奠定更为坚实的基础,取得更加丰硕的建设成果。

第一章　近代港航现代化浪潮

近代技术革新催生了工业革命,促使西方资本凭借着坚船利炮快速地进行全球扩张,形成国际贸易的迅速增长,以及全球经济一体化的趋势。这些因素共同推动了港航业从传统向现代的转型,引领了全球港航现代化浪潮的兴起。在历史演进过程中,历史人物作为历史活动的参与者,是重大历史事件的策划者和实践者,也是历史进程的影响者。张謇作为近代社会转型时期有代表性的重要人物,在推进实业救国的进程中,为开辟近代港航事业做出了重要贡献,是了解近代港航曲折发展过程中绕不开的人物。同时,时代发展要通过人物和事件呈现,人物的作为也必须以时代背景为依托。故此,要深刻了解张謇推进港航早期现代化的思想观念和实践作为,需要深入考察当时的历史背景和世界形势,需要深刻认识近代民族工业崛起所面临的艰难境况,方能更好地理解张謇推进港航早期现代化的努力在当时是多么难能可贵,在其后及当前对中国港航现代化的影响是多么深远。

一、港航之晨:历史夹缝中的微光

在历史的浩瀚长河中,港航业一直是国家开放与交流的窗口。水运交通曾经为经济、文化、军事的发展发挥了重要作用,承载着民族繁荣的期望。然而,从1840年开始,西方列强依仗工业革命带来的早发现代化优势,凭借坚船利炮自海上入侵,强行打开中国长期封闭的国门。在第一次鸦片战争中获胜的英国,以胜利者的姿态与清政府签订了丧权辱国的《南京条约》,迫使中国由封建社会转向半殖民地半封建社会。从这时起,中国身不由己地陷入"三千年未有之大变局",社会阶级关系及经济结构都经历着前所未有的剧烈变化。其影响所及,牵涉各个行业。与工业、农业、贸易等行业一样,民族港口航运业的发展也不可避免地受到半殖民地半封建社会经济发展大势的制约,在各国列强资本把持利权的夹缝中艰难而顽强地求生存、图发展。

中英《南京条约》签订仪式手绘图　谈判桌右方为璞鼎查,左方为耆英
图片来源:今日头条①

(一) 港航之风自海而来

中国在古代曾是个造船和航海大国,拥有世界领先的造船和航海技术。1405 年,明朝郑和船队首次下西洋,比哥伦布发现新大陆还早87 年。但郑和之后,却无第二个郑和。中国本已奏响的航海时代之序曲,却因明清两朝实行的海禁政策,而与千载难逢的历史机遇擦肩而过,以至于古老的中国在近代遭遇西方坚船利炮之时,竟然一触即溃,

---

① 图片来源:《1843 年 7 月 22 日,〈中英五口通商章程〉在英属香港正式实施》,https://www. toutiao. com/article/6445420777217982990/。

国门洞开,任人宰割。盖因明初为防沿海军阀余党与海盗滋扰,朱元璋下令实施海禁政策,禁止中国人赴海外经商,并限制外国商人到中国进行贸易(进贡除外)。明中期以后,由于倭寇之患,海禁政策愈加严格,甚至封锁沿海港口,销毁出海船只。清初为巩固专制统治,实行更为严厉的海禁政策,将沿海人民内迁,断绝与海外的贸易往来。康熙帝收复台湾后,虽有所放松,但乾隆时期又下令封闭沿海通商口岸,实行闭关政策。长期施行的海禁政策不仅限制了中国的对外贸易,导致国内资源短缺,还阻碍了经济发展和技术进步,使中国逐渐落后于其他国家。同时,面对贸易限制,一些商人和海盗通过非法途径进行贸易活动,形成了黑市经济,对国家财政和社会秩序造成了冲击。再者,海禁政策也限制了中外文化的交流,使中国与世界文化隔绝,失去了学习和吸收外来先进文化的机会。正是在明清两朝大力推行海禁政策,严重阻碍中国经济、文化和科技发展之时,西方的航海技术发展、贸易活动、海权争夺等正如火如荼地展开。航海技术和力量上的此消彼长,使得一旦遇到双方面对面交锋之际,则高下立判,胜负立定。

西方经营海上霸权,始于 15 世纪初。航海家哥伦布探险到达美洲新大陆的地理大发现开启了一个新时代,推动了近代世界性海洋变局。大西洋沿岸的西班牙、葡萄牙、英国、荷兰、法国等先后繁荣兴盛起来,他们开始把装备着风帆和火炮的军舰与商船驶到了大洋彼岸的美洲、亚洲、非洲和大洋洲;通过海洋把整个地球连成一体,建立了捷足先登的海洋帝国;既昭示了资本主义产生和发展的客观经济规律,也建立了强权和暴力的逻辑——谁掌握了海权,谁将成为历史的主人。1415年,葡萄牙热衷于航海探险的王子亨利就组织探险队开始了最早的海上殖民活动。到 1456 年,葡萄牙拥有了沿非洲海岸的大块殖民地,成为第一个殖民强国。① 西班牙在 1479 年成为一个中央集权的民族国

---

① 张炜:《海洋变局 5000 年》,北京:北京大学出版社 2021 年,第 123 页。

家之后,便集中国家资源和力量向海洋进军,建立强大的探险船队、商船队和海军舰队,开启了扩张之旅。到 16 世纪初,西班牙已经拥有各种商船 1000 余艘,往来于大西洋上的贸易日益兴盛起来。为了保护其海上交通和海外利益,垄断大西洋的贸易,西班牙顺理成章地发展起一支拥有 100 多艘军舰、3000 余门大炮、数以万计士兵的海军,称之为"无敌舰队"。[①] 当葡萄牙、西班牙在海外瓜分殖民地的时候,英国正通过"圈地运动"在国内积累财富。1509 年继位的亨利八世将作战舰队从商船队中分离出来,正式建立了海军局,有了真正的常备海军。后于1588 年,英国海军与入侵的西班牙人进行了一场激烈的海战,打破了西班牙舰队的无敌神话,代替西班牙掌握了海上霸权。[②] 由西方国家获取海上霸权的历程可以看出,航运是殖民主义者从事海外殖民和掠夺必不可少的手段。殖民主义者的魔爪伸向哪里,哪里的水域、港口就会有殖民主义者的踪迹,成为他们依靠强权霸占的殖民地。西方人对轮船的发明和使用,始于 1802 年,英国人薛明顿(Willian Symingtom)用蒸汽机引擎装配帆船,在运河中试航并取得成功。这样,最早以机器为驱动力的轮船得以装配成功。回顾历史,早在鸦片战争以前,殖民主义者的商船在中国领水的窜扰活动即已日益频繁。1810 年,英国为平衡白银收支差额,采取垄断鸦片产销的手段,由东印度公司在印度生产鸦片,并向中国输出,以换回茶叶和白银。19 世纪20 年代,轮船开始在中印航线上出现。到 1839 年,向中国走私鸦片的主要洋商有颠地、怡和、旗昌、考瓦斯吉、马凯、弗巴斯、鲁斯唐姆吉等53 家,共拥有轮船 99 艘,运载量达 20852 吨位。[③] 迄 19 世纪 60 年代,在不到三十年的时间里,中国主要江海航线几乎全被外商轮运势力所垄断。据统计,外商船舶的载货吨位数,1868 年共计 630 余万吨,

---

① 张炜:《海洋变局 5000 年》,北京:北京大学出版社 2021 年,第 133—134 页。
② 张炜:《海洋变局 5000 年》,北京:北京大学出版社 2021 年,第 147 页。
③ 上海市航海学会:《中国近代航海大事记》,北京:海洋出版社 2013 年,第 23 页。

走向蔚蓝:张謇与港航现代化

1892年约达2300万吨,二十四年期间增长几近四倍。至19世纪末期,在中国一步步半殖民地化的进程中,国际航运业资本发挥了推波助澜的作用。可以看出,正是航海技术、航运业的发展,给西方列强提供了凭借海洋向外侵略扩张的机会,也给西方攫取经济利益提供了水运交通上的便利。来自海上的西方列强凭借着武力和资本的优势,改写了近代中国的历史发展走向。

(二)外资垄断近代港航

近代外资如潮水般涌入,使得民族资本经营的港口航运业陷入了惨淡的境地。随着列强的侵略和不平等条约的签订,外资航运公司纷纷进入中国,凭借其雄厚的资本和先进的技术,迅速占据了绝大部分市场份额。这些外资航运公司拥有先进的船舶、高效的运营管理和完善的物流网络,使得民族资本的航运难以望其项背。民族航运企业只能在夹缝中求生存,市场份额被逐渐蚕食。

第一次鸦片战争后,1842年8月29日,英帝国强迫清政府签订《南京条约》,开放广州、福州、厦门、宁波、上海为通商口岸。1843年11月17日,上海开埠。1844年,进口外船44艘,载重8584吨,其中英国占70%,美国占20%。1860年,有两艘轮船从事上海至香港航运。1862年3月27日,美商旗昌洋行在上海成立轮船公司,经营我国沿海和长江航线。1872年12月,英商太吉洋行在上海成立,经营在华一切航业。[①] 中国的航运市场被国外势力大量侵占。

第二次鸦片战争后,中外反动势力勾结起来,出现了所谓中外"和好"的局面。外国资本主义并没有因为中外"和好"局面的存在而放弃侵略,相反它凭借着一系列不平等条约所规定的种种特权,不断加紧对

---

① 上海市航海学会:《中国近代航海大事记》,北京:海洋出版社2013年,第152页。

中国进行政治、经济、文化侵略，尤其是经济侵略。商品进口和原料出口增加很快，对外贸易总值从 1864 年的近一亿海关两，增至 1894 年的近三亿两，中国很快从出超国变为入超国。与商品进口和原料出口日益增长相适应，外国资本主义控制下的近代航运业也随之发展，自 1861 年美国在中国设立旗昌轮船公司开始，英、德等国商人也相继设立航运公司，航行于中国沿海乃至长江内河，轮船的艘数和吨位数逐年递加。在外国航运业的冲击下，中国的旧式航运业横遭摧残，千百家沙船户相继破产，本就孱弱的中国航运业遭受到空前打压。

中日甲午战争之后，清政府与日本在 1895 年签订了《马关条约》，条约规定苏州、杭州、沙市、重庆等内河港口城市对外开埠通商。张謇对条约的签订极为痛心，写下"和约十款，几罄中国之膏血，国体之得失无论矣"的愤慨之语。① 更加激发了他从事实业救国的决心。此后，除日本外，英、美、法等各国凭借"利益均沾"的最惠国特权，他们的船只也被准许进入中国内河，专营中国内河航线的外资轮船公司相继成立。继沿海、长江之后，外国航运势力深入到中国的内河内港，中国的内河航运几乎被外人垄断。此时，在国内舆论的巨大压力下，清政府才不得不逐渐解除此前对民营华商轮船行驶内河的禁令。在外资航运尚未到达的区域，中国各地的小轮公司开始兴办，为大型民营轮船航运公司的发展开辟了道路。

与外资航运公司相比，民族航运企业在技术上存在明显的差距。当时的中国港航业普遍采用传统的装卸方式，效率低下，且船舶老旧、航行速度慢。这使得民族航运企业在运输时间、运输成本等方面都难以与外资航运公司竞争。技术的落后不仅限制了民族航运企业的发展，也严重影响了其市场竞争力。

---

① 李明勋、尤世玮主编：《张謇全集》（第 8 册），上海：上海辞书出版社 2012 年，第 389 页。

走向蔚蓝：张謇与港航现代化

民族航运企业在资金上也面临着巨大的压力。由于历史原因和战争的影响,中国经济遭受了巨大的损失,民族航运企业难以获得足够的资金支持。与此同时,外资航运公司凭借其雄厚的资本和完善的金融体系,能够轻松获得资金支持,进一步扩大市场份额。资金匮乏使得民族航运企业在发展上受到了极大的限制。

在近代中国,民族航运企业还面临着不利的政策环境。由于列强的侵略和不平等条约的签订,中国政府在港航业方面的自主权受到了极大的限制。外资航运公司往往能够获得更多的优惠政策,而民族航运企业则面临着更多的限制和约束。这种不公平的政策环境使得民族航运企业的生存更加艰难。在如此恶劣的环境下,民族航运企业不得不惨淡经营,艰难维持。它们不仅面临着巨大的竞争压力,市场份额不断缩小,收入减少;同时,它们还要承担高昂的运营成本,包括更重的税赋、贪官污吏的层层盘剥等。这使得民族航运企业的利润空间被进一步压缩,甚至出现了亏损的情况。然而,即使面临如此困境,民族航运企业仍然坚持着,努力寻找生存和发展的机会。

(三)民资港航危中见机

中国近代的轮运业是在外国轮运势力已经垄断中国江海航线的背景下出现的。尽管新兴的轮船运输遭到极端保守势力的百般阻挠,但轮船运输所展现的快速、准期、安全、省费等优越性,让华商之利用轮船者"咸趋之若鹜""潮流如斯、势难禁阻",让"自强""求富"的洋务派看到了历史机遇,甚至让封建社会官僚、文人对轮船的某些"偏见"也开始在一部分人之间动摇起来。购买新型轮船、建造码头港口、开辟航线等逐步成为少数开明华商的经营规划。然而,华商想独立承办轮运公司可谓举步维艰,他们在三股势力的纠缠中艰难求生。

首先,外国航运势力的垄断。据1864年《北华捷报》所公布的详细船期表来看,长江航线上定期航行的洋行轮船中,三分之二以上的船舶吨位均超过千吨,这充分显示了当时外国轮船在长江航运领域的庞大规模和强大实力。然而,与之形成鲜明对比的是,华资所经营的轮船中,千吨以上的大型轮船几乎难觅踪影,多数为小规模的内港船只。这些船只不仅吨位小,而且技术水平和运营能力也无法与外国轮船公司相提并论。因此,在激烈的航运竞争中,华资轮船企业难以与外国轮船公司抗衡,其航运业务多局限于上海附近的内港区域,难以形成有效的竞争力和发展势头。这种局面使得江海航行权基本上被外国资本所控制,民族航运业在外国航运势力的强大压力下,无法改变其被垄断和控制的命运。① 在民族航运业的艰难发展中,规模较大的轮船招商局曾被视为一线生机。然而,遗憾的是,其后期经营不善、内部腐败现象层出不穷,这使得原本就艰难的局面雪上加霜,它再也无法持续有效地与外轮公司展开抗争。民族航运业在外国轮船公司近乎绝对的垄断下,所展现出的顽强抗争精神,无疑是民族工业不屈不挠的象征,但这绝非外国资本所希望看到的。外国资本涌入中国的目的,显然是为了攫取最大利润,进而将中国的经济命脉牢牢控制在自己手中。在这样的背景下,民族航运业的产生与发展,自然无法避免地受到外国资本的强烈压制,始终难以实现独立发展。加之封建势力的干扰与阻碍,使得民族航运业长期处于一种在夹缝中求生的艰难状态。与此同时,资本主义大工业资本积累及生产集中的过程中,上海的国外"航业巨头"们纷纷加大对中国航线的投入,他们与怡和、太古、旗昌等老牌洋行建立了紧密的业务联系,形成了中国内河口岸通过香港、上海两个航运中心与远洋航线联系在一起的庞大航运网络。1879 年,英国国际航业垄断资本甚至成立了"中国航线运价联盟",意在通过垄断和消除竞争来巩固其在中国航线的统治地位。然而,这一举措反而加剧了航运市场的竞争,

---

① 马伯煌:《上海近代经济开发思想史》. 贵阳:云南人民出版社 1991 年,第142 页。

后起的德国、日本大轮船公司也加入其中,共同瓜分中国航运市场。这种局面使得华商在经营航运业时,面临着前所未有的困难和挑战。

其次,顽固派的竭力反对。在清朝末年,顽固派势力盘踞于政权中央,其背后拥有深厚的封建社会基础,这使得改革与进步的步伐极其艰难。近代民族航运业,在努力摆脱外国资本势力的垄断与排斥的同时,更不得不面对本国封建势力的重重压制与排挤。在这样的大背景下,民族航运业的发展显得尤为艰难,其力量薄弱,难以独当一面,甚至在一定程度上不得不依附于外部势力以求生存。19世纪六七十年代,航运业中出现了一种独特的现象。为了避免外国轮船公司与本国封建势力的双重压迫,华商们开始寻求变通之道。他们有的选择成为外国轮船公司的股东,以间接方式参与航运业;有的则选择自购轮船,但将轮船的管理权委托给外轮公司,以减轻自身的经营压力。这些方式虽然在一定程度上缓解了华商们的困境,但也凸显了他们在航运业中的被动地位。进入19世纪80年代后,华商们开始更加积极地呼吁自办江海轮船企业。上海著名的进口五金代销商叶澄衷、浙江商人胡光墉等人都曾提出过在上海兴办商办轮船公司的请求。然而,这些请求均遭到了清政府的强烈反对和阻挠。这不仅是因为清政府担心民族航运业的崛起会威胁到其封建统治的稳固,更是因为他们与外国势力之间有着千丝万缕的联系,不愿看到民族航运业的发展壮大。这种种因素使得民族航运业在夹缝中艰难求生,其发展之路充满了艰辛与挑战。因此,在当时"一项公开的秘密是,有几只悬挂外国旗帜的沿海轮船几乎是中国所有的"[1]。"甲午战争以前,除了招商局的船只和在内港拖带渡船、客船的小轮以外,所有华商船只皆被迫悬挂洋旗。"[2]如1889年,鸿

---

① 《海关十年报告》,1882—1891年,外贸。引自徐雪译编:《上海近代社会经济发展概况》,上海:上海社会科学出版社1985年,第11页。

② 樊百川:《中国轮船航运业的兴起》,北京:中国社会科学出版社2007年,第605页。

安轮船公司应运而生,它由上海一批杰出的商人共同出资创办,规模宏大,仅次于当时享誉海外的怡和、太古以及轮船招商局。然而,在创办初期,这家具有显著民族色彩的轮船公司却不得不借助和兴洋行的英国背景,以英商企业的身份在英国注册,借此躲避清政府的限制和封建势力的阻碍。鸿安轮船公司的这一选择,虽然在一定程度上为其提供了运营的便利,但也使得它自诞生之日起,就不得不与外国资本产生紧密的联系。这种被迫的依附性,不仅限制了其独立发展的空间,也为其日后的发展埋下了隐患。从更广阔的视角来看,鸿安轮船公司的经历是近代民族航运业发展的一个缩影。这些企业,在努力寻求生存和发展的过程中,不得不采取各种策略来应对国内外的各种压力。然而,这种策略往往是以牺牲一定的自主权和独立性为代价的。这也正是近代民族航运业在发展过程中所面临的困境之一。外国资本利用我国近代民族航运业的这种依附性,进一步加大了对其的控制和压迫。他们通过各种手段,将我国近代民族航运业纳入自己的垄断范围,从而限制了其独立发展的可能性。这种局面,不仅阻碍了民族航运业的健康发展,也对中国经济的整体发展产生了深远的影响。[①] 封建守旧势力在晚清时期,将反对轮船航运的呼声与深厚的反侵略情绪交织在一起,这种情绪有时竟沸腾至狂热的境地。他们混淆视听,将资本主义的侵略行径与那些能带来国家发展的新生事物混为一谈,使得公众在强烈的情感宣泄中,难以清晰地辨识二者的本质区别。尽管晚清时期的洋务运动正风起云涌,由西方传到国内的各种新思想、新技术如雨后春笋般涌现,但人们对于某些新事物的接受程度却远非如此。例如,火车这一在当时象征着工业文明的产物,却遭到了人们的坚决抵制。每当提及修建铁路、铺设电讯线路,便会引起人们强烈的反对和愤慨。他们视这些

---

① 马伯煌:《上海近代经济开发思想史》,贵阳:云南人民出版社 1991 年,第143 页。

走向蔚蓝:张謇与港航现代化

新生事物为异端,"一闻修造铁路电讯,痛心疾首,群相阻难,至有以见洋人机器为公愤者"。更令人震惊的是,当看到华人乘坐轮船深入内地时,一些官绅竟至"起而大哗,数年不息"。① 这种声音经久不息,数年内都难以平息。这不仅仅是对轮船航运的抵制,更是一种对新技术、新思想的抗拒和排斥。这种封建守旧势力的顽固态度,无疑成为阻碍中国近代化进程的重要障碍。长期的闭关锁国与墨守成规,导致国人在内心深处形成了对外来事物的天然的屏蔽与反对,使我国航运早期现代化在起步阶段就面临着层层阻力。

最后,漕运沙船旧商及其背后利益集团的反对。近代漕运沙船旧商及其背后利益集团对新兴轮船航运业的反对,是中国近代化进程中的一个显著现象。这些旧商及其利益集团,由于长期依赖于传统的沙船运输方式,并在其中积累了深厚的利益根基,因此对新兴的轮船航运业产生了强烈的抵触情绪。他们担心新兴航运业的崛起会动摇其既得利益,从而极力阻挠这一变革。

在清朝末期,随着列强的侵略和洋务运动的兴起,轮船航运业开始在中国萌芽。相较于传统的沙船运输,轮船具有速度快、载重量大、运输效率高等优势,因此受到了开明世人的青睐。然而,这一变革却引发了沙船旧商及其背后利益集团的强烈反对。以江南一带的沙船旧商为例,他们长期垄断着漕运市场,从中获取了巨额利润。这些旧商们通过控制货源、运输路线和价格等手段,形成了严密的利益网络。然而,随着轮船航运业的兴起,沙船运输的垄断地位开始动摇。轮船不仅速度快,而且运输成本低,使得沙船在市场竞争中逐渐失去了优势。

面对这一变革,沙船旧商们采取了多种手段进行阻挠。首先,他们利用自己在政界和商界的影响力,向清政府施加压力,要求维持沙船运输的垄断地位。他们声称沙船运输是传统的运输方式,应该得到保护。

---

① 杜君立:《现代的历程》,上海:三联书店出版社 2016 年,第 35 页。

同时,他们还散布谣言,诋毁轮船航运业的安全性和可靠性,试图动摇人们对轮船的信心。其次,沙船旧商们还通过贿赂官员、勾结洋务派官员等手段,试图阻碍轮船航运业的发展。他们向一些官员提供巨额贿赂,要求他们支持沙船运输并打压轮船航运业。最后,他们还通过勾结洋务派官员,利用洋务派官员对轮船航运业的不了解和不信任,试图制造舆论压力,阻碍轮船航运业的发展。

在这些旧商及其利益集团的阻挠下,轮船航运业的发展遭受了巨大的挫折。然而,轮船航运业的优势和潜力是无法被忽视的。随着时间的推移,越来越多的有识之士开始认识到轮船航运业的重要性,并积极推动其发展。他们通过引进国外先进的轮船技术和管理经验,提高轮船运输的效率和安全性,逐渐赢得了市场的认可。在这一过程中,一些沙船旧商也逐渐意识到自己的困境。他们开始尝试与轮船航运业进行合作,共同开发市场。然而,由于他们长期依赖于传统的沙船运输方式,缺乏对新技术的了解和掌握,因此很难与轮船航运业进行有效的竞争。以招商局为例,作为中国第一家轮船航运企业,它在创立之初就受到了沙船旧商及其利益集团的强烈反对。洋务派深知华商置轮"必许以分运漕粮",否则,难以在外商竞争中有利可图。若许以分运漕粮,推行轮船海运,触动封建漕运制度,必然引发包括沙船旧商在内的大批借漕运以营私舞弊者的反对。① 因此,沙船旧商与轮运的矛盾不可调和。正如南洋通商大臣何璟所说:"虽蒙允准而卒无成议者,非特资本之不易集,与沙船旧商之不肯相让也。"②在与沙船业的盛衰息息相关的封建漕运制度中,已经形成自清政府中央到地方大小漕运官员的利薮,弊窦丛生,内幕重重。"浮收""漕项""漕项之浮收",以及"漕河工费""漕督粮道以下员弁兵丁兵私费用"等等,名目繁多,不一而足。当时就有

---

① 聂宝璋:《轮船招商局创办前后》,见汤照连主编:《招商局与中国近现代化》,广州:广东人民出版社 1994 年,第 92 页。
② 《海防档》丙,机关局(一),第 95 页。

人主张废除旧有漕运制度,实行商人自由运漕。因此,一旦以轮船代替沙船,触动原有漕运制度,必然会引发许多人的强烈反对,"不肯相让"者不仅是"沙船旧商",更是背后的利益集团。这些旧商及其利益集团由于担心新兴航运业的崛起会动摇其既得利益,因此采取了多种手段进行阻挠。然而,在李鸿章等洋务派官员的坚定支持下,随着时代的变迁和市场的发展,招商局克服了重重困难,轮船航运业最终战胜了沙船运输,成为中国近代航运业的领军者。而沙船旧商及其利益集团则在这一过程中逐渐失去了市场地位,最终退出了历史舞台。

总之,事物的发展总是具有两面性,以外国资本在上海经营近代航运业的事例来分析,也是存在着积极因素与消极因素的。尽管这种积极因素中存在着侵略性与被动性,相比于消极因素也显得较弱。但此种经营活动既给上海地区带来了新鲜事物,也为近代民族航运业的兴起起到了一定的刺激与示范作用,培养了一批现代管理人才,也为华商提供了可资效仿的资本积累途径。因为,随着外国轮船的到来,近代民族航运业在外源性的刺激下开始出现,中国港航早期现代化在被动应对中蹒跚起步。但是所有这些都不是外国资本的初衷,他们的最大愿望是获取利润。所以当民族资本开始想与它分享利润时,外国资本就凭借各种特权以及雄厚的资金实力,千方百计地控制整个航运业,使上海以至全国的航运权操纵于外国资本之手。民族航运业只能在外国轮船公司的排挤下、中国官府的限制下,乘地理需要的时机,取他人成败的经验,揆自身财力的能量,作有限度的企业开发。[①] 尽管面临外困内扰的艰难处境,民族航运业终究还是在夹缝中开始了突破困境的尝试和探索。

青山遮不住,毕竟东流去! 人类文明的进程,在生产力水平不断提

---

① 马伯煌:《上海近代经济开发思想史》,贵阳:云南人民出版社 1991 年,第144 页。

升的过程中,农耕文明势必会被工业文明所超越。代表先进工业技术水平的外轮势力的侵入,造成的中国传统木船业航运的衰败也就成为历史的必然。但近代中国官货、漕粮、盐业等运输的社会需求,外轮势力所不及之水域的商运需求,张謇等爱国实业家的奔走呼号、抱团取暖、鼎力支撑,还有外轮势力影响下通商口岸所涌现的技术力量,都为近代华商轮运业在夹缝中逆势生长创造了条件。

二、潮起潮落:近代港航曲折发展

近代中国港航业的发展犹如海洋中起伏的浪潮,充满波折。随着列强的入侵和西方技术的引入,轮船航运业开始兴起,对传统沙船运输构成了挑战。外国资本、守旧势力与沙船旧商及其背后利益集团,因担心利益受损,极力阻挠国内新兴航运业的发展。然而,轮船航运以其高效、安全的特点,逐渐赢得了市场的认可。在洋务派官员及民族资本的大力推动下,轮船航运业逐步壮大,成为近代中国港航业的重要支柱。这一过程既展现了新旧势力的斗争,也反映了中国近代化进程的艰难与曲折。

(一)轮船招商局逆势破冰

面对国外航运业在中国的经营风生水起的势态,不少国内商人采取暗度陈仓的经营办法。在1867年总理衙门和曾国藩的来往信件中,就提到通商口岸有不少商人购买、租雇洋船而又寄名在洋商名下以借名经商的事情。这种现象使清政府不得不放开购买或租雇洋船的禁令。在这种形势下,一些商人提出由中国人自组新式轮船企业。清政府担心中国航运业会完全落入外国公司手中,以致漕粮运输受制于人。因此总理衙门对当时容闳提出的按西方公司章程,去筹组新式轮船企业的建议,有相当大的戒心。总理衙门对建议批示的条件是,轮船必须为华人所有。此事一再延迟,直到李鸿章后来改以官督商办的方式方才成事。

即使形势有利于轮船航运业发展,但在洋务派甫一提出"官买洋船"的动议时,还是招致"中外哗然",阻挠势力之大可见一斑。对于外商及买办商人来说,无论官买商买,都将关系到其切身利益,因此他们密切注视洋务派的动向。在当时,由于漕运日益困难,户部也不得不同意除官买洋船济运外,还主张每年划分漕额数成"招商承运"。这与李鸿章关于"官买之时,必须以商力佐官力之不足"的主张已相当接近,矛盾明显缓解,此举使洋务派的轮船开放政策又趋于明朗。一方面明令内地商人可以购造轮船,解商人经营轮船之禁;另一方面,在制订商办轮船章程的同时,洋务派也开始了官办轮船的酝酿。洋务派这项轮船

李鸿章与《试办招商轮船折》
图片来源:搜狐网①

———————————

① 《历史上的今天——1872 年 12 月 26 日,清廷批准李鸿章奏折,成立轮船招商局》,https://www.sohu.com/a/362772937_100028727。

开放政策刚一出台,即在社会上引起反应。就在华商购造洋式船只章程(六款)公布之后,容闳、许道身、吴南皋、赵立诚等先后提出置办轮船的申请。人们似乎可以期望在外轮已经垄断的江海航线上,中国民族资本轮业即将得到一线生机。然而此时来自顽固势力的攻击却日趋尖锐。先是蔡寿祺奏劾奕訢"骄盈揽权",进而被清廷罢黜并削去其"议政王"头衔,使得洋务派的代表人物曾国藩、李鸿章对置办轮船的态度又趋于隐晦。这样,来自各方面的政治压力,迫使洋务派对轮船的态度发生急骤变化,原来对商办轮船主张"官不禁阻"的曾国藩转而对商办轮船的申请竟又一一批驳不准。几经反复,最终随着形势的发展,购买轮船并制造轮船的观点占据了上风,使得清末的几十年间,行船禁令逐步松动。从最初的有限开放口岸,到后来的放宽限制,清政府逐步允许民间船只进行航运贸易。

1872年12月23日,李鸿章正式向清廷上奏《试办招商轮船折》。在这份奏折里,他重申成立招商局的目的是承运漕粮和与洋商分利,"翼为中土开此风气,渐收利权","庶使我内江外海之利不至为洋人尽占,其关系于国计民生者,实非浅鲜"。他也提出了"官督商办"制度构想——新办的企业由商人出资,合股的资本为商人所有,公司按照自己的规范章程制度管理。企业在政府监督之下,但是盈亏全归商办,与官无涉。"官总其大纲,察其利病,而听候商董等自立条议,悦服众商"。①三天后,即1872年12月26日,清廷就批准了这份奏折。由此开始,中国近代史上第一家轮船运输企业正式诞生,次年1月17日在上海洋泾浜永安街正式开门营业。

这是近代中国第一个官督商办性质的民族轮船航运企业。它的成

---

① 李鸿章:《试办招商轮船折》(同治十一年十一月二十三日),《李鸿章全集·奏议五》(第5册),合肥:安徽教育出版社2007年,第258页。

轮船招商总局

图片来源：快资讯①

立,不仅开拓了中国航运业的发展之路,更是对外资垄断的有力挑战。招商局成立后,原本由旗昌、太古、怡和三家英美洋行瓜分长江内河航运的垄断局面被打破。经过第一轮价格战后,规模最大的旗昌轮船公司亏损越来越严重,股价大跌。到 1876 年,正值美国南北战争结束,旗昌的老板有了出售在华全部产业的念头,并放出了消息。徐润得闻消息后,和唐廷枢、盛宣怀商量。8 月,三人到烟台找李鸿章秉明此事,李以"费巨难筹"拒之。不久,中间人找上门表示愿意降价,当时唐在福建,盛在湖北开矿,徐于是拍板先支付了定金。经两家商谈,最后招商局以 220 万两的价格购下旗昌的资产,商定先支付白银 100 万两,其余欠款分年支付。这一举措不仅为招商局的发展注入了新的活力,也为中国航运业的发展奠定了坚实的基础。

招商局并购旗昌公司,在中国近代工商业发展史上具有里程碑式

---

① 《147 年前,李鸿章创立了一家公司》,https://www. 360kuai. com/pc/9dd312981f10f0047? cota＝3＆kuai_so＝1。

的意义。购买旗昌后,原本只有 11 艘轮船、资本额仅 75 万两的轮船招商局拥有了 29 艘轮船,成为中国水域上最重要的一家航运公司。经过惨烈的价格战,几年后,太古、怡和两家外资巨头也不得不于 1877 年、1883 年、1889 年三次找上门来与招商局签订"齐价合同"。约定中外公司在各条航线上共同议定统一的价格,确定水脚收入和货源分配方案。① 这虽然是一个双方妥协折中的方案,但从历史发展上来看,却具有打破外轮垄断中国航运业的积极意义,这既在一定程度上保护了中国的权利,也打破了外资垄断中国航运的坚冰。

(二) 行船禁令的渐进瓦解

长期以来,清廷为了维护其统治稳定,实行了严格的行船禁令,旨在防止与西方国家的海上交流和潜在的外部威胁。历史发展到近代,随着列强的不断侵略和西方科技的传入,传统木船的各项性能相形见绌,已无力与新兴轮船航运业相抗衡,这一禁令逐渐显露出其局限性和不适应性。清政府不得不开始考虑对行船禁令进行逐步调整。一方面,列强的坚船利炮和强大的经济实力,使得清朝政府意识到封闭自守无法抵御外来的压力;另一方面,国内洋务派等有识之士的呼吁和民间贸易的蓬勃发展,也促使清政府不得不重新审视行船禁令的合理性。这里面既涉及传统木船能否满足运输的问题,也涉及是否购买轮船的问题。围绕这两个问题,一时纷争不断。

特别是在甲午战争后,朝野人士要求清政府兴办近代实业的呼声日高。迫使清政府在兴办近代航运企业方面,向民间作出了一定程度的开放。盛宣怀在担任招商局督办后,从发展国民经济,收中国自有之利权以致富强的角度出发,倡议创办和发展航行于内河的小火轮航运公司。在上呈北洋和两广总督的条陈中,盛宣怀称:"年来外国富强,无

---

① 汤黎:《钦商盛宣怀》,武汉:崇文书局 2009 年,第 118 页。

走向蔚蓝:张謇与港航现代化

不自通商始。口岸通商人与我共之,内地通商我自主之。故欲求中国富强,莫如一变而至火轮,设一内地快船公司,与招商局互为表里,以兴中国内地自有之商务,而收中国内地自有之利权。"①在此形势下,清政府鉴于外国轮船在内河航运中的优势,决定对内河航运进行改革,被迫准许"内河行小轮以杜洋轮攘利"。当时,朝廷下发电令至各省督抚,提出允许内河行驶小型轮船,意图借此抵御外国轮船的经济侵夺。然而,这一政策并未伴随形成具体的实施措施和法规。直至 1898 年,朝廷正式公布了《内港行船章程》,正式通告"中国内港,嗣后均准特在口岸注册之华洋各项轮船,任便按照后列之章往来,专作内港贸易"。意味着此后中国内港将允许在口岸注册的华洋各类轮船自由航行,可以遵照相关规定较为自由地从事内港贸易。这标志着华商兴办轮船航运业的重大转折。这一政策的实施,不仅为华商提供了更多的商业机会,也象征着中国内河航运业向自主化、规范化迈出了重要一步。这是 1872 年批准轮船招商局开办以来,首次正式允许民间开办轮船航运业。由此,在轮船招商局开办 20 多年后,中国江海航线上中国自己的民族轮船航运业终于获得了正式兴办的合法权利。

清政府此时允许民间兴办轮船公司,实际上还是在洋商已取得许多重要航运特权的情况下,为筹谋杜洋轮之"攘利"而不得不采取的措施,是在一种被迫和被动的局势下不得已的行动。因此,中国的小轮业虽然取得了开办的合法权利,但在此后的过程中,却不得不在这种特定的状况下受到种种影响和限制。

由于清政府是在一种被迫和被动的条件下准许兴办中国小轮业,因而没有相应的鼓励措施和资助保护政策。加之,中国江海航线又早已被以英国为首的外国航运势力垄断。而且,随着《马关条约》的签订和列强所获特权的增加,以日本为首的一批新的外国航运势力迅速成

---

① 汤黎:《钦商盛宣怀》,武汉:崇文书局 2009 年,第 119 页。

为中国航运业强有力的竞争对手。在这样的情况下,仅仅靠"准许"开办而无扶持保护措施的中国轮运业,在与具有强大实力的外轮公司进行竞争时,必然遭逢重重困难和种种不利而难以顺利发展。例如,湖南绅士王先谦、熊希龄等于 1896 年筹办小轮,预定行驶湖南、湖北两省,被当地政府制止,直至 1898 年才解禁。张謇因大生纱厂材料运输需要,于 1895 年向两江总督提出创办轮船公司的申请,直到大生纱厂投产后的 1900 年才准予实施。这种现象在当时并非个别。除对民间兴办小轮有种种限制外,清政府还把允许华商兴办小轮看成对华商的恩赐,以要求华商"报效"的手段进行压榨。这一在反复拉锯中的渐进式变革,终使中国民族航运业撕破了垄断与封禁的铁幕,获得了发展的些许微光,多多少少促进了近代经济短暂的繁荣,也为后来推进港航早期现代化进程奠定了一定的基础。

(三) 民族资本港航的兴衰

1895 年,在中国近代社会进程中是一个重要的年份。甲午战争战败后签订的《马关条约》,是中国走向半殖民地半封建的道路上是一个重要的界标,也是刺激中国民族觉醒和近代资本主义企业兴起的重要标志。在此过程中,此前受到限制和压抑的中国民族资本轮船航运业,在早期现代化发展潮流的裹挟及民族资本不折不挠的努力下,终于得到了前所未有的夹缝突破机遇,成为这期间发展最快、最活跃的领域。

1. 民族资本港航的逐步兴起

随着清政府对华商兴办小轮业禁令的解除,正如张謇在《移镇江关道郭》中所言:"查上年十月间,商部奏准通饬内开'凡现在内河业经行轮处所,亟宜提倡华商实力推广,以为抵制、补救之策。其有华商业经设立各轮船公司者,应饬令该管地方官妥为保护,遇有河道淤塞,阻碍行轮之处,应即设法疏浚,以畅航路'各等因,仰见振兴航业,力筹抵制之至意。"①依据樊百川在《中国轮船航运业的兴起》一书中统计的数据可以看出:"从 1895 年到 1900 年,五六年间,各地先后兴办的小轮船航运业,以公司或轮船局形式组织并曾经开业的,大约近 100 家。其中在 1895 年创办的有 4 家,在 1896 年创办的有 6 家,在 1897 年创办的 12 家,1898 年创办的 19 家,1899 年创办的 36 家,1900 年创办的 21 家。加上 1894 年以后创办的,除去中途停闭者不计外,在 1900 年继续营业的小轮公司或轮船局约有七八十家。再加上广州等处的拖渡轮船,约有轮船 440 只,总吨数约 1 万余吨。"②在 19 世纪末 20 世纪初,中国民族资本兴办轮船航运业的热潮迅速出现。从 1895 年至 1911 年各内港小轮公司成立的家数、海关登记的历年中国轮船只数和吨数,以及在通商各关进出口的中国轮船只数和吨数情况看,无论哪一种统计数字,都显示出中国民族资本轮运业持续发展增长的趋势。从海关登记的历年中国轮船只数、吨数情况看,这 16 年当中,船只数增加了 5.21 倍,吨数增加了 1.76 倍。从通商各关进出口的中国轮船只数、吨数看,也分别增长了 3.58 倍和 1.58 倍。③ 两组统计数据反映了中国民族资本航运业的持续增长。沿海及内河小轮公司的迅速创办,虽遭遇到外商的排挤与竞争,以及国内封建势力的阻挠,但毕竟取得了一些发展。对经营管理和航行技术,小轮公司也积累了一些经验,为以后发展大中型民营航运业准备了条件。

在民族资本航运发展过程中,声名显赫的轮船招商局尽管在发展过程中也是颇费周章,但经历了由官督商办到完全商办的改制过程后,还是极大地拓展了经营范围。这个过程经历了四个阶段,第一阶段是

---

① 李明勋、尤世玮主编:《张謇全集》(第 1 册),上海:上海辞书出版社 2012 年,第 81 页。

② 参见彭德清:《中国航海史(近代航海史)》,北京:人民交通出版社 1989 年,第 158 页。

③ 《甲午战后的中国民间资本轮船航运业》,招商局历史博物馆,http://1872. cmhk.com/shuyuan/368.html。

1909 年 11 月在农工商部注册商办公司成功,获得了完全商办的法定身份,奠定了改归商办的法律基础,也是改归商办的起始年份;第二阶段是 1911 年初获得邮传部对商办章程的基本承认和官方干涉减少,开始了商办体制的初步执行;第三阶段是 1911 年末官方所派管理人员的撤销,摆脱了官方的直接干预;第四阶段是 1912 年初至 1914 年 2 月产权自卫和资产重组的成功,行使了对产权的独立处置权利,由此实现了完全商办,并一直延续到 1927 年南京国民政府强制收归国营。可以看出,官商之间利益的纠缠不休、协调难成,使招商局为摆脱官方不合理负担和财产侵夺的改制经历了漫长的博弈过程。这说明,即使像招商局这样的绩优官企的改归商办,官商双方的利益能否妥善协调依旧是改制能否顺利进行的关键所在。[①] 经过几年的努力,招商局先后开辟了近代民族航运的近海航线、长江航线以及国际航线,不仅拥有了长江和沿海航运的大部分市场,还在菲律宾、泰国设立分局,拓展了南洋运输业务,同时远航英国、日本、新加坡、夏威夷和美国本土。招商局成为中国当时最大的轮船企业,经营的轮船由最早的 3 艘增加到 30 多艘。

这段时期,正是新崛起的日本航运势力进入中国领水并迅猛扩张,老牌的英、德、法、美等列强航运势力在中国获取了更多利权,实力也在迅速增强的时期。中国轮船航运业在既无清政府财政资助,又受到厘金盘剥和提供“报效”等种种不利因素困扰的情况下,能有如此成绩,实属不易。这期间中国民族资本轮运业的发展,大体有以下几方面的特点:一是小轮公司的创立十分活跃;二是中国民族资本轮运业的增长虽然比较快,但有实力的轮船公司和大吨位的轮船却很少;三是内港行轮解禁以后,小轮航运勃然兴起,在那些水运条件较好,经济贸易频繁的地区,相对集中出现的小轮公司互相间的竞争也日趋激烈,因种种原因

---

① 虞和平、吴鹏程:《清末民初轮船招商局改归商办与官商博弈》,《历史研究》2018 年第 3 期,第 53 页。

小轮公司歇业或改换门庭成为常事,从而导致这期间小轮公司的另一特点是兴废变化无常。

2. 民资港航面临各种困扰

清政府解禁内河行轮,华商兴办轮运有了合法的身份。但是中国民族资本轮运业的生长环境依然荆棘丛生,障碍重重。华商在兴办小轮公司的过程中,经常碰到地方官府的种种刁难和限制。为应对地方官府的刁难和限制,很多华商选择挂洋旗"诡寄"经营。在后来的两广人民反对英国攫夺西江航权的反帝爱国运动中,华商及广大民众抵制外货、抵乘洋船,收回利权运动影响深远,高潮迭起,悬挂洋旗的华商船只收入大减,当局在各方的压力下不得不豁免华船牌费。民族港航业发展之困难、斗争之艰巨由此可见一斑。

从历史发展过程来看,轮船招商局在近代港航发展过程中也扮演了不同的角色,有着积极的与阻滞的作用,对此还需辩证地看待。因为尽管招商局自身在外商、官方、守旧势力三种因素的阻挠下艰难成立,但从历史上来看,招商局不仅展现了对抗国外航运业的积极作用,同时也存在着因存在商业竞争而对民族航运业产生的阻滞作用。在招商局成立的早期(1872—1894年),招商局还是清政府直接控制下的独家航运企业,是作为民营航运业的对立面出现的,在一定程度上对民营航运业的兴起和发展有着阻碍作用。19世纪80年代中期,江苏、浙江、湖南等地都有一些商人申请筹办小型航运企业,在内河、近海试行航运,但在招商局的阻挠制约下,有的长期停留于筹备阶段,有的最终成为泡影。当时在华的外国人曾就此发表评论说:"中国商人已经发觉,在高喊着抵制洋人声中设立的招商局,其实际结果只是阻碍了他们自己的发展。所谓招商局者,倒成为他们从事沿海贸易与航运的最大障碍。"[1]

---

① 黄海燕:《招商局的成立及其对中国近代航运业的作用分析》,东北大学学位论文2011年9月,第34页。

从这个意义上说，招商局阻挠了某些民营航运企业的兴办，对中国近代航运业的发展产生了消极作用。而招商局之所以利用封建政权的力量压制华商自办航运业，是为了便于独家同洋商"争利"，也即是为了攫取更多的航运利润。招商局对江海民营航运业和对不与之争利的对外贸易公司采取截然相反的两种态度，其原因也在于此。由此可见，招商局在自身的发展受到官商之间长期利益纷争困扰的同时，面对民族资本轮业却表现得更加飞扬跋扈、盛气凌人，表明招商局实际上不仅是经营轮运业务的企业，同时还是代表官方及商人巨头利益控制新式小轮业的机构。

民族港航业也需面对外资的恶意竞争。在各地小轮业的崛起过程中，规模较大的轮船公司逐渐崭露头角，宁绍商轮公司便是其中的佼佼者。它的成功离不开地区华商的集体扶持。宁绍公司在创立和壮大过程中，饱受外资轮船公司的打压。当时，上海黄浦江边较好的码头资源悉数被外商占据。宁绍初创时，虞洽卿租用码头的请求屡遭日商、法商等拒绝，幸得张謇协助，终获大达码头使用权。宁绍轮启航之际，船上醒目牌示"立永洋五角"，昭示着价格恒定的承诺，赢得华商广泛支持。然而，洋商为排挤宁绍，以资本优势大幅降价至 3 角，太古更以赠品吸引乘客。面对困境，宁波商界成立"航业维持会"，每票补贴宁绍 2 角，使宁绍能以同样低价与外商竞争，并约定浙沪间海上货运优先考虑宁绍。在"航业维持会"的坚定支持下，投入十余万元补贴，宁绍公司最终站稳脚跟，实现了稳健发展。

3. 民族港航业的衰落

其一是内外交困。在 19 世纪末 20 世纪初，民营航业不仅面临着外国航业的排挤，还遭受着来自国内封建势力的束缚和压迫。尽管清政府放开了华商兴办轮船航运业的禁令，但由于国内外各种资本势力的垄断、倾轧与排挤，还远未形成华商资本自由发展的条件和空间。这一时期，外国航业以其大量的大吨位轮船拥进中国，扩大在中国的航运势力,完全控制了中国的航运事业。1893年,外国轮船进出中国通商口岸的船吨,有2200余万吨,占总吨量79.1%,而10年后的1903年,外国轮船进出量剧增至4700余万吨,占进出口总吨量84.3%。[①] 在得不到本国政府强有力支持的情况下,面对强大外国航运势力和中国封建势力的阻碍,本就幼弱的民族资本航运企业成长可谓是举步维艰。就是一些大中型民营航业,在轮船招商局成立后情势有所好转的情况下,封建统治势力依旧对民营航业规定"不准另树一帜",同时招商局还与外商航业联合压迫民营航业,声称若有争衡生意的另家轮船公司,务须跌价以驱逐他船。在这种情况下,即使是大中型民营航业也难以迅速破土而出。在半殖民地半封建的土地上开创的中国民营航业,要面对来自封建势力的阻挠和束缚以及来自外国航业的压迫和竞争,真是困难重重、羁绊多多、挫折屡屡。

其二是战火摧残。随着清政府垮台,民国肇始,我国民族港航业在波澜壮阔的历史洪流中崭露头角。在这段时期,随着民族工商业的全面兴起和蓬勃发展,我国的港航业也迎来了前所未有的发展机遇。然而,这一时期的港航业发展并非一帆风顺,它同样经受了时代的洗礼与考验。当时恰逢第一次世界大战的硝烟弥漫欧洲大陆,欧美列强在华的港航业势力因战争而衰退,这无疑为我国民族航业提供了难得的发展空间。借此难得的东风,我国民族港航业得以迅速崛起,逐步在国际舞台上崭露头角。到20世纪20年代初,我国的江海轮船载重吨已达到了惊人的30万吨。这一数字不仅彰显了我国民族航业的蓬勃发展,更展现了我国民族工业的辉煌成就。然而,好景不长,随着国内军阀战争的频发,航业的发展受到了极大的摧残。同时,战后外国轮船公司的卷土重来,也给我国民族航业带来了巨大的压力。

在国内军阀割据的动荡时期,不仅招商局的船只被频繁征用以清

---

① 彭德清:《中国航海史(近代航海史)》,北京:人民交通出版社1989年,第158页。

足军事需求,民营航运公司的船只也未能幸免,被大批征用投入战争之中。1925年3月,奉系与直系两大军阀在北京、天津及渤海湾沿岸展开激战。这场战役中,交战双方将天津地区行驶的政记、肇兴、北方航业、直东等民营航运公司的船只全部或部分扣留,强行充作军用。这些民营航运公司因此遭受了巨大的经济损失,因为它们被征用的船只无法继续从事正常的商业运营,导致公司无法获得任何收入,财务状况严重恶化。其中,政记公司的损失尤为惨重,直接经济损失高达27万元,这使得该公司难以维持正常的运营,甚至一度陷入濒临破产的艰难境地。为了渡过难关,政记公司不得不与大连满铁会社签署出售协议,以缓解资金压力。这段历史不仅展现了军阀混战给民营航运业带来的深重灾难,也反映了当时中国社会的动荡不安和民族工业的发展艰难。

内战的频发使长江流域屡遭战火,战事常沿江展开,军运繁忙导致商船首当其冲。1926年夏,北伐军推进至湖北、九江,军阀孙传芳自上海、南京运兵运械沿江而上。招商局被扣江轮9艘,江永轮因军火爆炸在九江焚毁,长江线上华商轮船30余艘亦被孙传芳扣留用于军事。三北、招商、鸿安、宁绍等公司轮船停航长达14个月,长江线华商航业损失至少达一千七八百万元。南北航线21艘轮船,自1926年9月起,因无货载、缺现金购煤而停业。至1927年春,已有中华航业、肇兴轮船、中国航业、晋益轮船、一大公司、元丰公司等17家停业。① 1927年国民党建都南京后,国内战争在长江流域频发,军差征发频繁,致使被征用的江轮和部分海轮不堪重负。

自1927年6月至1934年12月底,政府租用的商轮总数高达475艘。这八年期间,年均征用商轮约60艘,相当于我国当时商轮总数的三分之一以上被投入军运,航商因此遭受了极其严重的直接和间接损失。招商局的船只在此期间被征用最多,受损也最为严重。

---

① 彭德清:《中国航海史(近代航海史)》,北京:人民交通出版社1989年,第275页。

走向蔚蓝:张謇与港航现代化

1929 年,招商局拥有江海轮船 25 艘,大部分被征调,导致水上航线运营受阻,其中,长江航线仅余 5 艘船只运营,而沿海航线中,沪甬线和沪温线分别仅有 1 艘和 2 艘船只维持通航。同年,三北轮船公司的 17 艘江海轮船中,仅有 4 艘在长江线维持运营,沿海及外洋航线全部停运。1930 年,全年共有 74 艘商轮被征用。截至当年 6 月 23 日,已有 28 艘华轮停航超过一个月。[①]

抗击日本帝国主义侵略的战争,迫使中国港航业严重衰退。随着 1931 年的九一八事变的爆发,日本帝国主义加快了侵略我国的步伐,英雄的中国人民奋力抗争,在 1932 年爆发一二八淞沪抗战,战火从北方不断向长江内地蔓延。海上北洋航线直接受到了影响,该航线主要由招商局及政记、肇兴、直东、北方、毓大、海昌、大通兴、惠通等八家以北方口岸为基地的公司运营。自 1932 年起,日本强行占领东北各省,航运活动几乎停滞。同时,日本政府凭借其雄厚的资金和庞大的船队,借助伪满势力,全力打压我国北方各航业公司,企图独霸北洋航线。与此同时,英商太古、怡和等公司则趁机调派大量商轮涌入我国,争夺运输市场。在这场抗击中,我国民族航运业遭受了巨大创伤。1934—1935 年,日本帝国主义的侵略加剧,同时世界性经济危机波及我国,工农业遭遇严重破坏,港口航运业亦随之衰退,全国多个重要港口的轮船多半处于停航状态。在这样的形势下,三北公司只能将所有轮船出租供军队使用。有的航运公司如福宁、益利因亏损严重而宣布清理,有的航运公司如同德等则因船只事故而停业,还有的公司将轮船租给日商,试图继续维持运营。1936 年秋季,全国农业获得丰收,工商业随之繁荣,港航业亦呈现复苏态势。各港口开航的船舶数量逐渐增加,各航线客货运势旺盛,长江航运尤为繁忙,各大航运公司年终均见盈利。如三北公司上半年即盈利百万,利用这笔盈余,公司在香港购进两艘新船,

---

① 彭德清:《中国航海史(近代航海史)》,北京:人民交通出版社 1989 年,第 276 页。

并向美国订购两艘吨位分别为 5000 吨和 6000 吨的海轮。次年,中兴煤矿船队改组为中兴轮船公司,专营江海货运,为民营航业增添了两万多吨运力。1936 年至 1937 年上半年,中国航运界都积极购船准备扩张,都在期盼即将到来的航运快速发展前景,然而这一切被日本帝国主义的野蛮侵略所打断。[①] 在艰难的十四年抗日战争中,有的轮船被征用阻塞封锁线,有的在军公运输损毁,还有的被转移到国外,航运业几乎受到了毁灭性打击。抗战胜利后,不平等条约相继废除,我国航运业迎来了短暂的繁荣,尤其是招商局等公营航运企业发展迅速,但随着国民党发动起内战,航运事业再次衰落。

在近代以来艰难的社会环境下,我国民族港航业经历了多方势力夹持下的兴起与衰落,整个过程都面临着前所未有的挑战。然而,正是这些挑战,也激发了我国民族港航业的斗志和潜力。先驱们凭借着坚韧不拔的毅力和勇往直前的精神,不断开拓创新,努力寻求新的发展机遇。虽然道路曲折,但我国民族港航业始终不甘屈服、坚定前行,为近代以来民族港航事业的发展探索着前行的道路。

---

① 彭德清:《中国航海史(近代航海史)》,北京:人民交通出版社 1989 年,第 277 页。

第二章　张謇港航理念的航标

　　张謇(1853—1926)，一位跨越了清末民初动荡岁月的杰出人物。他的一生正处在中国社会风雨飘摇之际。当时，中国内部燃起"太平天国运动"的抗争战火，外部则面临着"列强入侵"的严峻挑战，百姓生活困苦，国家命运岌岌可危。随着列强的不断侵蚀，中国逐渐沦为半殖民地半封建社会，主权、经济、文化等各个领域都遭受了前所未有的侵略与压迫。与此同时，西方资本主义正经历着迅猛的发展，他们亟需找到新的商品市场和原料产地，而中国便成为他们眼中理想的"猎物"。面对内忧外患，清王朝却依然坚守着闭关锁国的旧策，国力日渐衰退。然而，在这黑暗的时刻，一批有识之士开始探索救国之路，其中洋务运动提出的"自强""求富"理念，为中国早期工业和民族资本主义的发展注入了新的活力。1895 年，中日甲午战争的失败成为中国历史上的转折点。这场战争让帝国主义瓜分中国的图谋达到了顶峰，而中华民族的觉醒意识也在此刻开始萌发并逐渐壮大。在这一关键时刻，三位矢志报国的中国人做出了各自的选择：康有为决定通过变法来改革社会，孙中山选择了革命，而张謇则坚定地走上了实业救国的道路。1905 年，孙中山等人创立了中国同盟会，并提出了"三民主义"的纲领，这一主张为中国资产阶级民主革命指明了方向。随着革命的深入发展，1912 年中华民国宣告成立，这一历史性的时刻标志着中国两千多年封建帝制的终结。中华民国的建立激发了中华民族的爱国主义精神，为民族资本主义经济的发展提供了有力的支持。而张謇等实业家们的努力也为中国经济的现代化进程做出了重要贡献。

张謇的人生经历丰富多彩,充满远见卓识。早年,他亲身参与了平定朝鲜的"壬午兵变",展现出非凡的胆识和策略。中年时期,他更是毅然决定赴日本考察学习,以此拓宽视野,寻求国家发展的良方。作为清末民初颇具影响力的政府官员及东南士绅中的民族资产阶级代表,张謇不仅具有深厚的家国情怀,还具备前瞻性的国际视野。他主张中国应当"睁眼看世界",打破闭关自守的桎梏,勇于与世界接轨。他善于从全球视角审视问题,深刻洞察国内外形势的变化。在深入分析时局后,他审时度势地提出了"实业救国"的宏伟主张,坚信只有通过大力发展实业,才能实现国家的繁荣富强。为了实践这一主张,张謇倾尽心血,以大生纱厂为核心,大力经营和发展实业。张謇在护海权、张国权及实业救国的思考和具体实践探索中,力主"航业之发达、航路之扩张"[2]。这一理念构成他港航理念的航标,他注重港口航运在实业发展、救国路径中的作用和价值,不仅自己身体力行推进港航发展,还极力建议政府最高统治者、重要官员重视、兴办港航事业,他的许多重要建议都得到了政府部门和官员的认可并采纳施行;他不断排除来自多方的阻力和障碍,联

民族实业家张謇
图片提供:陈金屏[1]

---

① 陈金屏:《雏形——张謇新世界之路》,南京:江苏凤凰美术出版社 2022 年,第51 页。

② 李明勋、尤世玮主编:《张謇全集》(第 1 册),上海:上海辞书出版社 2012 年,第129 页。

合各方人士大力推进中国近代民族港航事业发展,并取得了重大成就,其影响十分深远。张謇因此成为中国民族资本家中杰出的港航企业家,是中国近代民族港航事业现代化的先驱。

一、实业与民生:港航的立意

张謇在以"实业救国"为目标发展实业的过程中,把凡是有利于促进实业发展的各种行业,都逐步纳入其系统性的规划体系之中。对于航运业,他也"仰见振兴航业,力筹抵制之至意"①,希望通过航业的发展壮大,抵制外资的步步紧逼,维护国家主权和利益不受侵犯。张謇对港航交通功能的认识不断深化,他认为地方发展实业、教育,政府施行民政、军政,机纽全在交通,而在水网发达的地区,港航交通则是地方实业和教育发展、民政和军政施行的命脉根基。这是张謇对港航交通行业功能本质的深刻认识,由此确立了他以港航推进实业发展、稳固民生的立意。

(一)港航交通,奠定国强之枢

张謇认为交通为地方生存之命脉、自治之纲维。1920年12月,张謇在《为治串场河呈府院咨内务部交通部陆军部全国水利局》中写道:"窃以交通、水利为地方生存之命脉,自治之纲维,是以政府组织,有部有局专司其事,而政以成。"②1921年,张謇在《咨外交总长颜惠庆》中提出:"目前进行之序,首以画清界至,次筹水利、交通为最要之政。一面

---

①　李明勋、尤世玮主编:《张謇全集》(第1册),上海:上海辞书出版社2012年,第80页。

②　李明勋、尤世玮主编:《张謇全集》(第1册),上海:上海辞书出版社2012年,第512页。

于沿江筹建马头、堆栈,以期运输之便。并区划各工厂聚业之所,建设之先须规画,规画之先须测绘,此其大较也。"①张謇认为,交通、水利是地方生存的命脉所在,是实施地方自治的纲领法度,政府应设置专门机构负责,统一组织实施交通、水利政策,"江北一线运河灌溉交通关系甚重,农商命脉全在于此。若其淤塞,不过数年航路必断,实有修治之必要",只有经过彻底的疏浚,才能够使"商货交通与农田灌溉受同等之利益"。② 如此才能维持地方自治,实现良性发展。而对于江、河、湖、海等水网发达的地方,港航交通则是地方生存之命脉、自治之纲维、国强之机枢。

张謇极为重视交通对于地方发展的重要作用,认为地方之实业、教育,官厅之民政、军政,机纽全在交通。1920年张謇在《规画县路请公议即日兴修案》中提出:"地方之实业、教育,官厅之民政、军政,机纽全在交通。交通以道路、河流为两大端。河流汇贯,则士农工商知识易于灌输;道路整齐,则军警政治效力易于贯彻。"③张謇深刻认识到,地方的实业发展、教育普及,以及民生政策、军警政策的推行实施,枢纽在于交通;而交通主要是道路、河流两个重点,水陆交通贯通就容易传播农、工、商、学、兵知识,就容易实行政府、军队的有效治理。因此他在南通建内河小轮码头、长江大轮码头,疏通苏中苏北航道,创建第一座河—江、河—海交汇船闸,创建第一条城—港公路、厂—港铁路,初步构建水公铁一体化的交通体系框架。

可见,张謇正是从国家富强、社会发展、民生富裕的全局考虑,将交通置于促进整体发展的重要地位。正如他所言:"謇抱村落主义,经营

---

① 李明勋、尤世玮主编:《张謇全集》(第1册),上海:上海辞书出版社2012年,第514页。

② 李明勋、尤世玮主编:《张謇全集》(第1册),上海:上海辞书出版社2012年,第521页。

③ 李明勋、尤世玮主编:《张謇全集》(第1册),上海:上海辞书出版社2012年,第483页。

走向蔚蓝:张謇与港航现代化

地方自治,如实业、教育、水利、交通、慈善、公益诸端……次第兴办,粗具规模。"①张謇认为港航交通是实业发展的重要基础,是社会治理的关键所在,规划建设"支干衔接、脉络贯通"②的交通网络,才能支撑政府有效管理社会,才能保障农工商等实业的有序发展,才能保障百姓的安居乐业。

(二) 港航扬帆,推送实业之舟

南通依江傍海、河道交错,内河及海上航运是进行交通贸易的重要组成部分。张謇秉持"实业救国"的宗旨,以深切的实践感悟和开拓创新精神,充分认识到利用水路运输工厂购运料物对实业发展的重要作用,"对于国家可以挽利权,对于一群可以收公益"③。在 1895 年的那个特殊年份,张謇怀揣着振兴国运的壮志,决定在南通唐闸地区创办大生纱厂。然而,在创办之初,他首先面临的就是原料和货物运输这一棘手的难题。当时,由于南通地区缺乏现代工业基础设施,大部分建筑材料和机械设备都需要从外地购进。这些物资首先从繁华的上海港口出发,经过长途跋涉,抵达南通的芦泾港。然而,这仅仅是运输过程的第一步。接下来,这些物资还需要从芦泾港转运至唐闸,那里正是张謇计划建设纱厂的地点。然而,芦泾港至唐闸之间的水域航道并不理想,浅窄且曲折,给运输带来了极大的不便。在设厂之初,张謇并没有足够的资金和技术来浚深和拓宽这些航道,运输效率极为低下。因此,在纱厂的建设过程中,他不得不忍受着交通不便所带来的种种困难,整个建设过程耗时长达五年之久。当纱厂终于建成并投入生产后,情况并没有

---

① 李明勋、尤世玮主编:《张謇全集》(第 1 册),上海:上海辞书出版社 2012 年,第 523 页。

② 李明勋、尤世玮主编:《张謇全集》(第 1 册),上海:上海辞书出版社 2012 年,第 484 页。

③ 李明勋、尤世玮主编:《张謇全集》(第 5 册),上海:上海辞书出版社 2012 年,第 93 页。

得到显著的改善。大量的生产原料需要源源不断地运进,而工业产品也需要不断地输出。然而,由于交通设施的落后,运输能力远远跟不上生产的需要,这不仅影响了生产效率,还增加了生产成本。南通地区虽然水系纵横,为运输提供了天然的港航交通条件,但由于港口航运的不发达,使得张謇在购运料物时既不方便,又需要支付高昂的运费。这段经历让张謇深刻认识到了交通在工业生产和地方自治中的重要作用。他意识到,一个地区的繁荣和发展离不开完善的交通设施。因此,他开始积极呼吁和着手推动南通地区交通设施的建设和改善,希望为当地的经济和社会发展打下坚实的基础。

正是基于这样的考虑,1902 年,张謇在《大生轮船公司通沪合股事略》指出:"因大生纱厂陆续购运料物之不便而议租朱葆三之济安小轮……因租价之俭而许其搭客……此大生小轮之缘始也。"[①]1903 年,张謇主持创办了大达轮步公司,发展水运。1905 年,张謇在《为开埠事咨周督文》中阐述:"通州土产所宜之工厂陆续创设,外江、内河小轮亦均驶行,而各厂购运料物,由沪达通均于中流起卸,风涛之险在在堪虞,爰拟自设趸船以为轮步。"[②]因此他积极谋划自建轮步,先后创办了大生轮船公司、大达内河轮船公司、天生港大达轮步公司、上海大达轮步公司等轮船公司,创建了长江下游第一个现代化码头,经营货客运输,通过"以航促工""以工促航",保障了物料运输及客运交通的畅通。至1922 年,仅大达内河轮船公司就拥有轮船 34 艘,开辟航线 10 条。张謇通过大达内河轮船公司,建立起了以南通为枢纽,以航运为主的四通八达的交通运输业,加上其他公司船舶的稳定运营,使得大生系统所辖港航业的运输量巨大,利润丰厚,促进了大生集团实业和港航业早期现

---

① 李明勋、尤世玮主编:《张謇全集》(第 4 册),上海:上海辞书出版社 2012 年,第68 页。

② 李明勋、尤世玮主编:《张謇全集》(第 1 册),上海:上海辞书出版社 2012 年,第95 页。

代化的规模化发展。不仅对江苏近代地方经济的繁荣起到了推动作用,还在中国航运史上留下了深刻的印记,实现了张謇以港口航运发展推进实业发展的规划。

南通天生港大达轮步公司职员铭牌
图片来源:凭栏观史微信公众号

(三) 港航润泽,畅通民生之河

张謇作为清末民初的杰出代表,深受儒家"刚健有为"及"民胞物与"思想的影响。儒家传统思想在中国历史长河中源远流长,其核心理念"达则兼济天下,穷则独善其身"不仅仅是一种道德准则,更是一种积极入世的人生态度。这一思想鼓励人们在有能力时积极贡献社会,实现个人价值的同时也为国家和人民谋福利;在困顿时则保持内心的纯净和善良,不断提升自我修养。在传统典籍《易》中,"天行健,君子以自强不息"揭示了天道刚健、自强不息的本质,它启示人们要像天一样,无论遇到多大的困难和挑战,都要坚持不懈、永不言败。而"地势坤,君子以厚德载物"则强调了地道的厚重与博大,它告诫人们要像大地一样,拥有包容万物的胸怀,用深厚的德行去承载和滋养他人。在儒家的思想体系中,这两种精神是相辅相成、有机统一的。刚健进取的天道与厚重博大的地道相结合,构成了传统社会对理想人格的诉求:一个胸怀天下、积极进取、德才兼备的人,既能够自强不息地追求事业成功,又能够厚德载物地关爱他人、奉献社会。张謇的一生都在践行这一思想,不仅注重个人修养和才能的提升,更将家国情怀放在首位。他积极参与国家事务,致力于实业救国,以实现强国富民为己任。他创办大生纱厂,不仅推动了当地经济的发展,更为国家的早期现代化进程做出了重要贡献。张謇积极进取、刚健有为、自强不息的精神体现在他的一生中。他始终坚守儒家道德准则,恪守社会责任,以毕生的精力为国家和人民谋福利。他敢于面对困难和挑战,勇于承担责任和风险,以智慧和勇气为救国救民的人生价值而奋斗不息。张謇兴修水利、开通航运的夙愿早就形成,但一直没有得到一展抱负的机会。直到 1915 年,张謇受命担任全国水利局总裁,开始大力推进"规画黄河、扬子江、珠江、松花江、辽河,外及于淮、扬、通南北串场河"。[①] 但此"规画"在不久之后却因袁世凯复辟帝制,本想大干一场的张謇愤而引退而中辍。1919 年 6 月,张謇被委任为江苏运河工程局督办。1920 年 2 月,他"勘运河至扬(州)后,周视阜宁、盐城、东台各县之盐垦,悉心察度串场河势,与里运河成平行线",[②] 由此提出将二者打通,使之成为一条与大运河平行的新运河的想法。1920 年 12 月,张謇呈文内务部、交通部、陆军部,以及全国水利局,表明淮南各盐场自南通之吕四经如皋、东台、盐城至阜宁、涟水至灌云,七县境内大小盐垦公司林立,受"水利不利、交通不通之苦甚大",再次申明"串场河之治为必不可更缓"[③] 的主张。

　　1921 年 2 月,对民生疾苦感同身受的张謇,在深入考察江淮地区水利及民情后,进一步在《为辟治江北沿海五县串场大河并建省道计画书呈》中谈道:"今日大患,在兵与匪无别,匪与兵相因,举国皆然,江淮为甚。"即国家当时最大的问题,在于兵乱与匪乱,造成社会杂乱无序,对国计民生构成了极大的威胁。其中,长江和淮河一带最为严重。而

---

①②③ 李明勋、尤世玮主编:《张謇全集》(第 1 册),上海:上海辞书出版社 2012年,第 512 页。

　　　　　　　　　　　　　　　　　　　走向蔚蓝:张謇与港航现代化

究其原因,张謇认为"非江淮之民性乐为匪",即没有哪个百姓天生乐意为匪,"匪原于穷,穷原于无实业,无实业原于无交通,无水利"。因此,"非谋水利,谋交通,必无以清乱源,植治基"。张謇表明:"謇昔主治淮治沂治运,意即为此。"认为辟治江北沿海五县串扬大河,于"交通、水利一举两得,实业国税间接相生"。① 也就是说,张謇治理淮河、沂河、运河等河流的根本目的是要发展交通,一来方便政府"清乱",二来助力实业成长,②从而以水运交通的改善使民生之河源远流长。

张謇深刻洞悉苏北等地区贼匪易生,是由于无实业;贼匪难治,是因为没有便捷交通。"有大河,则各镇守使之兵可以声势相应,彼此相顾,消息灵而调遣速。"③张謇认为如果打通了水上交通通道,各地镇守官兵就能畅通消息,快速调兵遣将,相互支持配合,就能治理贼匪。张謇指出要想改善民生、治理匪乱必须发展实业,而发展实业又必须先行发展交通,对于水网地区则应优先发展港航交通。如早在1907年,张謇就在《议办导淮公司纲要》中,倡议创办导淮公司。他经过长期考察,注意到了淮河对大运河的影响,认为由于淮河入海之路堵塞不畅,改由扬州运河入江,中间经过高宝、邵伯等湖,泥沙节节淤积,运河河床也因此日益抬高,一遇大水,则危如累卵。疏导淮河入海、入江通道,必

《张謇治淮计划(英文版)》
图片来源:孔夫子旧书网

---

①③ 李明勋、尤世玮主编:《张謇全集》(第1册),上海:上海辞书出版社2012年,第516—517页。

② 羌建、庄安正:《近代大运河治理先驱:张謇》,南京:南京出版社2022年,第94—95页。

然降低水患对运河的冲击,因此他提议在疏导淮河的同时,更要注重测绘出运河的入江之道而大力进行疏浚,这是张謇首次提出淮河和运河同步治理的主张。[①] 在实业发展过程中,张謇主张"运河地位横纵于淮扬徐海之间,其作用以航路交通与农田灌溉者为大。为永久安全计,在徐海应治沂沭,在淮扬应治淮"。[②] 因此他积极开挖新河道、持续疏通原河道,开通了第一条苏北定时定线定票的轮船航线,第一条南通至上海、南通至扬州等地的长江航线,不断扩张水上交通网络,力图通过水运交通的畅达,改善因水患而导致的民不聊生的窘况。

二、自强与国权:港航的旗帜

面对西方列强坚船利炮、强行开设通商口岸的肆无忌惮,张謇以他独到的世界眼光观察全球演变趋势,形成了对港航产业在维护伸张国家主权方面重要作用的深刻认识,提出"各国则视渔业为关系海权最大之事"[③],"以渔界保海权"[④],"以商权张国权"[⑤]。面对清末民初严峻复杂的国际国内形势,张謇深切地意识到西方列强正是通过不平等条约设立通商口岸,掌控港航主权,扶持保护列强港航贸易,以现代化的航运优势,实现经济侵略。他大声疾呼、全力倡导支持发展我国航业渔

---

① 羌建、庄安正:《近代大运河治理先驱:张謇》,南京:南京出版社 2022 年,第 26 页。

② 李明勋、尤世玮主编:《张謇全集》(第 1 册),上海:上海辞书出版社 2012 年,第 581 页。

③ 李明勋、尤世玮主编:《张謇全集》(第 1 册),上海:上海辞书出版社 2012 年,第 59 页。

④ 李明勋、尤世玮主编:《张謇全集》(第 1 册),上海:上海辞书出版社 2012 年,第 104 页。

⑤ 李明勋、尤世玮主编:《张謇全集》(第 1 册),上海:上海辞书出版社 2012 年,第 73 页。

业,以抵制列强、伸张国权,把握住当时政治局势下的关键所在。

(一)港航立础,铸就自强之魂

我国航海业在历史上曾一度达到高度繁荣。早在汉武帝时期,中国的海上交通和对外贸易已较为发达。以坚固著称的中国船舶就已远航日本、朝鲜及东南亚各国。及至北宋,首创指南针导航,克服了航海天文上遇到阴晦天气就难以航行的重大困难。可见,中国的航海技术在 11 世纪就已居世界领先地位了。至明朝永乐年间,航海家郑和率领由两百多艘海船、两万多人组成的庞大船队,七下西洋,历访三十多个国家和地区,向全世界展现了中国灿烂的古代文明和先进的航海技术。从时间上论,此举比哥伦布通过航海发现新大陆早半个世纪;从规模上论,也远非后来的"地理大发现"时代的任何船队所能企及。这种大规模的对外航海贸易活动是世界航海史上的壮举,极大地促进了明初社会经济的繁荣和发展。但在永乐以后,明王朝以倭患为由,实行闭关锁国,采取"禁海"政策,焚毁出海船舶,阻断海外贸易。清王朝建立以后,也一度实施"迁海"法令,制造出沿海五十里的无人地带,"片帆不许下海"。这样的禁海政策,延续几百年之久,极大地阻滞了我国古代航海事业的发展,结果导致经济文化在封闭的环境中进步甚微,与西方国家突飞猛进的工业及航海技术的差距越拉越大,使原来走在世界前列的中国航海事业长期陷于停滞甚至是衰退的境地。[①] 至清末民初,张謇通过游幕观察发现,在第一、第二次工业革命进程中,西方列强利用技术和资本优势在我国大力扩张航业,基本垄断我国的航业,大势侵占我国的权利,我国航业已经非常衰弱,形势非常紧迫。1906 年,张謇在《为商航复商部文》中认为我国"航业衰弱,可谓寒心",而各级官员"其

---

① 薄一波:《中国航海史(近代航海史)·序言》,见彭德清:《中国航海史(近代航海史)》,北京:人民交通出版社 1989 年,第 2 页。

于世界航业竞争之机栝,未有觉悟","大率仍以保守为主义",故此必须"计画航业之发达,航路之扩张",因为"我若惟是雅步而从容,事会一去,数年以后将无容我竞争之地"①。张謇在《督办吴淞商埠就职宣言》中,认为"自欧战停后,世界商战将在中国,中国形便,必在上海……故商埠为江苏今日重要问题"②。1923年,张謇在《恳辞淞埠督办呈》,进一步阐明建设吴淞商埠"是外人之逼迫日紧,故筑港开路,环势所趋,虑无因循不失之幸。倘不迅自经营,而唯人谋是拒,将为世界所不题,而卒无术以拒人。是则埠政实施之刻不容缓,势盖如此"③。张謇认为我国近代航业已经十分衰弱,但官商都未能觉悟到航业发展在实业救国中的基础性作用,西方列强都已盯上中国,都企图在我国扩张航业,威胁日益紧迫,发展港航产业是当时我国重要事项,已经到了刻不容缓的地步。这些都充分体现张謇当时对港航产业发展关键性、迫切性的认识。

(二) 港航为重,力倡国护之道

张謇认为发展港航产业是促进国家强盛之道,是利国利民的重要举措。但由于港航业投入大、风险高、权益不稳、民商投资认可度不高,必须由国家大力提倡,出台支持政策和扶持保护措施。1904年,他在《代某给谏条陈理财疏》中提出:"凡奉天、直隶、山东、江苏、浙江、福建、广东七省,各宜自设渔业公司,由各省督抚就各省绅商中慎举声望、地位与此事相当之人,集股设法,拟章试办。一面由外部知照该国驻京公使,援据公法,转谕该商,令无相涸。公司事成,各省派兵舰为之周巡保

---

① 李明勋、尤世玮主编:《张謇全集》(第1册),上海:上海辞书出版社2012年,第129页。

② 李明勋、尤世玮主编:《张謇全集》(第4册),上海:上海辞书出版社2012年,第477页。

③ 李明勋、尤世玮主编:《张謇全集》(第1册),上海:上海辞书出版社2012年,第654页。

护,其费由渔业公司酌量筹助。在国,得财政进步之方;在民,得实业扩张之地;在国际则保有海权;在外交,则稍伸公法。此则理财而且寓销萌,便民而益资固国矣。"①对设立渔业公司的办法进行规划,并阐述了对于国家、民众、海权、理财等方面的益处。1905 年,张謇在《咨呈商部南洋大臣》中阐述:"各省渔轮,亦须规定或购或造,庶免有名无实。此事关系海权鱼利,渔业公司程度极稚,筹费无从,一切仍须公家提倡,应用款项并请大部咨商外部(贵大臣会同北洋大臣咨商商外部)酌量奏明筹拨。"②同年他在《为创办渔业公司事咨呈商部》阐述创办渔业公司当前要做 5 件事:"曰,整顿奖励,改良捕法,借资经费。曰,减免厘税,实行保护,收合渔民。曰,七省各先置渔轮一艘,出入向来洋面,着渔界所至之标识。曰,七省各先分立鱼会,稽查保护,结国民之团体。曰,请奏设七省渔业总公司,于南北适中吴淞口外,请奏派专办七省渔业公司总理。"③张謇指出我国渔业发展刚刚起步,经费筹建困难,国家应该给予经费支持。同时建议对改进捕捞技术要给予奖励,要减免渔业税支持渔民,要成立渔会保护渔业发展。

1906 年,张謇在《为商航复商部文》中认为:"惟一业之兴,其始必有亏折,以航业视他业,夷险尤殊。华人性质安重,坐此不能振奋。今欲航路扩张,必先得国家提倡。"张謇研究发现:"各国之扩张航业也,国家于每一商船公司之立,有补助金,有奖励金……德、法、日本于其商船在中国者,无不如此。"④因此建议我国仿照法国补助"长江轮船",奖励

① 李明勋、尤世玮主编:《张謇全集》(第 1 册),上海:上海辞书出版社 2012 年,第 63 页。

② 李明勋、尤世玮主编:《张謇全集》(第 1 册),上海:上海辞书出版社 2012 年,第 95 页。

③ 李明勋、尤世玮主编:《张謇全集》(第 1 册),上海:上海辞书出版社 2012 年,第 102 页。

④ 李明勋、尤世玮主编:《张謇全集》(第 1 册),上海:上海辞书出版社 2012 年,第 129 页。

"营汕航路、沪汉航路"船舶等。张謇认为航业是风险很高的产业,华人性格安稳,不愿冒险,因此国家必须要先行提倡支持,仿照他国给予必要的补助。张謇"查中国江海河面失主权而丧民心,无过洋商领单运货内地,华船愿挂洋旗……官虐船户,盖数百年积成之习俗",于是"洞悉民艰,设立商船公会……宣布大部恤商爱民……甚者至于感泣",但他认为"然非抉其病根,恐保护既阙于实行,航业也难于发达"①。张謇认为在现实生活中官吏经常虐待船民,主张成立商船公会保护航业发展,如果航业政策不能有效保护落实,航业发展也是很困难的。因此张謇认为发展港航产业,必须由国家大力提倡,要有减税、补助、奖励、保护等系列支持保障措施,要设立渔会船会监督落实到位,方能以港航业的发展推进国家的富强和民生的富足。

(三)港航兴盛,巩固国家之权

列强的入侵,使中国的国家主权、商权、海权、航权、渔权等都遭受前所未有的侵犯。张謇有强烈的爱国情怀和国家主权意识,当看到中国港口主权和船舶航行权被洋人控制,便积极呼吁和提倡发展民族航业以维护国家主权。1904 年,张謇在查看上海黄浦一带时发现,"堪以建步停船处,除招商局各码头外,其余尽为东西洋商捷足先得","每见汽船、帆船往来如织,而本国徽帜反寥落可数,甚为愤叹。"②他看到我国海、江、河都是外国船舶航行,重要港口大部分都是外国公司码头,既占利又侵权,非常气愤。张謇在《请设上海大达轮步公司公呈》中,申请在上海十六铺一带"购定基地、建筑船步、并造栈房,以立根据而固基础"③,

① 李明勋、尤世玮主编:《张謇全集》(第 1 册),上海:上海辞书出版社 2012 年,第130 页。

② 李明勋、尤世玮主编:《张謇全集》(第 1 册),上海:上海辞书出版社 2012 年,第72 页。

③ 李明勋、尤世玮主编:《张謇全集》(第 1 册),上海:上海辞书出版社 2012 年,第73 页。

"自立码头,自开航路……以商界保国界,以商权张国权"①。张謇在洋人码头轮船聚集的上海,建设了中国第一个民营资本码头——大达轮步,致力发展本国航运公司——大达轮船公司,引起国内国际重大反响,彰显了国家主权。当年官府庇护洋商、阻止本国轮船发展,中国大部分轮帆船都纷纷悬挂外国旗,在江苏境内自镇江至淮河一带,约计悬挂洋旗之船,几及二千余艘。但张謇坚决不依附洋人,大达公司轮船大张旗鼓地悬挂中国国旗,并与洋商轮船开展激烈竞争。1918年,大达轮船公司兼并英商祥茂轮船公司,原来悬挂洋旗的英轮换上了中国国旗,成为民族港航业扩航权、张国权的成功案例,维护了国家航权,扬了国轮的志气。

上海大达轮步公司码头
图片来源:张謇研究特色数据库

张謇主张"自开商埠""权操在我",其目的就是自主掌控港口开放主权,不受洋人挟持,促进我国自主对外商贸,抵制洋人航业,抗击经济

---

① 李明勋、尤世玮主编:《张謇全集》(第1册),上海:上海辞书出版社 2012 年,第 73 页。

掠夺。1895年，张謇在《代鄂督条陈立国自强疏》中，阐述中外通商："土货出口者多，又能运货之外洋销售，不受外洋挟持，则通商之国愈多愈富；土货出口者少，又不能自运出洋，坐待外人收买操弄，则通愈久而贫者。"①认为一个国家要想不断富裕，必须出口货物多，自己能从海上运输到国外销售，不受外人控制。1907年张謇在《致瑞方函》中明确指出，通州开埠"皆为抵制外人觊觎而设"②，就是为了防止外国人侵占通州权益，首先推进通州自开商埠。通州开埠促进了航运业、纺织业、农垦业等发展。1923年，张謇在《垦辞淞埠督办呈》中进一步阐述："淞埠有特殊关系，设施为世界观瞻，不俟人求，我自先办，是为上策；求而后办为中策；终不自办，拱手让人，乃下策前至无策。"③张謇大力推进吴淞商埠建设，呼应着沿长江的浦口、沿海的龙口等以及内地和边陲有关地区开埠，有效抵制了西方列强港航业的扩张，有力维护了重要地区的港口主权，促进了自开商埠地区农工商业的发展。

张謇是最早觉悟伸张海权重要性的有识之士，大力倡导"以渔界保海权"④。1904年张謇在《代某给谏条陈理财疏》中阐述："所谓领海者，平时捍围边警及战时局外中立之界限，亦即保护鱼利之界限……其郑重海权如此。"⑤给光绪帝建议："迅筹沿海渔业公司。"⑥1905年，张謇

---

① 李明勋、尤世玮主编：《张謇全集》（第1册），上海：上海辞书出版社2012年，第21页。

② 李明勋、尤世玮主编：《张謇全集》（第2册），上海：上海辞书出版社2012年，第228页。

③ 李明勋、尤世玮主编：《张謇全集》（第1册），上海：上海辞书出版社2012年，第654页。

④ 李明勋、尤世玮主编：《张謇全集》（第1册），上海：上海辞书出版社2012年，第104页。

⑤ 李明勋、尤世玮主编：《张謇全集》（第1册），上海：上海辞书出版社2012年，第59页。

⑥ 李明勋、尤世玮主编：《张謇全集》（第1册），上海：上海辞书出版社2012年，第62页。

在《为创办渔业公司事咨呈商部》明确指出:"查海权渔界相为表里,海权在国,渔界在民。不明渔界,不足定海权,不伸海权,不足保渔界,互相维系,各国皆然。中国向无渔政,形势涣散,洋面渔船所到地段,或散见于《海国图志》等书,已不及英国海军官图册记载之详。"①为此,张謇筹建了我国第一个渔业公司——江浙渔业公司,并亲自任总理。张謇建议商部绘制了中国渔界总图,督促商部组织渔业公司多次参加国际赛会,并在赛会发放中国渔船界图,以"正领海主权之名"。② 张謇建议设立航(渔)政管理机构,并组织成立第一个渔政公所,组织制定我国第一部《公海渔船检查规则》等法规,派船定期巡查海上船舶航行和渔船作业情况,维护海上船舶航行灯塔,体现国家海上管理事权。

综上所述,张謇认为港航产业具有维护港航主权、伸张海权的特殊功能。西方列强就是通过垄断控制我国航业实施主权、利权侵略的。在这样的政治形势下,大力发展航业,是抵制列强入侵、挽救国家民族的关键之举。由于我国近代港航产业起步晚、底子薄、筹资难,外国航业日益紧逼,如不及早发展,将来就会被外人全部控制。因此,国家必须尽快出台相应的支持保护政策,加快港航业发展。

三、海防与繁荣:港航的使命

张謇曾随军赴朝鲜平息"壬午兵变"事件,他写的《壬午东征事略》等"既展露了他在军事外交方面的才干,又表现出深深的民族忧患意识

---

① 李明勋、尤世玮主编:《张謇全集》(第1册),上海:上海辞书出版社2012年,第101页。

② 李明勋、尤世玮主编:《张謇全集》(第1册),上海:上海辞书出版社2012年,第93页。

和强烈的爱国情怀及强国梦想"①。在中日甲午海战的硝烟散去之后，张謇对于港航产业在国家力量提升以及海防安全保障方面的关键作用有了更为深刻的认识。这场战争让他看到了海洋力量对于国家命运的重要影响，也让他意识到港航产业不仅是经济发展的重要引擎，更是保卫国家海洋权益的坚实后盾。"航业必求发达，航路必应扩张"②是张謇的重要主张，更是他对于国家未来发展路径的深思熟虑。他深知，一个强大的国家离不开发达的航运业，只有不断拓展航线、提高航运能力，才能更好地连接国内外市场，促进贸易繁荣，从而为国家带来更大的经济利益。在甲午战争后，张謇更加关注国家的海防安全。他深知，一个稳固的海防是保障国家安全的基石。因此，他受张之洞之命，极为热心积极地在海边组建团练，以巩固海防、防止外敌的侵略。在这个过程中，他更加深刻地认识到海军的重要性，认为只有拥有一支强大的海军，才能更好地保卫国家的海洋权益。张謇认为，发达的港航产业不仅能够振兴物产、扩增国力，更是规复海军、稳固海防的重要支撑。他认为，只有港口设施完善、航运能力强大的国家，才能为海军提供充足的物资和人才支持，从而确保海军的战斗力。同时，一个强大的航运业也能够为海军提供重要的情报支持，帮助海军更好地掌握海上形势，做出正确的战略决策。

（一）港航筑基，锻造海防之盾

张謇深刻认识到，港航产业的蓬勃发展是构建坚实海防的基础。他强调，要实现航业的兴盛，关键在于培养和储备专业的航业人才。这些人才不仅要具备深厚的专业知识与技能，更要深刻理解航业对于国

---

① 罗一民著：《开路先锋：张謇》，南京：江苏人民出版社 2021 年，第 11 页。
② 李明勋、尤世玮主编：《张謇全集》（第 1 册），上海：上海辞书出版社 2012 年，第 129 页。

家发展的战略价值。通过系统的培养与教育,张謇期望能够打造一支既专业又具备远见卓识的航业人才队伍,为国家港航产业的腾飞和海防力量的壮大提供坚实的人才保障。1904年,张謇就提出设立水产学会及渔船驾驶练习所,1905年,张謇第一次提出设立商船学校,培养中国自己的航海人才,并为海军准备人才。1906年,张謇在《为商航复商部文》中阐述:"建设商船学校,非特为养成驾驶之材,可以备恢复海军之用,亦即使人知航业必求发达,航路必应扩张。"①1907年,张謇在《致瑞澂函》中,就"吴淞公地建设水产、商船两学校",②培养商船人才,作了专门阐述,他认为英德日等均有商船学校,"其所以推广航业,与商务、海军均有关系","中国创办商轮局已数十年,而管驾、管机悉委权于异族,非特利权损失,且无以造就本国人才。际此商战竞存之世,欲借以保主权而辅海军,非创设商船学校不可"。③ 1905年,张謇在《为创办渔业公司事咨呈商部》中明确指出:"就吴淞总公司附近建立水产、商船两学校。""日本汽船初兴,驾驶管轮亦借材于欧美,今则自商船至于海军,无非本国学生学成备用,欧美之人所占无几。中国自福建船政头二班学生以后,未闻有继起之材,江海商船悉委权于异族。闻招商局江永船大领港粤人张勤生,其父昔在香港学习驾驶,得有文凭,充当船主。英人忌之,以后遂限华人,不给驾驶毕业凭证。勤生学过其父而职止领港,居常郁郁,每以为恨有心之士咸为惜之。若设商船学校,即选渔业各小学校毕业学生,聪明而体弱者令学水产,其强壮者令学驾驶。学成之后,即以渔轮为练习。商船与兵船驾法略同,则渔业与海军影响尤

　　① 李明勋、尤世玮主编:《张謇全集》(第1册),上海:上海辞书出版社2012年,第129页。
　　② 李明勋、尤世玮主编:《张謇全集》(第2册),上海:上海辞书出版社2012年,第147页。
　　③ 李明勋、尤世玮主编:《张謇全集》(第2册),上海:上海辞书出版社2012年,第217页。

切。中国前途计无亟于此者。"①

张謇认为培养航业人才与海军有相资之用。1904 年,张謇在《咨呈南洋大臣》中阐述:"至用汽轮捕鱼,则驾驶亦须练习,其事尤与海军有相资之用。……俟渔业发达,即就驻所之旁建屋,仿日本设立水产学会及驾驶练习所。"②1908 年,张謇在《代苏抚条陈规复海军疏》中认为:"窃自环海交通,五洲万国,非海陆军相辅而强不能立国。而海军与敌相尤先,其关系视陆军为尤重,筹办亦视陆军为尤难。"然而规复海军是"艰巨之问题","夫所谓艰巨者,将士之人才、舰炮之制造、筹备之经费三者而已",将士"根本之图,教育为亟",建议"沿海七省酌设商船专学,商船专学……其学科宜与海军中学略有不同……商船专学但须兼注重于驾驶、管理……毕业考察……进可令为兵,退亦可听为商,亦犹陆军之后备矣";③"若教育未兴,人才缺乏,即有坚舰利炮,谁能用之"④。鉴于国际形势和我国的地理条件,建强海军更为重要,海军人才是根本,培养航业人才对海军人才有资助作用。张謇意识到,中国的航业必须培养自己的专业人才,才能不被外人控制,因此必须创设专业学校培养中国自己的航业专业人才。与此同时,海军更需要有自己的人才,更不能委以外人,航业专才与海军能相互利用,培养的专业人才既可以建设航业也能够当海军,在战时商船驾驶、轮机人员能转为海军人才。张謇积极呼吁并参与创办吴淞商船学校、江苏省立水产学校等航业类、海洋类专业院校,为我国近代培养大量的航海和海洋方面的专业人才,开创

---

①　李明勋、尤世玮主编:《张謇全集》(第 1 册),上海:上海辞书出版社 2012 年,第 106 页。

②　李明勋、尤世玮主编:《张謇全集》(第 1 册),上海:上海辞书出版社 2012 年,第 70 页。

③　李明勋、尤世玮主编:《张謇全集》(第 1 册),上海:上海辞书出版社 2012 年,第 161 页。

④　李明勋、尤世玮主编:《张謇全集》(第 1 册),上海:上海辞书出版社 2012 年,第 164 页。

走向蔚蓝:张謇与港航现代化

了先河,奠定了基础。

(二) 港航发达,强化海权之固

甲午战争后,张謇深刻认识到海权对于国家自强的重要性。他强调,在国际交往中,海防力量是衡量一个国家强弱的关键。强大的海军不仅能捍卫国家主权,还能在国际舞台上为国家争取更多的话语权。同时,港口作为海上贸易的枢纽,直接关系到国家的经济繁荣与稳定。因此,加强港航建设,提升海权实力,成为当时中国亟待解决的问题。这一认识对于推动中国近代化进程,实现国家富强、巩固海权都具有深远意义。

1895 年,张謇在《代鄂督条陈立国自强疏》中,认为"方今大势,重在交涉;兵势之强弱,全在海防;商务财源之盈绌,多在海口"[1],明确指出航业与海军、海防的重要关系。面对德日渔船到我国渤海等近海捕鱼,严重侵犯我国渔利海权的行为,张謇积极谋划应对之策。他认为要能抵制外国渔轮,必须建造新船大船等技术先进的船舶,能布置在远洋区域。当年,船新、船大、船多是航业兴盛的一个重要标志,一方面要多买船,但财力有限;另一方面要自己能造新式船,但技术不行,于是张謇就采取造新式船时依船仿造、购图建造,造大船时依小船放大建造等办法。1904 年,张謇在《咨呈南洋大臣魏光焘》和《咨呈南洋大臣》中阐述:"商力埠及,必倚之官。欲制造新船新网而无式也,须买德船。……除现拟买德船一艘外,尚须仿造三艘。"[2]"现购之船似尚嫌小,将来仿造拟放至十四五丈,并商由沪道电请出使英美两大臣。访查两国何等

---

① 李明勋、尤世玮主编:《张謇全集》(第 1 册),上海:上海辞书出版社 2012 年,第 24 页。

② 李明勋、尤世玮主编:《张謇全集》(第 1 册),上海:上海辞书出版社 2012 年,第 59 页。

渔船为最新之法,绘图译说,以便仿造。"①在张謇的推动下,相关部门购买了先进船舶,及时研究仿制了多艘新船、大船。1904年,张謇在《代某给谏条陈理财疏》中建议迅速筹建渔业公司,认为"公司事成……在国,得财政进步之方;在民,得实业扩张之地;在国际,则保有海权;在外交,则稍伸公法。此则理财而且寓销萌,便民而益资固国矣"②。1905年张謇在《为创办渔业公司事咨呈商部》阐述道:"至于海权之说,士大夫多不能究言其故,际此海禁大开,五洲交会,各国日以扩张海权为事。若不及早自图,必致渔界因含忍而被侵,海权因退让而日蹙。"③"直隶渔业现归官办……洋式渔轮亦已购图拟造。"④"渔业盛则渔界益明,渔民附则海权益固。"⑤结合对甲午战争的深刻认识和痛入骨髓的感悟,张謇这位具有远见卓识的先驱者,深刻洞察到国家未来的发展方向。他坚信港航的繁荣不仅是国家经济繁荣的基石,更是维护海权、稳固海疆、提升国际地位的关键。

基于以上对港航的深刻认识,张謇提出唯有大力发展港航业,开辟更多大规模的港口,建造更多更大、技术先进的船舶,中国的渔界才能扩展到更远更广阔的海域,从而明确界定渔业范围,保障渔民权益。随着航业的兴盛,海权也将得到进一步的稳固,海防的防线也将更加坚实。他进一步指出,航业的发达不仅有利于渔业的发展,更能惠及工农商等各个行业。通过海上贸易的繁荣,国家的经济实力将得到显著提

---

① 李明勋、尤世玮主编:《张謇全集》(第1册),上海:上海辞书出版社2012年,第69页。

② 李明勋、尤世玮主编:《张謇全集》(第1册),上海:上海辞书出版社2012年,第63页。

③ 李明勋、尤世玮主编:《张謇全集》(第1册),上海:上海辞书出版社2012年,第102页。

④ 李明勋、尤世玮主编:《张謇全集》(第1册),上海:上海辞书出版社2012年,第107页。

⑤ 李明勋、尤世玮主编:《张謇全集》(第1册),上海:上海辞书出版社2012年,第106页。

升,整体国力也将得到增强。这种全面的发展,将为国家带来前所未有的机遇。可见,为了实现航业的盛兴,张謇强调必须要有技术先进的船舶作为支撑。只有不断引进和创新船舶技术,才能确保中国在海上拥有足够的竞争力。同时,他还呼吁培养自己的专业人才,这些人才将成为航业发展的中坚力量,推动中国航业不断向前发展。在战时,这些先进的商渔船可以迅速转化为军舰,为国家的海上安全提供坚实保障。船员们经过培训,也能迅速转变为海军战士,为国家的海防事业贡献力量。这样,中国的海防将变得更加稳固,国家的安全也将得到更好的保障。

(三)港航振兴,载推发展之舟

在古老的中华大地上,港航的振兴如同破浪前行的巨轮,承载着国家繁荣与民族振兴的重任。黄河、长江、淮河、大运河等水路运输,曾为社会的经济繁荣做出过重大贡献。张謇,这位远见卓识的实业家,深知航业对于国家发展的重要性,因此坚定主张振兴港航,以推动工农商各业的繁荣与物产的兴盛。

1905年,张謇在《移扬州府泰州江都县甘泉县》中,向小轮行驶各县府明确指出"创设大达内河小轮公司,购造浅水小轮,行驶通扬内河一带,以便商旅"[1]。开通通扬轮船航线是为了沿途百姓方便出行、经营商贸。1907年,张謇在《代江督拟设导淮公司疏》中,认为导淮"水利交通,工作觅食,便于出入,则利工;土货、客货,舟楫不滞,则利商"[2]。在张謇看来,航业的振兴不仅仅是一个行业的崛起,更是国家经济腾飞的引擎。通过港航的发展,可以极大地促进国内外贸易的繁荣,加强与

---

[1]　李明勋、尤世玮主编:《张謇全集》(第1册),上海:上海辞书出版社2012年,第81页。

[2]　李明勋、尤世玮主编:《张謇全集》(第1册),上海:上海辞书出版社2012年,第138页。

其他国家的交流与合作,为国家带来更多的经济利益。同时,航业的兴旺也将带动相关产业的发展,如造船业、渔业、物流业等,形成良性循环,推动整个产业链的繁荣。以疏通淮河为例,就能扩展水上交通,方便出入,有利于工业生产;船舶就能不停地运送地方土特产和旅客,有利于商品贸易。1914年,张謇在《沟通松辽筹备航业密呈》中认为,东三省每年有大量农产品输运欧洲,由于辽河失修,航运不便,改为俄道运输,运价大增,"操纵由人,商民交称不便。今欲为补救之计,唯有沟通松辽而已"①。因为"一俟松辽沟通,则交通事业既臻便利,而林矿事业也可继为筹设,实为巩固主权,振兴物产,两有裨益",并建议"航政未通以前,航业宜先筹备"②。在张謇看来,港航业的振兴将带来农产品的快速流通和市场的扩大。农民们可以通过港航运输将农产品运往各地,实现产销对接,提高农产品的附加值和农民收入。同时,港航的发展也将带动农业技术的传播和创新,推动农业现代化进程。并且,港航事业既能振兴物产又能巩固主权,应该优先发展。1913年,张謇在《实业政见宣言书》中,认为"凡大企业资金巨而得人难,实皆含有危险之性质。若航海、远洋渔业等则尤甚。故各国皆有补助之法,盖诱掖之,使之发展,即所以为国家扩生计、增国力者也"③。航业虽然比其他产业风险大,但能为国家扩大生计空间、增强整体实力。因此张謇不断开辟新河扩张航路,内河航路拓展至盐城、泰州、扬州,长江航线拓展至上海、扬州,又扩大海上航线从南通到东北,还筹划开辟太平洋、大西洋等海外航线。

张謇振兴港航的规划,不仅为本实业团体谋利,更为"通州民生"为

---

① 李明勋、尤世玮主编:《张謇全集》(第1册),上海:上海辞书出版社2012年,第413页。

② 李明勋、尤世玮主编:《张謇全集》(第1册),上海:上海辞书出版社2012年,第654页。

③ 李明勋、尤世玮主编:《张謇全集》(第4册),上海:上海辞书出版社2012年,第257页。

"中国利源"而计划。在实业发展方面,张謇认为应以港航业的振兴促进原材料和产品的快速流通,降低生产成本,提高生产效率。同时,港航的发展也将更有利于学习到先进的港航技术,推动工业产业的升级和转型。在商业方面,港航业的振兴将极大地促进国内外贸易的发展,为企业提供更多的市场机会和合作空间。通过港航的运输,企业可以将产品快速送达各地,提高市场竞争力,实现更大的商业价值。

综上所述,张謇的港航早期现代化理念内涵丰富,外延广阔,既涵盖了从国家层面提出的发展港航产业的战略主张,又包含了从地方区域层面提出的推进港航实业的政策意见,还包括了创建港航企业的具体办法举措等。张謇的可贵之处在于他不仅有明确的港航发展理念及主张,更重要的是他积极实践其理念及主张,推动国家和地方发展港航事业的具体政策、措施落地落实,形成了港航早期现代化理念与具体实践的有效结合,开创了民族港航业发展的历史先河,树立了民族港航业发展的标杆样板,提振了民族港航业发展的坚毅气节。张謇的港航早期现代化理念与实践是其"实业救国"主张的重要组成部分,也是当时重要的实业发展示范引领工程。在发展港航实业过程中,张謇立足国内和地方实际,运用世界眼光系统规划、科学谋划,敢于同西方列强开展港航业务竞争,展现了中国民族企业家的拳拳爱国之心,为经济社会发展、国家国力提升、海权海防稳固、民政军政施行和民众生活改善带来了曙光和希望。

第三章　张謇港航实践的航迹

　　交通对经济社会发展的重要作用,体现在当代对"要致富、先修路"的深刻认知中。而早在一百多年前,张謇就认为国内产业之所以凋敝,交通不利实为最大之原因。交通事业是助长文化、发展工商业之唯一利器的理念已成为近代中国社会共识。对此,郑观应在《盛世危言》中曾言:"交通之于国家,犹如人身之有血脉然。血脉流通,身体强健,交通发达,国势振兴,此不易之道也。"[①]表现出时人对发展交通促进国家富强的重视。也正如张謇在《代江督拟设导淮公司疏》中所言:"此利之在国者,淮不泛滥,支流灌输,瘠壤成膄,则利农;水道交通,工作觅食,便于出入,则利工;土货、客货,舟楫不滞,则利商。"[②]将发展航运业之有利因素阐述得非常清楚。

一、航运之帆：破浪前行

　　在兴办港口航运的理念之帆的引领下,张謇推动着大生企业破浪前行,不仅积极推进南通区域内的公路建设,致力于贯通全县道路,完善城市交通脉络,而且将水路、陆路的畅通无阻视为地方实业、教育、民

---

　　①　[清]郑观应著:《盛世危言》,上海古籍出版社2008年,第35页。
　　②　李明勋、尤世玮主编:《张謇全集》(第1册),上海:上海辞书出版社2012年,第138页。

政、军政繁荣的关键。他毫不懈怠地投入到疏浚河道的浩大工程中,积极兴建码头,大力发展水上运输,为南通的水上交通注入了新的活力。在他的努力下,大生轮船公司、大达内河轮船公司、上海大达轮步公司等多家轮船公司相继成立,公司所属的一艘艘航船,在波涛汹涌的商海中破浪前行。这些轮船公司的建立,逐步构建了一个满足大生系统生产、运输需求,同时服务通海地区商旅、物流的水上交通体系。在张謇的精心规划和不懈努力下,近代南通逐渐崛起为一个沟通沪苏、长江南北的重要枢纽。南通的水上交通网络日益完善,为地方经济的繁荣和发展提供了强有力的支撑。

(一) 航运公司陆续建,实业航业得拓展

中日甲午战争以后,帝国主义掀起瓜分中国的狂潮恶浪,并进一步加强对中国的经济侵略。面对这一情况,不少爱国人士倡议"实业救国",以抵制侵略,挽回利权,使国家富强。状元出身的张謇便是其中的积极倡导者,自 1895 年起,张謇即在家乡南通征集商股,创立棉纺工业,经过三年多的努力,克服重重困难,于 1899 年建成了南通大生纱厂。随后,在此基础上兴办了一批工业、农垦和社会事业。为了本身所创办的实业采购原料设备、运送产品物件的方便,也为了抵制外国轮运势力侵入我国内港,窃夺我国航权,张謇遂将创立内河与长江轮船航运业,建立近代化港口码头,开辟连接江河运输的航线,作为加速大生各企业和南通社会经济发展的首要任务。

1. 创建大生轮船公司,拓展航运业务

自 1895 年起,张謇在南通唐闸地区着手兴办大生纱厂。然而,由于当时芦泾港至唐闸间的航道浅窄,建筑材料和机械设备从上海运至南通遭遇重重困难,运输不畅给张謇的工厂建设带来了极大的挑战。历经五年的艰辛建设,张謇饱尝了交通运输不便之苦,深刻体会到了交通运输在工业生产中的重要性。大生纱厂建成投产后,随着生产规模

的扩大,原料的运进和产品的输出对交通设施的需求日益迫切。张謇意识到,解决交通运输问题是推动工厂生产发展的关键。因此,他在轮船禁令解除后的1895年就向两江总督刘坤一提出了创办轮船运输的申请,以改善原料和产品的运输条件。经过多番努力,直到1900年,张謇的申请终于获得批准,大生纱厂获准自行办理轮船运输业务。

1900年,大生纱厂为从上海运入机器设备等,先向上海慎裕号商人朱葆三、潘子华名下的广生小轮公司包租了一艘"济安"小轮往来通沪之间。在两江总督刘坤一准许大生纱厂自办轮运业后,张謇即与朱葆三等沪商集股设立大生轮船公司,这是张謇创办的第一家轮船公司。朱葆三(1848—1926),浙江定海人,宁波帮商人,近代上海工商界领袖、

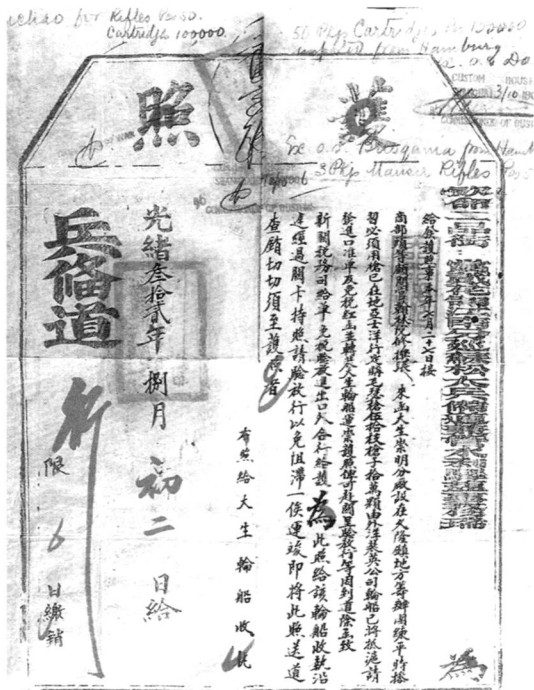

大生纱厂的大生轮运货护照
图片提供:张若愚

上海总商会会长;1878年开设慎裕五金店,1897年创办中国通商银行;投资宁绍、长和、永利、永安、舟山、大连轮船公司及法商东方航业公司。张謇通过南通和上海两地招股集资32000元(南通方面12000元,上海方面20000元),买下了"济安"轮,并改名为"大生"轮。1901年,"大生"轮往返于通沪,开始了南通与上海之间的客货运输服务。1902年,因通沪股东不和,南通股东以14000元(原价七折)的价格购并上海方面股权,由此公司股权由南通股东全盘收购。大生轮船公司遂开始独自经营,"大生"轮专营南通上海航线,但由于该轮单纯为大生纱厂服务,利用率不高,且成本高昂,经济上入不敷出,于是考虑兼带搭客以增加收入。

大生轮船公司开始独自经营初期,运输条件仍然十分艰苦,轮船停泊于江中,客货均需通过木船转运,效率低下且存在安全隐患,严重影响运输事业的发展。恰巧张謇获得了1903年赴日本考察的机会,在考察过程中,看到日本在明治维新后经济发展迅速,其主要原因就是"日本维新,先规道路之制,有国道焉,有县道焉,有市乡之道焉,所以谋舟车之不及而便商旅者,莫不备举"①。张謇深受日本明治维新后交通建设的启发,对交通的认识得到升华。回到南通后,他认识到,交通建设是推动经济发展的重要基础,于是下定决心兴办交通航运业。张謇积极推动大生轮船公司的发展。随着运输条件的改善和运营效率的提高,大生轮船公司逐渐实现了盈利,为南通的经济发展做出了重要贡献。张謇的航运实践不仅解决了大生纱厂的运输问题,也推动了南通地区乃至我国航运事业的早期现代化进程。他的远见卓识和不懈努力为我国交通运输事业的发展奠定了坚实基础。

2. 创建大中通运公行,开辟过坝运输

1902年张謇在海门四杨坝(今四甲镇西北)创办大中通运公行。

---

① 李明勋、尤世玮主编:《张謇全集》(第2册),上海:上海辞书出版社2012年,第405页。

四杨坝是一个水系与水道交汇的特殊位置,地处通海地区的东西大动脉——通吕运河与海门地区南北大动脉——通江运河的交汇处,上可以通通州,下可以直通长江和黄海;是海门两个水系(长江上水水系与长江下水水系)的最近相会处,两水系仅一坝之隔,坝南与坝北水位相差一米以上,船只通行必须牵引。张謇在建成大生纱厂、创办垦牧公司以后,为了加速原棉和成品棉及其他物资的流通,在位于通吕运河(今老通吕运河)与通江运河(今青龙河)的交汇处四杨坝,"集股二万两……购地160亩,开河五道,建坝一座,桥梁六座,栈房18间,七星绞关(牵引船只过坝的工具)二只,驳船16只,办理过载、仓储及内河驳运业务"①。不久四杨坝就成为内河重要的货物中转基地,大量货物在此中转,大中通运公行的驳船可以直接接驳过坝船舶的货物,送到指定的地点,方便了需要中转的客户,因而生意比较兴旺。四杨坝大中通运公行开业的十多年间,经营状况不错,"年年有盈余"。但1927年后,由于连年灾荒(运量减少)和军阀混战以及经营管理混乱等多方面原因而逐年亏损,至抗日战争时期宣告停闭。大中通运公行停闭后,其他一些公司和个人趁机打入,四杨坝依然发挥着其特殊的作用。1969年以后随着四甲船闸的新建和新通吕运河的拓浚而逐渐失去功能。②

3. 创建大达内河轮船公司,开辟苏北航线

1903年,张謇与如皋绅士沙元炳以及南通地方绅士在大生纱厂所在地——南通唐家闸,集资创办"通州大达内河小轮公司",后将该公司改称为"大达内河轮船公司"。这是张謇创办的第一家专门经营苏北内河航线的规模最大的轮运企业。由张謇任总理,顾苑溪、沙元炳任经理、江石溪任协理。沙元炳(1864—1927)江苏如皋人,近代如皋地方第一贤达;1894年与张謇同中进士;一生致力于兴办实业、教育等事业,

---

① 《大生系统企业史》,南京:江苏古籍出版社1990年,第71页。
② 李元冲:《张謇在海门办交通的业绩及其探讨》,《张謇研究》2005年第1期,第25页。

造福桑梓，主张"启迪民智，御侮图强，洗雪国耻，振我华夏"；曾被推举为如皋县民政长，被选为江苏省议会议长。大达内河轮船公司开办之初，仅集股 2 万元，只有"达海"号小轮一艘，在当年 3 月开航南通—吕四线，由"达海"轮行驶南通唐家闸至金沙、余西、余东、吕四之间，它以货运为主，主要业务是为大生纱厂运输机器、产品以及棉、盐等货物，并兼搭客。翌年，又增加了两艘小轮，航行南通至如皋、泰县、扬州一带，是为通扬线，载货搭客，货物以棉、盐和苏北各地的土特产为主。1905 年，马万伯等人创办的华昌小轮公司，有小轮和拖轮各两艘，在苏北航线经营客货运输，与大达内河轮船公司竞争，受到了大达内河轮船公司的打压，不久就被迫停航了。1906 年大达公司又增招股本 1 万元，添置小轮 2 艘。新辟从盐城经刘庄、白驹、东台、秦渔等地至泰州的盐泰线。民国建立后，由于苏北地区盐垦逐渐扩展，对于内河交通运输的需要不断增长，公司营业日增，业务不断发展，资本增至 5 万元，在 1912 年已拥有小轮 10 艘，木制拖船 8 艘。由于公司善于经营，1919 年股本再次扩大，资金增加至 8 万元。到 1922 年，股本增加至 16 万元，已拥有小轮船 19 艘，拖船 15 艘，驳船数艘，经营 10 条航线。19 艘轮船船名为：达海、达淮、达湖、达江、达河、达泰、达浦、达扬、达宁、达津、达沪、达邮、达淞、达沂、达济、达孚、达湘、达川、达泗。10 条航线为：南通—扬州、南通—吕四、南通—掘港、盐城—兴化—泰州、盐城—东台—泰州、盐城—邵伯、盐城—阜宁、盐城—千秋港、海安—东台、海安—大中集。

　　下图红楼是大达内河轮船公司旧址，建于 1903 年，坐西朝东，为二层西式楼房。虽是西式楼房，屋脊的屏峰又有中式的味道。红楼对面通扬运河边是大达内河轮船公司码头。

　　大达内河轮船公司在开辟苏北内河航线的过程中，曾经遭到当地盐官、盐商的竭力阻挠和反对。早在 1901 年，张謇倡议废盐垦棉，在南通与海门交界的吕四近海荒滩上，集资兴办"通海垦牧公司"，开渠挖

大达内河轮船公司
图片摄影：沈道明

码头照片
图片摄影：沈道明

走向蔚蓝：张謇与港航现代化

河,改造盐碱地,种植棉花,为纱厂建立原料基地时,就因废盐垦棉,触犯了盐官、盐商的切身利益,现在又兴办内河小轮公司,这一新的轮船航运业,必然要冲击他们所控制的旧式木船运输,影响他们在内河运输方面的既得利益。于是,盐商、盐官便以通扬运河"河身浅狭",不便行轮,向"运司禀阻",反对大达小轮开航。大达小轮公司成立后,他们又以轮船行驶内地运河,定将冲撞木船,酿成事故,波浪亦将冲塌河岸,淤塞运盐河等为借口,先后通过盐运使和常镇道出面干涉阻挠。张謇则运用自己当时的社会地位和政治声望,力争轮船航行内河的权利。由于小轮公司已在苏南纷纷建立,内河行轮已是趋势必然,加之张謇又得到当时两江总督张之洞的支持,故而大达内河小轮公司的航线得以次第开辟,并在轮船所经过的城镇设立分局,建立码头,办理客货运业务。

　　大达内河轮船公司的建立与发展,不仅沟通了整个苏北地区的内河运输,加强了苏北各城镇之间的联系,而且通过外江航线,与中国最大的城市上海以及沿江重要城市镇江、南京等地连接起来,便利了苏北和苏南各地的交通。它对于苏北各地区,乃至苏皖等省的贸易往来,对于苏北尤其是南通地方实业的发展,都起了促进作用。

4. 创建上海大达轮船公司,打破洋商垄断,兼并英商轮船

　　1904年6月,张謇与上海李厚祐(云书)在上海筹建上海大达外江轮步公司(后改称上海大达轮船公司),由张謇任总理,李厚祐任副总理,王震(一亭)任经理。公司在十六铺南岸地区建码头、建栈房、置轮船,办理码头、趸船、仓库出租业务,在上海至南通、扬州长江航线经营客货运输业务。上海大达轮船公司打破了外企、官商对上海航运业的垄断,成为清末在上海仅有的5家轮船公司之一,以及首家在上海的江苏省民营航运公司。

　　上海大达外江轮步公司成立后,一开始由于资金不到位,只能经营码头货栈业务,将码头、趸船、仓库等租给各轮船公司使用,并代理大生轮船公司的"大生"号轮船,开航上海至南通线,载客运货。后来,营业

张謇请设上海大达轮步公司公呈
图片提供:季真

上海大达轮步公司"大和"号轮船
图片提供:陈金屏

走向蔚蓝:张謇与港航现代化

日趋发达，86 吨重的"大生"轮已不能满足运输需要，于是在 1907 年，以银 4 万两在求新船厂建造 1 艘"大新"号钢壳轮船，吨位约 200 吨，于次年 5 月航行此线，而大生轮则改航上海至海门、启东线。1907 年及 1908 年，由于营业发达，资金增加，又以 6 万元向太古洋行购入"沙市"轮，吨位 795 吨，改名"大安"号；以 7 万元购进"大和"号轮船，吨位 549 吨。1910 年，又将大生轮船公司合并。此时，上海大达轮步公司已拥有轮船 4 艘，共总吨位 1630 余吨，资金为 39.76 万元。

上海大达轮步公司在开航沪通线时，即与祥茂公司展开竞争。不久，便将沪通线由南通延伸至泰州口岸，改为沪口线。1910 年，又将沪口线从口岸延伸至扬州霍家桥（今属邗江县），称沪扬线，又名沪霍线或申霍线。大达轮步公司为了与在相同航线上经营的英国祥茂轮船公司竞争，不断扩大经营范围，开辟了沪启线，以原航行沪通线的大生轮改航上海、崇明、海门、启东之间。1912 年，大达公司添置了一艘较大的轮船，"大德"号，吨位 801 吨，后来，又购进"大升"轮，吨位 385 吨。大达轮步公司由于在上海及天生港皆有自己的码头、趸船，上下旅客，装卸货物，极为方便，并以低廉的票价、便宜的运费，招徕乘客，扩大货源。而祥茂公司却日趋衰败，最后无法维持，在 1918 年被大达兼并，所属木壳小轮 3 艘，总吨位 1095 吨，折价银 10.05 万两，出售给大达，并分别更名为"大宁""大济""大顺"。从此，大达独占沪扬线，直至 1924 年。

1920 年，大达轮步公司，改称大达轮船公司。在此前后，即 1919 年，购置江南造船厂的"大庆"轮，吨位 1405 吨，英商瑞路船厂的"大吉轮"，吨位 800 吨。1920 年又代理上海大储栈的"储元""储亨"两艘驳船（各重一百数十吨）以及木驳船数只，由拖轮拖带，在每年新麦登场时，专放装货，行驶不定期航班。1922 年，又续招新股，连同原有资本，合计为 52.75 万两，至此共有（包括代理）轮船 11 艘、铁质驳船 2 艘、拖轮数艘、木质驳船数艘，独家经营"小长江"（区别于沪汉长江干线）航线，安排 4 艘轮船行驶沪扬线定期航班。11 艘轮船的船名为：大生、大新、大安、大和、大德、大升、大宁、大济、大顺、大庆、大吉。"小长江"航线包括：上海—崇明、上海—启东、上海—南通、上海—口岸、上海—扬州。1924年大通仁记航业公司创办，拥有4艘轮船，也参与经营"小长江"航线，与大达轮船公司发生竞争。两家公司在剧烈竞争后达成协议，组建大达大通联合办事处，共同经营"小长江"航线并形成垄断。1950年大达大通联合办事处与大达轮船公司、大通仁记航业公司等一起加入公私合营长江轮船公司。自此，经营了半个世纪的上海大达轮船公司宣告结束。

上海大达轮船公司在十六铺购地建筑码头，对于近代十六铺码头的发展具有重要影响。在近代轮船航运业兴起之前，十六铺沿岸码头多为民船停泊区，码头或归各商号与行业使用，或为公共码头，其主要功能是货物装卸。除了货运之外，大达轮船公司更为突出的航运功能是客运功能。20世纪初，大达轮船公司在十六铺建造码头后，开辟上海与苏北地区的水上客运交通航线，进一步增强了十六铺码头的客运功能，促进了十六铺由之前货运为主向以客运为主的航运变迁。

5. 创建达通航业转运公司，开拓分流转运

20世纪初，通州的航运事业初步兴起，也开辟了好几条航线，但是由于轮船的航线和班期都是固定的，不能完全满足正在发展中的工商业的需要，特别是运到天生港的大宗货物，需要分流运送给客户，因此，需要用小船接送分流转运。1906年，张謇命大生纱厂职员宗渭川集资13500元，在天生港成立达通航业转运公司，建造木质驳船50艘，以代大生各厂运输为主，并承运南京、镇江、苏州、上海一带货物。1911年，公司经营状况良好，续招新股，添造船只，此时共有驳船70余艘、江船30余艘。驳船主要承担市区内工厂燃料、粮食和日用品的驳运，江船逐步承运往来南京、镇江、苏州、上海等地的货物。在运营机制上，公司的船只实行租赁制，天生港一带的平民，许多是一家几代为航业转运公司行船。运费由公司与船工分成，公司得六成船工得四成。船上的附

属工具由租赁船工添置,每年的船只修理,公司负责木材和人工费,船工负责桐油、麻丝等费。这种运费分成、修船包干制,自公司建立一直延续到1956年。[①] 这种机制既为航运货物转运提供了便利,也解决了一些民众的生计问题。该公司船只在1927年因供应军差,受到很大损失。

6. 创办国际航运公司,试拓远洋贸易

（1）中比航业公司

1920年,张謇与徐静仁、陈光甫、吴兆曾等人在上海吴淞共同规划、创立了中比航业公司。这一举措的直接契机源于梁启超自欧洲带回的重要信息。1919年,梁启超在欧洲考察期间,与比利时政府代表会面,了解到比利时有意与中国合资成立航业和贸易公司,并希望他能协助寻找中方投资者。1920年,梁启超回国后,他向张謇传达了这一消息,提出了比利时方面希望与中国合作共同开展航运和贸易业务的提议。张謇深刻认识到,商业领域绝对不能固步自封、闭关锁国,他意识到自五口通商以来,中国的远洋航运和对外贸易长期受到外国势力的控制,大量经济利益被外方所占据。为了改变这一局面,张謇坚信中国必须能够直接参与国际贸易,因此他积极推动了这一合资企业的创建,并成为公司中方的主要推动者和积极创办人。同年,张謇在《复李国芝函》中提及:"海外贸易,今行已迟迟,乃益不可缓,但必枢纽于航业。敝处中比航业贸易公司,去年已有定议,顷复专人往比两月余矣。"[②]表现出对创办中比航业贸易公司的一腔热情。据《中比航业及贸易公司之计画(划)》记载,该公司计划采取中比合办形式,资金"定为一万万法郎",约合白银五、六百万两,双方各筹一半。根据当时汇率,中方需投入规元(亦称"九八规元",是1933年废两改元前上海的通用

---

① 梁炳泉主编:《南通市交通史》,上海:上海人民出版社1999年,第50页。
② 李明勋、尤世玮主编:《张謇全集》(第3册),上海:上海辞书出版社2012年,第827页。

记账银两单位)250 万两至 300 万两。中国银行的徐新六出面募集规元 70 万两至 100 万两,剩余由张謇、张詧兄弟负责。他们投资规元 25 万两,其好友徐静仁、陈光甫、吴寄尘、刘厚生各认募规元 20 万两。张謇还准备把大生纱厂和大生分厂积存的余利规元 70 余万两,一并拨入合资的航业、贸易两个公司作为股本。按照这样的规划,中方资金基本到位。[①] 公司经营所在地位于吴淞衣周塘地,约 85.4 亩,原属南洋官地,系公司向江苏省官产处报领后拥有。张謇等人拟开发衣周塘地,最终在此建设一座世界级邮船码头,与比方共同开辟中国往来越南、新

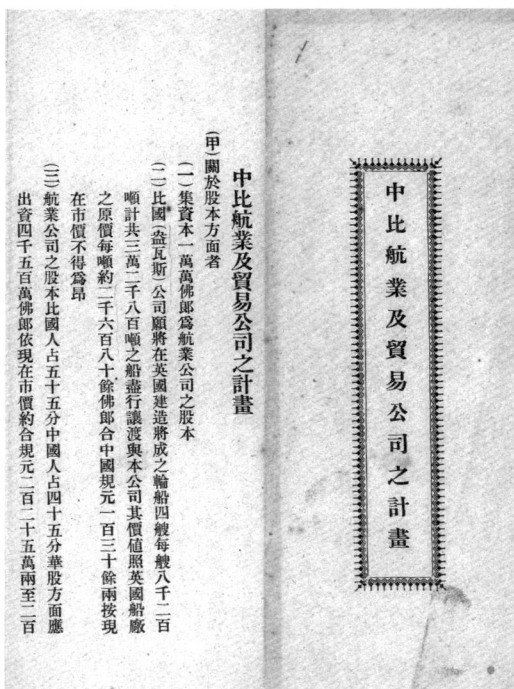

《中比航业及贸易公司之计画(划)》(部分)
图片来源:南通市档案馆

---

① 朱江:《"吴淞为吾国第一口岸"——张謇与吴淞》,《中国档案报》,2023 年 8 月 18 日。

加坡、法国、比利时、德国各大商埠间航线,经营国际航运与贸易。期间,张謇派徐新六、施伯安等人赴欧洲考察,重点与比方商人联络,推进公司合办进程。但后来公司在筹办过程中,恰逢国际海运业景气不佳,加上比利时方面商人濒于破产,合办中比航运公司的事宜只能暂时搁浅。

（2）左海实业公司

在中比合办世界航运计划搁浅之后,1920年8月,张謇与荣宗敬、金其堡等企业家承领吴淞的衣周塘滩地,合作创办左海实业公司,规划开辟轮埠、建设工厂(先筹办电厂,再筹划机器铁厂)、经营航业。1920年左海实业公司成立于上海九江路22号南通大厦,原来筹集的中比航业公司股款及招领衣周塘滩地存留在大生的款项全部入股于左海实业公司。

左海实业公司有着超越时人的远大目标,根据规划,公司准备在三个方面推进:甲、开辟轮埠(以已购衣周塘千余亩沿浦择要建筑码头);

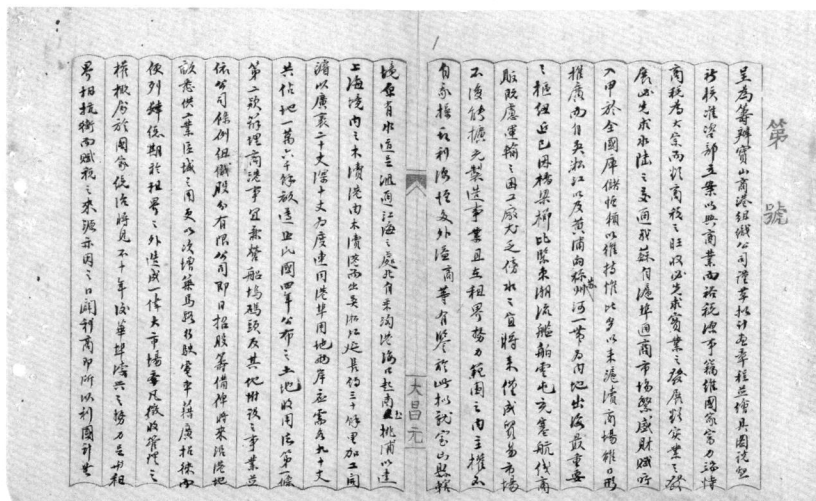

《左海实业公司章程草案》(部分)
图片来源:南通市档案馆

乙、建设工厂(先筹办电力厂,次规划机器铁厂,其他各厂可随时提议增设);丙、经营航业。左海实业公司的目标是把吴淞建成一个航业中心和经济要地。当时黄浦江两岸,十之七八的岸线资源被外商所占据。最初,那些地方道路不通,滩地没有填筑,无论官府还是民众,都没有意识到这些岸线的重要性,致使适宜建设轮埠的地方,大多数沦于外商之手。

左海实业公司的设立,就是想亡羊补牢,及早规划开发衣周塘。左海实业公司的创立者有着时不我待的紧迫感,他们认为浦东滨江一度"滩地旷阔辽远",不料数年间,外商纷至沓来,结果本国商人几无立足之地。在公司合约中,最后一条是"田亩分执之后,如有让渡等情,须先尽同股,并不得售于非中国人",这既是维护国家主权的需要,也是希望中国商人能有投资的机会。受时局影响,左海公司没能如愿进行如此大规模的投资和开发。

(3) 中国海外航业公司

1921 年张謇在左海实业公司计划搁置后,另行在吴淞组织成立中国海外航业公司。同年,张謇就任吴淞商埠督办后,想在上海租界之外规建商埠。然而,1926 年,上海浚浦局一再登报申明,认为衣周塘沿浦江军工路一带滩地系属该局管辖范围,否认其他机构有升科纳费之权,所有该处土地所有者不准将地卖出,使中国海外航业公司先行辟港、建栈等计划不能进行,地皮亦不得出卖。中国海外航业公司就此停业。至此,张謇在吴淞创设国际航运业的计划不得不因种种阻挠而搁浅。

(二) 开辟航线畅交通,水运繁兴护航权

在近代中国,张謇以其非凡的远见和勇气,开创了民营航运业的先河。他深知水运对于国家经济发展的重要性,因此毅然投入巨资,组建民营航运公司,开辟新的航线,极大地畅通了国内的交通网络。在经营过程中,张謇不仅注重经济效益,更坚定捍卫民族气节,确保国家的航

运权益不受侵犯。他的努力不仅推动了近代中国航运业的快速发展，更为后来的民族工业崛起奠定了坚实基础。张謇的成就不仅体现在商业上的成功，更在于他对于国家民族利益的坚守和奉献。

一是开创民族航运业先河。张謇自1900年创办第一家航运公司起，相继创办、筹办8家航运公司，先后拥有轮船、拖船、铁驳船、木驳船等，共计160余艘。这些航运公司，构成为一个民族资本航运集团。它是张謇所创农、工、商、运输、银行等实业体系中的一个重要组成部分。其中大达内河轮船公司是江苏第一家专驶苏北内河航线的民族轮运企业；上海大达轮船公司是江苏第一家专航江苏境内长江航线并经营码头、仓库业务的民族航运企业；多家航运公司的建立，不仅开创了苏北内河轮运和地方民营航运业的先河，而且发展了苏北的水路交通，改变了过去水路运输单靠木帆船的落后面貌，促进了南通、苏北各地与上海之间的贸易往来；缩短了产品流通和信息反馈的周期，从而使南通地区及苏北一些城镇的地方实业有所发展。地方实业的兴办，又促进了地方民营运输业的建立和发展，两者相辅相成，对于南通及苏北的繁荣，尤其是对南通地区的工业、农垦、商业以及上海农副产品的供应均起了一定的促进作用。

二是坚定民族气节护航权。当时长江内河，中国轮帆船竞相插挂外国船旗。因为托庇洋商，打出洋人旗号，可以避免清政府官吏的刁难和封建势力的敲诈勒索，故而在江苏境内，仅"就镇江至淮河一带，约计悬挂洋旗之船，几及两千余艘"。张謇创办航运公司过程中，坚持民族气节，宁愿多添麻烦，也不向洋人低头，坚决不挂洋旗。张謇克服重重困难，维护祖国航权，培养中国的驾驶轮机人才，逐步夺回我国航政主权，振作自强，为促进中国航海事业现代化奠定基础，在江苏航海史和中国交通史上具有开创性的影响。

三是促进近代航运发展。张謇在航运业上的开拓与成就，对后来的虞洽卿和卢作孚产生了深远的影响。张謇创办大生轮船公司、上海大达轮船公司,并取得了成效,标志着民营航运业的崛起,也为虞洽卿和卢作孚等后来的航运企业家提供了宝贵的经验。中国商人从1914年起,纷纷投入到港航业之中来。如虞洽卿在创办宁绍商轮公司时,借鉴了张謇的民营航运模式,通过完全以民营资本注资的方式,打破了外商和官商在航线上的垄断局面,为宁绍两地的国计民生和民族航运业的发展做出了积极贡献。后在此基础上又创办了三北轮埠公司。又如中国著名的实业家、教育家和社会活动家卢作孚在创办民生实业股份有限公司等民营轮船公司时,曾多次亲临南通,学习张謇创办公司的经验,并对张謇始终坚守民族气节,致力于维护国家的航运权益深有领悟。他明确提出"服务社会、便利人群、开发产业、富强国家"的宗旨,展现了强烈的民族责任感和使命感。他指挥的"宜昌大撤退"行动,不仅挽救了当时中国的民族工业,也为中国民族的持久抗战提供了重要的经济支持。再如张本正、苏培信等创办的政记轮船公司,也受到了张謇的影响。据上海航业公会1934年调查航运公司成立情况:1914—1926年间成立20家,1927—1934年成立34家,连之前延续下来的共59家,①促进了中国近代航运业的发展。

可见,张謇的航运事业不仅改变了地区的交通状况,也为整个中国航运业的发展提供了借鉴。虞洽卿和卢作孚等人在其影响下,积极探索适合中国国情的航运发展道路。他们通过引进先进技术和管理经验,提高航运效率和服务质量,推动了中国航运业的现代化进程。正如美国历史学教授罗安妮在《大船航向:近代中国的航运、主权和民族构建(1860—1937)》中所述,张謇、虞洽卿、卢作孚是中国近代"民族资本"航运企业家,他们代际不同、地域有别、背景各异,但有着共同的憧憬,都是创建以家乡为中心的航运网络,为家乡的社会和文化现代化做出

①　廖大伟、杨小明、周德红主编:《上海社会与纺织科技》,上海:上海人民出版社2019年,第303页。

贡献;践行着同一种观念,即民族经济可以在通商口岸以外发展起来,在挑战外国主导地位的同时,促进腹地的现代化。① 他们的成功实践不仅推动了中国航运业的发展,也为中国民族工业的崛起奠定了坚实基础。

(三)强毅力行谋自营,助推航业成蔚然

在近代中国,张謇以其卓越的远见和坚定的意志,书写了一段自强不息的传奇。他深知航运对于国家经济发展的重要性,因此在一片混沌中,毅然决定以强毅力行,谋求自营航运,以助推航运业成为经济发展的重要支柱。张謇不满足于现状,他立志于建立航运中心,通过搭建完善的产业网络,将各个地区紧密连接在一起,促进资源的流通与共享。他不仅是一位企业家,更是一位民族经济的守护者。他深知,自营航运不仅能够带动相关产业的发展,更能够保护民族经济免受外来势力的侵蚀。因此,他倾注心血,努力打造属于自己的航运公司,为国家走向富强贡献自己的力量。

一是建立航运中心,搭建产业网络。张謇港航事业的起点,是创建以家乡为中心的航运网络。张謇的航运公司,把南通变成了产业网络枢纽,一边连接长江以北的产棉区,一边联通镇江、南京和上海等长江港口。大达内河轮船公司的轮船在长江以北的内河和运河网上航行,向西北延伸至扬州,向北延伸至盐城和阜宁。这些内陆航线将产自此区域的原棉运往张謇的工厂,并将南通与张謇发起土地复垦项目(将原来的产盐区变成棉田)的地区连接起来。而上海大达轮船公司在长江下游拓展业务,这一航运网络是根据张謇棉纺厂的需要设计的,同时也为以前几乎没有现代运输的地区提供了交通基础设施,将原材料产区

---

① (美)罗安妮著,王果、高领亚译:《大船航向:近代中国的航运、主权和民族构建(1860—1937)》,北京:社会科学文献出版社 2021 年,第 209 页。

与南通的工厂,以及上海等商业城市连接起来。

二是自营航运,保护民族经济发展。从张謇创建的航运公司看,都是利用地方资本建成的股份公司,发源地都是南通,这有助于张謇利用当地关系来筹集股本,而张謇基本也是依靠亲朋好友的帮助让企业起步的。随着航运公司把业务从大本营扩展到主要航线,张謇进一步展现出一个策略,就是公司由中国资本创办,使其成为反抗外国经济强权的本土力量。张謇航运公司的发展践行了一种观念,即民族航运经济可以在通商口岸之外发展起来,打破了外国航业的主导地位,促进本地航运的现代化。

三是开创航运新局,树立航运示范。张謇航运公司的成长推动了中国航运事业的发展,将中国航运自主的主张从遥不可及的缥缈状态,变成一个更为直接、可以实现的实际目标。张謇创办航运企业爱国、创新、诚信、开放、担当的精神,对于当代具有十分重要的时代价值,不仅可以为新时代创新创造者提供宝贵的精神武器,而且还可以为新时代企业家增添强大的精神动力,更可以为新时代奋斗者树立笃实的示范样板。

四是激励强毅力行、永不言弃的精神。从创办中比航业公司、左海实业公司到中国海外航业公司,张謇耗用了大量精力,终因种种原因于中途夭折,但他的行动代表着中国航运事业的发展方向,不失为富有远见的探索。张謇创办航运公司的精神告诉人们,世上从来就没有随随便便的成功,创造、失败,再创造、再失败,屡战屡败,这是人们笃定经历的基本形态。而失败、创造,再失败、再创造,屡败屡战,直至成功,这是强者所拥有的精神状态。一个国家和民族、一座城市和一个人总是要有一点精神的。

综上所述,张謇的强毅力行与谋而后动,不仅开创了航运新局,更为后来的航运业树立了鲜明的示范。他用自己的实际行动,证明了民营航运业在近代中国经济发展中的重要作用。他的成功,不仅激励了一代又一代的航运从业者，更激发了全民族的自强意识。在张謇的示范下，越来越多的人开始认识到航运业的重要性，纷纷投身其中，共同推动国家航运事业的繁荣发展。张謇的故事，不仅是航运史上的一段佳话，更是一种永不言弃、自强不息的精神象征。他用自己的行动，诠释了什么叫作真正的民族企业家精神，为后人树立了不朽的榜样。

二、港口之锚：扎稳根基

港口是位于海、江、河沿岸，具有水陆联运设备以及条件，能供船舶安全进出和停泊的运输枢纽。港口是水陆交通的集结点和枢纽处，是工农业产品和外贸进出口物资的集散地，也是船舶停泊、装卸货物、上下旅客、补充给养的场所。在19世纪末，南通沿江沿海虽然有沙船、轮船航行停泊，但在沿江沿海岸边还没有建设相关的设施供船舶停靠，也没有供旅客上下、货物装卸的场所，商旅货运十分不便，农工商贸非常不畅。张謇对民间疾苦深有体悟，尤其在筹办大生纱厂期间这种体会更深，一直有志改变这种状况。随着大生纱厂的开业，客货运输需求激增，更需要可靠便捷的设施供船舶停靠、货物堆放，在张謇策划和推动下，码头、堆栈、船厂等一个个在江边耸立起来了，一个早期现代化的南通港诞生了。

（一）港口码头持续立，建成水运多节点

港口码头是港航物流的基础性设施。大生纱厂建成后，张謇饱尝航道狭窄、船运不畅等造成的"购运物料之不便"[①]之苦。限于当时交通体系未能建成，不能适应货物运输的需要，制约了实业的壮大，使得

---

① 翰墨林编译印书局编：《通州兴办实业之历史》（下册），宣统二年版，第1—2页。

张謇逐步认识到港口码头物流在实业和城市发展中的重要作用。1903年，张謇应邀参观日本第五次国内劝业博览会，对日本港口及航运交通的发达深有感触，意识到区域港口交通的重要性，遂决心"回国后更进而经营交通"，把历来主张的村落主义与具有近代观念的交通理念结合起来，加强了区域港口航运规划与港口基础设施经营建设的统筹。

1. 建设码头，搭建客货运输节点

张謇出于发展水运交通以推进经济发展的目的，积极投身码头建设和客货运输节点的搭建。在南通，他在天生港建造了码头，使南通成为苏北地区的重要港口。还在上海十六铺码头建立了上海大达轮步公司，打通了沪通之间的运输通道，为南通接轨上海、融入长三角经济圈奠定了基础。这些码头的建设不仅促进了当地的经济繁荣，也加强了南通与外界的联系，为南通乃至整个长江流域的经济发展做出了重要贡献。张謇的这些举措，体现了他对水运交通事业的深刻理解和远见卓识。

（1）创建唐家闸内河码头

19世纪末，南通内陆水网密布，水上船舶交通非常活跃。当年张謇选择唐闸建大生纱厂，其中一个重要原因就是这里的水上运输比较方便，厂址就在通扬运河旁，厂门就对着运河，建厂的物料就是用小船在河边停靠上岸进厂，非常方便。然而1899年大生纱厂建成后，唐闸原有的水路交通设施已不能适应纱厂发展的需要。1900年，大生纱厂开工获利，在各地收购的原棉要运到工厂，生产的成品要运销各地，其他机器、物料的运输都迫在眉睫。尤其是大达内河轮船公司成立后，原有的停靠设施更不能适应小火轮的需求。于是张謇决定在纱厂门口的运河边，建造大生码头，专供纱厂使用。

码头用石块从水下砌成，厚重坚实，可以同时停靠两条帆船作业。1907年在码头边立了一个牌坊，为四柱三门式，柱子的两边是石鼓，顶

张謇当年所建通扬运河畔大生码头
图片来源:张謇研究特色数据库

当代唐闸镇大生码头(复建)
图片摄影:张厚军

棚为飞檐式样,与厂门口的大生钟楼相对呼应。据史料记载,当年牌坊横额上两面有不同的题字,临河一面题刻的是"大生马头",而朝着马路和纱厂大门的另一面,题刻的是"利用厚生"。在1995年重建时,两面都题刻"大生马头",并在中门二立柱上题刻"枢机之发动乎天地,衣袯所及遍我东南"对联,这是当年翁同龢为大生纱厂1899年5月23日开车投产而题写的。大生码头建成后，每天有好几趟到苏北等地的航班，码头和"小火轮"大大方便了货物运输及百姓出行，极大地便利了唐闸与外地商品的流通，该码头成为南通地区第一个内河水运货物装卸中转集散地。随着交通事业的发展，直至20世纪80年代，该码头才结束运营生涯，完成历史使命。

（2）创建天生港大达轮步码头

南通三面临水，东侧是黄海，西侧是长江，南侧是长江北支入海口，陆上也是水网密布。清末南通农业、手工业及民间贸易都仰仗船舶，水上商旅、货物运输需求十分旺盛。在航运科技不发达的时代，南通人跨越江海之阻是十分困难的，滨江临海成为南通交通的最大难题。因此南通成为沙船的发源地之一，沿江沿海沙船运输十分兴旺，产生了航海技术高超的船工、具有冒险精神和商业头脑的船户。19世纪南通沿江最繁忙的港区是芦泾港，南通的盐、粮、棉、布，以及农产品、水产品和手工制品大部分都由芦泾港出运，上海从国外进口的各类工业物资、生活物资也源源不断从芦泾港运往南通和苏北各地，1898年清政府《长江通商章程》把芦泾港列为外轮上下旅客处所。在天生港大达轮步公司建成前，已经有洋商轮船经营上海—南通长江航线，洋商纷纷在芦泾港设立船舶代办行，时称"洋棚"。但由于没有接靠轮船的码头，只能在江中过驳中转，到港旅客货物上下非常困难危险，效率也十分低下。

天生港大达轮步公司的筹建，是为了适应当时南通地方实业的发展和大生本身原料成品运输日益繁忙的需要，并为了衔接外江内河等航线。1904年8月，继大达内河小轮公司和上海大达轮步公司组建以后，张謇为适应当时南通地区的经济开发需求，着手筹办通州天生港大达轮步公司。为了在南通沿江选择最佳建港地址，张謇费尽心思。第一是现场考察，他从狼山脚下登舟沿江北上，先后考察了姚港、任港、芦泾港，最后抵达天生港。他同水利、港航专家们一起对沿江各港口进行考察调研，相互比较后发现，天生港作为江边的一个天然港湾，既能进潮，又能排涝，还好行船，港口水深流稳，航道宽阔不淤，确为长江船只航运避风之良港。第二是比较区位优势，张謇在《为开埠事咨周督文》中表述："查天生港由江口至内河道仅十余里，其东至海门，西至靖江、如皋、泰兴、泰州，北至东台、兴化、盐城，凡八州县，一水可通，而天生港适为枢纽之地。"[1]天生港由江口至唐家闸连接通扬运河仅6.5公里，东至海门、吕四，西至如皋、靖江、泰兴、泰州；北至海安、东台、兴化、盐城，皆有一水可通，便于江河联运，是南通工业区——唐家闸通往长江的最近港口，又是上海进入苏北腹地的理想港口，有通扬运盐河和通东区的串场河以及通长江的港闸河"水口便捷"，地理位置极为优越，是枢纽之港。该港名为"天生"，有"天赐良港"之义，而且与"大生"相呼应。优越的自然地理条件加之美好的名称寓意，让张謇最终决定将天生港建设成为近代南通的第一个港口配套产业区。

张謇于1904年8月着手筹办天生港大达轮步公司，一面筹股，一面在天生港东侧选址建造码头。公司筹办初期，资本额定为规银40万两，张謇先筹集12万两进行开办。至1906年底，仅筹集股银25200两，合252股。由于资金不足，港口建设规模只好相应予以缩减。天生港轮步公司征用了长江岸线约600米，先行垫付资金，沿江边建造石码头。其建设方法是：首先在天生港岸线东侧的建拦江大堤，在坝内规划出未来码头的位置。然后，挖去地表浮土，在地基内打下梅花型木桩作为基础，再用糯米汁拌和石灰砌造石驳岸。在石驳岸内用黄泥和干石灰粉拌和夯实构成石码头。码头工程完工后，接着便挖开外面的拦江大堤，并利用潮水逐步清理石码头前沿的滩地，最后石码头濒临江面了。石码头驳岸建成后标高为6.583米（吴淞零点以上）。当时共建成石码头3座，分别称为东码头、中码头和西码头。最后清政府拨

---

① 李明勋、尤世玮主编：《张謇全集》（第1册），上海：上海辞书出版社2012年，第95页。

付石码头资金共计十万两白银。在石码头基础工程完成后,公司就着手募集资金建造木质栈桥和趸船等其他港口附属设施。由于集股数量有限,张謇又让大生纱厂借垫资金,共计借用 10 万两白银,修建了 2 座趸船码头。东码头,也称"通靖"码头,石驳岸长 65 米,宽 24 米,上面建有木质栈桥。木质栈桥长 70.25 米,宽 20.97 米。栈桥上装有铁皮防雨棚,以便于雨天作业和临时堆货。栈桥前沿有趸船"通靖"号,系 2000 吨级钢质趸船浮码头,长 65 米,宽 10 米,趸船外档水位较深,枯水时近 10 米,可常年停靠 1000 吨级轮船。中码头建有木质栈桥长 60 米,宽 9.14 米,栈桥前沿有趸船"通源"号,长 47.28 米,宽 8.22 米,可停靠 1000 吨级船舶。西码头仅建有石码头,因缺乏资金,未设置栈桥和趸船。1910 年 2 月,天生港大达码头竣工。

码头建成以后,为减轻江潮对码头的冲刷,保证码头的安全。天生港大达轮步公司采用抛石护滩的方法,在码头前沿及附近的江滩边抛下了大量块石,所抛块石平均堆积厚度达 1.7 米—3 米。同时,还在江

大达轮步公司天生港码头栈桥
图片来源:张謇研究特色数据库

走向蔚蓝:张謇与港航现代化

滩边栽种芦苇。这些措施对减缓江潮的冲刷,稳定港口岸线起了很大的作用。

天生港轮步公司还建造了相应的办公用房和仓库,主要经营客运、货运、代客过载、报关、出租堆栈及押汇等业务,先后开辟了南通至上海、南通至靖江、南通至扬州等沿江航线,实施了营商优惠和方便政策,天生港及周边航运及商贸市场迅速繁荣起来。自 1909 年起,沪扬线的轮船可以按时停靠,方便旅客上下,及时装卸货物。大批原材料、设备及日用百货可由此进入。大生纱厂的成品及南通地区的农副产品经此运销上海等地,南通地区的旅客、商贩亦多由此转往上海及长江上游各地,商旅日流量达千人,呈现百业兴旺的景象。天生港大达轮步公司是江苏省第一家专营码头、仓库等运输业务的民族航运企业,天生港大达码头也是中国民族资本创建的第一个近代化长江港口码头。①

天生港大达轮步公司码头和栈桥
图片来源:张謇研究特色数据库

天生港码头的建成,结束了南通地区沿江沿海港口无固定码头

---

① 梁炳泉主编:《南通市交通史》,上海:上海人民出版社 1999 年,第 48—50 页。

的历史,标志着南通港口已经进入近代,也是我国民族资本创建的首批现代化长江港口码头,在江苏航运史和中国交通史上均具有开创性影响。

（3）创建海门大达轮步码头

1918 年张謇在海门宋季港（海门镇西南）筹建海门大达轮步公司,由大生一厂（唐闸）、二厂（崇明—今启东久隆镇）的海门分销处出资兴办,是一座木质结构的固定码头,主要业务是进出大生的大宗货物。该码头的建成运行,有效缩短了大生货物在江中的过驳时间,并保证了到港船舶和货物的安全。后因宋季港淤浅涨滩而废弃。

（4）创建上海大达码头

1904 年 6 月（光绪三十年）,张謇联合汤寿潜、许鼎霖、刘绵藻、李厚祐等出面在上海议设上海大达外江轮步公司（又称上海大达轮步公司或上海大达轮埠公司）。张謇经调查认为:"上海滨临黄浦一带,北自外虹口起,南抵十六铺止,沿滩地方,堪以建步停船处,除招商局各码头

1908 年的上海十六铺码头
图片来源:张謇研究特色数据库

外,其余尽为东西洋商捷足先得。"①遂于是年7月上报《请设大达公司轮步咨呈》,认为"自十六铺起至大关止,沿滩一带,岸阔水深,形势利便,地在租界以外,尚为我完全主权所在",拟"议约结同志,筹集开办经费,先就十六铺迤南老太平码头左右,购定基地,建筑船步,并造栈房,以立根据而固基础"。1905年8月,江苏巡抚准予上海大达轮步公司禀案成立。公司设于上海十六铺外滩(即大达码头),其关防(公章)文字为:上海大达轮步有限公司。公司既经营港埠装卸业务,同时也经营轮船运输业务,公举刘锦藻为总办,张謇任总理,李厚祐为副总理,王一亭为经理。②

上海大达轮步公司最初设想的规模颇称宏大,据张謇《请设上海大达轮步公司公呈》称:"拟招集华商股本一百万两",由创办人及认股股东分认50万两,再公开招募50万两。在十六铺以南这一段地区,本来就有王家码头、董家渡码头等10多座码头,但都是砖石结构、踏步式台阶的老式码头,适宜于停靠沙船、小轮,无法承受大轮船,张謇就决心把它拆除,设置钢质趸船,建造6座轮船码头,统称"大达码头"。经过多方运作,1905年官府同意把十六铺以南沿江岸线给大达公司开发建设,"请台端饬知理船厅,查明十六铺至董家渡出浦沿滨官地堪造码头若干处,驳开若干丈,挖深若干尺,绘图贴说,交由公司垫款承办,意在按照地图红线以内丈尺,一律整齐,诚慎之也"③,即官府同意大达公司在这一地段出资建造码头,并对大达码头建设做了详细规划,制作了"上海大达轮步公司码头平面图",该图现在中国航海博物馆收藏。

"从馆藏的这幅平面图可见,当时上海大达轮步公司的码头用地位

① 李明勋、尤世玮主编:《张謇全集》(第1册),上海:上海辞书出版社2012年,第72页。

② 王荣、王抒滟:《民建先贤 公私合营的带头人——民建江苏省委首任主委张敬礼》,民建中央网站,2015年10月12日。

③ 李明勋、尤世玮主编:《张謇全集》(第2册),上海:上海辞书出版社2012年,第152页。

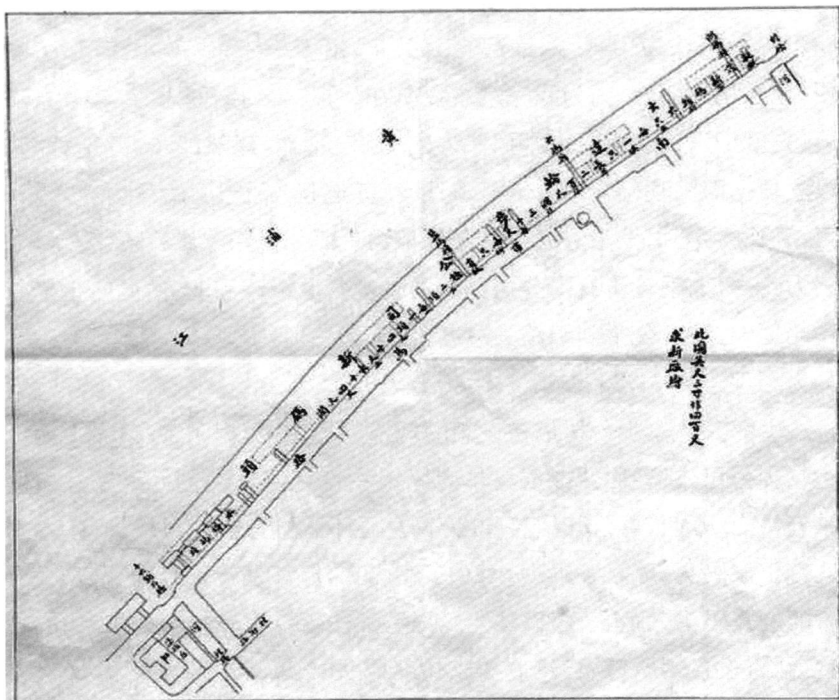

上海大达轮步公司平面图
图片来源：中国航海博物馆

于南市马路东面，紧沿黄浦江南岸，呈南北走向，北至十六铺外桥，毗邻法租界捕房，南至关桥，其范围囊括了原十六铺的关码头、大码头、盐码头以及永裕码头。据图中文字说明，可见当时大达轮步公司码头尚处于规划期，拟设新码头六只，每一只长二百尺，阔三十尺，意味着码头岸线共计长约一千二百尺，大约 400 米；每只码头有桥二顶，每一顶四十尺长，十四尺阔。可知大达轮步公司码头共建 12 顶桥，每顶桥面宽阔，约 4.6 米，以便于轮船货物装卸后的驳运"①。上海大达轮步公司的招

---

① 赵莉：《近代上海民营航运与码头岸线——大达轮步公司码头平面图为例》，《航海》，2021 年第 5 期。

走向蔚蓝：张謇与港航现代化

股工作一度进展缓慢,到1906年,仅招得250股,计2.5万两,公司仅有一艘代理的"大生"号轮船。但张謇还是决定先建造码头,他从通崇海实业公司挪借资金,合计达130300余两。1906年按照设计要求,撤除了原有砖石结构的老太平码头,设置了钢质趸船,建了码头趸船廊桥连接陆地,大达码头第一个码头泊位(后称为大达四号码头)建成,在上海滩引起强烈反响,国人尤其是航业人士为之欢欣鼓舞,而洋商则处处给予挤压打击。

据1909年商务印书馆编辑出版的《上海指南》卷六"交通"之"轮船码头表"载(见图),当时十六铺大达码头除大达公司码头外,还有英商祥茂公司码头、祥安码头、瑞昌码头、保定码头。后来在竞争中英商祥茂公司难以经营,张謇就趁机以低价收购了祥茂公司码头。第一个大达码头泊位建成后,码头客货运输生意兴隆,尤其是客运。张謇在虞洽卿创办轮运公司困难之际,把码头租借给宁绍、三北轮船公司,进一步繁荣了大达码头的客运。后来随着民族航运业的兴起,各航运公司建设码头的需求旺盛,张謇就把第一个码头上下游的岸线让给其他民营航运公司建设码头。宁绍轮船公司建了一号码头,三北轮船公司建了二、三号码头,达兴公司建了五号码头,平安公司建了六号码头,约记柴炭行建了七号码头,占用岸线400余米。根据码头当初建设规划的名称,也由于大达码头的业务最为发达,这七座码头统称大达码头。十六铺大达码头在近现代港航交通中扮演着至关重要之角色,作为人流、信息流、物流和资金流交换的节点,逐步奠定了其在当时航运业的中心地位。

轮船码头表

码头名称	所在地	航路
招商局金利源码头	法界	内外国各埠间
招商局内河码头	北苏州路	上海苏州杭州湖州菱湖间

码头名称	所在地	航路
大达公司码头	十六铺	上海崇明海门通州如皋间
怡和洋行码头	虹口	内外国各埠间
太古洋行码头	法界	内外国各埠间
开平矿务局码头	浦东	上海秦皇岛间
东方公司码头	法界	上海汉口间
日本邮船会社码头	虹口武昌路口	内外国各埠间
美最时洋行码头	浦东张家浜	上海汉口天律间
大阪商船会社码头	浦东	上海叹口间
亨宝洋行码头	英界南京路口	上海青岛烟台天津间
宝隆洋行码头	浦东杨家渡	上海海参崴间
祥茂公司码头	十六铺大达码头	上海泰兴海门间
禅臣洋行码头	虹口顺泰码头	上海广州间
庆记码头	北苏州路	上海平湖海盐间
王升记码头	苏州路	上海平湖海盐间
日清汽船会社码头	北苏州路	上海苏州杭州常熟荡口间
戴生昌码头	北苏州路	上海苏州杭州湖州菱湖间
老公茂码头	北苏州路	上海双林新市无锡碤石间
大盛码头	北苏州路	上海青浦珠家角间
祥安码头	十六铺大达码头	上海枫泾间
瑞昌码头	十六铺大达码头	上海洙泾间
保定码头	十六铺大达码头	上海嘉善间
丰昌码头	南市洞庭山码头	上海南汇大团间
宁绍商轮公司码头	南市十六铺	上海宁波间

1909 版《上海指南》所载轮船码头表
图片提供:赵莉

2. 建设仓库,提供运输货物堆放存储

（1）兴建南通大储堆栈

运输的繁荣又带来仓储业的兴起。1913 年,大生纱厂董事刘桂馨等,在张謇之兄张詧的支持下,集股在天生港附近勘定地基,着手兴建惠通公栈。但因市场和资金原因,惠通公栈基础工程完工后,地面仓库工程未能上马,就此暂停。1917 年,张謇等合资发起在唐闸兴建南通大储堆栈,接着在天生港、海门、南通城西、上海等各处以大储为名的堆栈相继建立,设在唐闸的称为大储一栈,设于天生港的称为大储二栈,又称惠通货栈,设在南通城西的称为大储三栈。各堆栈以大栈房为主体,建有办公用房、生活院房、消防室、岗哨亭等功能性配套设施共计10 余幢近百余间,以及大片露天堆场。大储堆栈的主要业务,一是堆放存储运输货物;二是打包,因当时的棉花商贩掺水严重,影响棉花质量,总商会派棉检人员进驻堆栈,对棉花作含水检验,检验合格后由堆栈办理打包存放运输,故大储栈又名大储堆栈打包公司;三是驳运,建在码头旁边的堆栈,配备了机动铁驳轮船,根据客户的需求开展货物驳运;四是代办运输,具体业务由大达轮船公司代管。唐闸大储一栈是大

唐闸大储一栈
图片来源:南通史志网

生纱厂设在厂区外围的重要工业原料仓库区,是至今唯一保存完好的一处堆栈。《中国城市建设史》里介绍:"唐闸形成一个完整而独立的工业区,工厂外围面向运河的一段,留有空地建成以两层商店为主的商业街,支河与工厂之间空地建有仓库堆栈。"①张謇在上海、南通、海门等地依水建立大储栈,水路运输是其物资转运的主要方式,此举大大拓展了港航物流产业链。大储堆栈也是我国近代功能最为完善的港口仓储之一。

(2)创建上海大储堆栈

1918年,张謇等人在上海筹建上海大储堆栈股份有限公司。1919年,张謇等先向大通航业公司转租南关桥以南生义码头外滩地1.58亩,黄浦岸线43.59米,建造东栈一所,二层三库。后又在生义弄口,东栈西侧购地4.01亩,建西栈一所,三层十二库,两栈仓库共计8238.2平方米,可以储存2万多吨货物,一直经营到新中国成立以后。

(3)设立天生港大达轮步公司南通办事处

受张謇港航综合物流思想影响,1935年,为增加港口运输量,方便货物运输,天生港大达轮步公司在南通设立办事处,备有运货汽车、塌车、专用小车,凡进口货,由各埠到港,立即派车去接,再派小车分送各号。出口货只需电知该办事处,立即派车去接。由于港口实行装卸、运输"一条龙"的服务措施,港口生产稳步发展,大达轮步公司得以还清欠款并盈余银两。

3. 设置代理行,代办客货服务业务

1898年,清政府颁布的《长江通商章程》把南通芦泾港作为外轮上下旅客的处所。英商太古轮船公司、怡和轮船公司等,各自在芦泾港附近设立轮船代理行。因为芦泾港没有码头设施,旅客上下轮船需用木驳划船接送,因此代理行的业务,一方面是招揽客源外,另一方面是办

---

① 董鉴泓:《中国城市建设史》,北京:中国建筑工业出版社2004年,第205页。

理旅客及其携带物品的临时存放和上下船驳运。

大达内河轮船公司和上海大达轮船公司在运营过程中,为了能更好地经营管理各航线的客货运业务以及轮船、码头、航道等事宜,在沿途各重要城镇设立分公司;在其他停靠地点均仿照洋商设置代理行,招商代办,收取押拒(金),由代理行代为出售客票;在不设码头的地方,备有小划船接送旅客上下轮船。南通、盐城公司还兼营客栈和仓库,以利争取客商和货运。

公司为了招徕乘客,扩大货运业务,还尽量给乘客提供方便,凡是乘客出外经商或采购贩运产品货物时,所携带的现金,公司负责代为运送,乘客只需支付一定的托运费,下船后即可如数领取。这样,既可省去搬运看管现金的麻烦,又可免除短少丢失的风险,人至银到,堪称方便、安全、可靠。许多客商都乐于采用,并将购买贩运的货物也交公司船只装运。

由于经营有方,大达内河轮船公司和上海大达轮船公司发展迅速。至1922年,大达内河轮船公司已有小轮船19艘,拖船15艘,经营10条航线;上海大达轮船公司已有轮船11艘,还有拖轮驳船若干,独占"小长江"5条航线。两公司积极开拓经营管理思路,不断升级优化新型航运形式,将船舶的经营管理、货物运输交由船舶负责,有效规定了一定的航线和装运的货物种类、名称数量、装卸港口、装卸期限等,提高了港航综合物流装卸率,为客户的舱位和运输通道等提供了更优质化的选择,极大满足了港航物流的多元化需求。

4. 构建"三式"联运模式,健全物流网络

(1)畅通"水—水"联运模式

当年沪扬线与苏北腹地沟通的水路运输大体可分三段:上段的霍家桥,可经里运河沟通淮河;中段可经口岸内贯苏北里下河地区;下段南通各港可与运盐河、串场河衔接。这样,苏北运河沿线和洪泽湖以西、皖北一部分地区的农副产品可以运到霍家桥中转上海及其他省区;

苏北里下河地区（即江苏省内淮河故道以南，里运河以东，范公堤以西，通扬运河以北的通、扬、盐的部分地区）和沿江地区的农副产品，可由口岸、新港、天生港等地转运上海。大达内河轮船公司、上海大达轮船公司和天生港大达轮步公司相继成立后，大大促进了上海与南通以及苏北地区的客货运输，从上海输入苏北的货物大部分都从天生港中转，苏北的农产品和手工业制品也大部分汇集到南通，再中转到苏南、上海等南方地区，因此，减少货物在南通中转的时间和费用，是当时大家的希望寻求的目标。鉴于此，张謇积极推出创新举措：一是大达轮步在天生港港区后沿开挖了港池，该港池直通天生港与唐家闸的航道。港池距"通靖"码头仅数百米，内河木船可直接停靠港池，待轮船到港即可直接从木船卸货装上长江轮船，减少了中转、仓储的环节；到达天生港码头的货物也能直接卸载到内河木船中转进入内河，运送到苏北航道相通的任何一个地区。二是筹备成立达通航业转运公司，自备"乾济""元济""亨济""利济""贞济""仁济"等多艘驳船，可将到港货物随时运抵南通城区、平潮、唐家闸等地，把到港的货物直接中转到内河其他地方，送到客户手中。三是筹办代理行，帮助客户办理货物中转联运手续。自此，天生港码头作为苏北沿江重要的港口枢纽，实现了区域"水一水"联运模式，大大减少了货主人力、节省了货物仓储费用、降低了货物运输时间，有力促进了货运贸易和商品流通。

在运输物资中，以小麦、杂粮为大宗，棉花次之，还有农副产品和土特产品。尤其是鲜蛋、家禽、生猪，每天均有大批量运往上海供应市场。平均每个航次要运载粮食四五千包，鸡鸭五六百笼，蛋品七百篓左右。航线上的客运量也较大，乘客中一部分是农闲时到上海去的临时工，因天灾人祸而背井离乡到上海的谋生者，一部分是小商小贩，经常往返于这条航线上，平均每个航次乘客有五六百人。这样，南通自近代开始利用长江丰富的航运资源和内河水系造就了四通八达的水运网。各航线客货兼营，形成了一个江、河呼应联运的网络，大生企业的原料、产品的市场范围由此扩大,对苏北地区与上海的物资交流、商旅往来、产业的发展起到了重要作用,南通也成为联系上海、苏北的航运枢纽,长江航运的局面从此打开。在此后很长一段时间,水路运输是南通最重要的客货运手段。在长江航线,南通港、启东三和港、海门青龙港每天都有开往上海的客运班轮,南通港还有开往上游南京、九江、武汉、重庆的长航大班轮;在内河,南通有地区航运公司、市航运公司,海安、如东、如皋、南通、海门、启东等各县都有航运公司,甚至许多乡镇都建立了航运站。由此可见,南通近代以来航运业发展的深远影响。

天生港大达轮步公司外江趸船
图片来源:张謇研究特色数据库

（2）发展"水—公"联运模式

1904 年,天生港与上海"天堑变通途"。狭义地讲,天生港率先接轨上海,迈开近代南通接轨上海之第一步。这时,张謇又将目光转回到工业重镇唐闸,欲使唐闸取道天生港接轨上海,从而迈出近代南通接轨上海之第二步。这样,修建一条从唐闸至天生港的公路计划应运而生。1905 年初,张謇决定出资动工开挖港闸河、修建港闸路。唐家闸与天生港之间的河道曲折浅狭,遇到小汛轮船通行不畅,如果久雨则河水暴涨,无处宣泄,既影响航运又不利农作。张謇打破常规思维,把挖河与修路结合在一起,他首先创办了"通州泽生外港水利公司",购置挖泥船,利用泽生水利公司先对港闸河疏浚清淤,然后就地取材,将疏浚河道取出的土方做港闸路的路基,路面再铺设煤渣,这样一条紧依港闸,河长 6 公里、宽 8 米的碎石路面公路便成功修筑完成了。这不仅揭开了南通公路建设的序幕,而且成为江苏和长江流域的第一条公路,也成功疏浚开挖取直了航道,畅通了长江天生港与唐闸通扬运河的航道。据《1986 年中国交通年鉴》所列载的中国境内其他各省和自治区最早的公路,修建的时间均在南通港闸公路之后。[①] 因此,港闸公路也是中国人自建的第一条公路。

时间	道路名称	创办人	初建地点	意义或效果
1905	港闸路（实业北路）	大生各厂出资	天生港—唐闸	南通早期公路,是江苏省最早的一条公路,路宽 8 米,全长 5.76 千米,土路通车。这条公路的建成,促进了唐闸工业发展,及天生港长江水运的发展。
1905	模范路	张謇	博物苑前	1919 年建成,今濠南路及桃坞路。
1910	城闸路	张謇	城区—唐闸	张謇捐款将唐闸至城区的古驿道拓宽垫高改造,称为实业南路。
1912	城山路	张謇	城区—狼山	连接城区和狼山风景区的道路。
1913	城港路	商界公建	城区—天生港	自城区经芦泾港至天生港,宽约 10 米,占用土地约 69700 平方米,耗资 4657 元。
1915	城姚路	—	城区—姚港	由南通城至长江边姚港。
1915	城任公路	—	县城—任港	由南通城至长江边任港。
1916	北干线	张謇	县城—如皋	对外连接区域的公路。
1917	东干线	张謇	县城—吕四、牧区	对外连接区域的公路。
1917	南干线	张謇	县城—海门	对外连接区域的公路。
1921	第一支线	张謇	—	石港经骑岸到侯油榨连接东干线。

---

① 张学恕:《中国长江流域近代经济发展研究》,太原:山西经济出版社 2017 年,第 309 页。

走向蔚蓝:张謇与港航现代化

时间	道路名称	创办人	初建地点	意义或效果
1921	第二支线	张謇	—	四扬坝经合兴接海门。
1921	第三支线	张謇	—	三余镇经中心桥接东干线。
1921	第四支线	张謇	—	吕四经竖河镇接海门。
1921	第五支线	张謇	—	河口经北刘桥至石港镇。
1922	环城马路	—	—	拆除城垣建环城马路,在原东、西、南三城门开辟市场。
1924	八厂街	—	灰堆坝—南川河桥	长642米,宽6米,大生八厂(今通棉二厂)建成后,商店增多逐渐形成一条街,并以厂名定街名。
1925	桃坞路	—	—	长493米,宽1—14米。将此路规划为新的市中心,建设新式马路。

近代南通城市道路网
图片提供:陆小波

由于港闸公路是就地取材,所以大大节约了修路时间和工程预算。张謇巧妙地运用创新思维,一举数得,既疏浚了航道,又修筑了公路,使得唐闸至天生港既可以走港闸河水路,也可以走港闸路陆路。从此萦绕在张謇心中的唐闸取道天生港接轨上海的交通运输问题彻底解决。之后,对南通城区至唐闸的驿道进行拓宽取直,建成宽约7.3米,长

南通公共汽车公司城西车站
图片提供:张若愚

8.55 千米的煤渣路面公路,雨天可通车。1912 年,南通修筑了城区至狼山的公路,次年又在天生港至南通城之间改建了长 9.3 千米、宽 9 米的碎石路面公路,形成了一城三镇的公路交通网络。至此,港口至厂区、城区的"水—公"联运网已经形成。

(3)建立"水—铁"联运模式

上海至海门和启东的航线,起自上海十六铺,途经海门宋季港、青龙港、灵甸港等 10 余处港口,迄于启东泰安港,航程 100 余千米,其中青龙港是最大的港口。青龙港紧靠南兴镇,人口稠密,1900 年,祥茂公司的"江宁""海宁"两艘船行驶青龙港与上海之间。1908 年,上海大达轮步公司、祥茂公司、裕新轮船公司合租海门"灵甸、太平、新港、茅家,青龙、浒通、宋季七港,定期二十五年,年纳租金",每年 1200 元。1914 年,又增加聚丰、瀛海两轮船公司,租金改为由各公司分季缴纳。青龙港一带江岸涨坍无常,航道时有变迁,该港口经历五次搬迁,未建设固定码头,轮船到港也是停泊于江心,再用木驳划船接送客货。1919 年,张謇在海门动工建造大生第三纱厂,大批设备源源不断地从上海运抵青龙港。鉴于厂址离港口较远,棉花等原料的供应成为当时面临的最大难题,其中相当部分从上海购进。厂里的用煤、部分用棉、几乎全部的纱布运出,都要靠青龙港。交通运输极不方便,张謇决定由大生纺织公司投资,在青龙港至大生三厂间铺设轻便铁道。

张謇投资修建的青龙港铁路
图片提供:于陶静

走向蔚蓝:张謇与港航现代化

该铁路由张謇亲自考察规划。受张謇交通物流思想影响,其兄张詧曾言:"工厂营业,莫次于运输便利。茅镇为销纱之地,距厂十五里,无河通之,不便孰甚,其时海门水利会倡议开河,而苦费无着。本厂因势利导允为垫款。"据《海门县志》记载,青三铁路始筑于1920年初,次年6月筑成,全长6.5千米,占地80亩。火车牵引备有二个蒸汽机车机头,一个在青龙港,一个在三厂。火车班次根据运量而定,年货运量约为3万吨。青龙港原是海门长江岸边通往上海的8个小港之一,小火车通行后迅速变为海门及周边地区通往上海和苏南地区的主要港口,年货运量在百万吨、年客运量在百万人次以上。铁路的建设为大生三厂的生产和青龙港的繁荣起了十分积极的作用。[①] 它不仅加快了大生三厂货物进出口的运输速度,更重要的是为整个海门地区物资的集散提供了便利的条件。大批物资从青龙港进出,促进了青龙港的发展,使它在南通沿江各港口的地位迅速提升,成为规模和作用仅次于天生港的重要港口。海门青三铁路的兴建,至今已有百年历史,是当时苏中地区首条铁路,更是首条"水—铁"联运通道。

(二) 以点串线成体系,水陆联运网络现

在中国近代航运史上,张謇的名字颇有影响。他不仅是中国民族工业的先驱,更是水陆联运网络建设的奠基人。19世纪末至20世纪初,中国的航运业正处于外国资本主导的局势之下,而张謇却以其独到的眼光和坚定的信念,在上海这片繁华的土地上,开创了中国民族资本建立的第一个轮船码头。这不仅标志着中国民族航运业的崛起,更为长江航运史增添了浓墨重彩的一笔。他利用这一平台,不断推动水运事业的发展,构建起了从内陆到沿海,从国内到国外的水陆联运网络,为中国航运业的现代化进程奠定了坚实的基础。

---

① 于陶静:《忆往昔峥嵘岁月,百年铁路梦再圆》,张謇纪念馆网,2019-1-6。

一是开创了中国民族资本在上海建立的第一个轮船码头。1904年，张謇与汤寿潜、李厚祐等合资创办了上海大达轮步（船）公司，该公司在上海十六铺建立的大达码头，是中国民族资本在上海建立的第一个轮船码头和轮船公司，同年在南通建立的天生港大达趸步码头，是中国民族资本在长江航线上建立的第一个近代化码头，辛亥革命前后拥有6—7艘江轮，开航于沪—通—扬。在中国港口早期现代化进程中首开风气之先。

二是建成长江航运史首座中国人营建的近代化码头。张謇建造的天生港大达码头，开辟了上海至天生港的轮船航班，成为我国民族资本创建的首批现代化长江港口码头，在江苏航运史和中国交通史上具有开创性影响。天生港码头成为连接南通、上海、扬州等地水陆交通运输的重要枢纽，遏制了外商航运的扩张气势，极大地促进了各地商品贸易的转运流通，成功推动天生港快速发展为近代通城的工商业重镇。也使南通成为苏北与上海的桥梁，吸引了广大苏北地区的农副产品到南通集散，促进了区域经济社会的发展。

三是创建水陆综合联运体系。张謇充分发挥了"水—水"集散物流优势，先后开辟了通州至上海、南通至吕四、南通至扬州、盐城至泰州、盐城至阜宁等多条航线。至1918年，又增至靖江、东台、大中集、白驹、仙女庙、包场、马塘、掘港等10余条航线，拥有轮船30余艘，运输量巨大，公司利润丰厚，实现了江海河联运的深入发展。张謇规划建成的南通三条干线、五条支线公路，共达500余千米，创全国之最。积极筹划，建成苏中地区的首条，也是全国最小最短的铁路——青三铁路，用于大生三厂至青龙港陆路运输。公路、铁路、水路相连通，形成四通八达的公铁水一体化交通物流网络。张謇由此建立起以南通为枢纽、以航运为主的四通八达的交通运输网。大生资本集团通过水公铁联运物流运输优势扩张到整个江淮地区，而其他企业及民众也因此受益，最终促进了南通地区经济快速发展，对江苏近代地方经济的繁荣也起到了推动作用。

可以看出，张謇大力建设的港口、码头，不仅是一座座航运设施，更是他心中实现国家富强、民族复兴梦想的起点。他深知，要想让中国的航运业在国际舞台上占有一席之地，就必须拥有先进的设施和完善的服务。因此，他投入大量心血，引进先进技术，优化服务流程，使得一系列港口、码头成为当时国内最先进、最现代化的码头之一。正是这些港口码头的建立，为张謇后续的水陆联运网络建设提供了有力的支撑。回望历史，张謇开创的水陆联运网络已成为中国航运史上的重要篇章。他凭借坚定的信念和不懈的努力，将多个轮船码头，发展成为沟通大江南北、连接国内外的水陆联运网络。这一网络不仅极大地促进了近代航运业的发展，更为长三角地区的经济发展注入了动力。

（三）发展港航兴实业，增强自信传百年

张謇创建港口码头的实践具有推进中国港口早期现代化的时代价值，不断开发南通港口岸线与通航水域资源，创新港航客运及物流经营模式，拓展多式联运路径，完善集疏运网络体系，增加了港口客运及货物的流转量，促进了地域之间的贸易流通，发挥了地区经济辐射带动作用。张謇在南通的地方实践中，以现代化港航客运及物流理念取代了中国传统的地区局限性交通理念，理性地吸收西方经验，并引进到中国，落实到地区港航交通物流实践中。自近代张謇营建南通为"近代第一城"以来，经过百余年的努力，南通人民将南通发展成为现代意义上的港口城市，体现了张謇所秉持的强毅力行、开拓创新的思想魅力。

张謇是"中国近代交通的理论开创者和近代交通的领导者"，对港航的地位和作用有独到的见解。他生活在一个世界交通运输业在西方资产阶级工业革命的推动下发生革命性变化和进步的时代。现代港口码头的创立发展，彻底打破了传统社会的封闭状态，极大地解放了社会生产力，催化了西方列强的形成。张謇作为站在时代前列的知识分子

精英,敏感地意识到了这一点。因此,他对现代港口码头地位作用的理解,远远超出了一般人的认识。他认为,"国内产业衰退、交通不利是最大的原因","地方之实业教育,官厅之民政军政,机纽全在交通"①,"道路交通为文明发达之母"。② 短短几句话,我们就可以清楚地认识到交通物流在张謇立国、发展思想中的地位。

港口码头是张謇实业系统的重要组成部分。1900 年后,为了满足工商业发展以及大生系统企业运输原棉、成品、机械设备等物资的需要,张謇开始酝酿和筹备建立大生系统的港航客运及物流体系。一方面大生系统直接开办港航物流业务,一方面则力促疏通河道、修筑公路等社会公益事业。南通及周边地区的港航客运及物流体系是张謇港航实业系统的重要组成部分。它既是张謇以南通为中心的交通系统的延伸,又是一个独立的系统。比如四杨坝大中通运公行,它的诞生集中反映了大生系统交通物流体系是南通交通物流运输体系的延伸。四杨坝上可通南通,连接南通体系;也可通往三厂,以三厂为中心连接海门交通系统;也可以直接通过四杨坝到达海上。为了完成这样的体系,围绕三厂这个中心专门疏浚了青龙河,修筑了青三铁路,兴建了会云闸、东渐闸,筹建了大生轮船公司等。

创建港口码头是振兴民族企业增强国人自信的必经之路。鸦片战争后,通过与清政府签订一系列丧权辱国的不平等条约,以英商为主的商船在沪扬(上海、南通、扬州)、沪海(上海、海门)和通扬(南通、扬州)航线自由穿梭。他们凭借先进的设备和技术,打压我国以木船为主的水上运输业。张謇认为这既失主权又丧民心,每见如此"尤为愤叹"。因此,张謇决心兴办中国的港航运输业,这不仅是振兴民族工业的举动,也是打破洋人垄断,坚定国人自信的重要途径。

---

① 张孝若:《张季子九录》,上海:中华书局 1931 年,第 35 页。
② 张謇:《南通测绘之成绩》,南通:翰墨林印书局 1911 年,第 5 页。

创建港口码头是推行地方自治的有力手段。张謇认为"自存立、自生活，自保卫，以成自治之事"[1]，通过自我发展来满足民生。他在南通的自治实践始于 1895 年在唐闸建大生纱厂。唐闸位于南通城西北，起初人烟稀少，但处于水陆要道，交通便捷，临近棉花产区，传统纺织业成熟。于是，通过征地、建纱厂，后又在附近建立了大兴面粉厂、广生油厂等配套工厂，同时修道路、挖运河、建船闸，为便于货物运输开辟港口、创建航运公司，船舶航行于通沪之间。到 1920 年，唐闸商业兴盛，人口近 5 万人，成为近代工业重镇。在张謇造福乡里的目标下，一系列港口交通基础设施项目和交通企事业也应运而生。张謇在《南通测绘之成绩》中写道："道路交通为文明发达之母。南通乃江苏之一县，东濒大海，南临长江，运河横贯，河流交通不为不便，然河流不及者，端赖道路为交通之利器。……我通实地形势，若者交通可以便利，若者经费可以节省，而一切测量、勘估、修筑诸计划似有刻不容缓者。他日县路告成，则镇与镇通，乡与乡通，县与县亦通，足以助地方文化之进行者，其利益有不胜枚举也。"[2]

自 1904 年张謇在长江边建造天生港木质栈桥码头开始，南通港由此开埠。在新中国成立前的半个世纪里，饱受战争摧残的南通，在港口事业发展上也是步履维艰。中华人民共和国成立后，南通港口事业得以从头起步。1976 年，南通港成立建港指挥部，在狼山脚下的十万步荡吹填围垦，开始孕育一场"撑竿跳"。1978 年 12 月，党的十一届三中全会吹响改革开放的号角，给南通港注入一江春水。1980 年 3 月，当改革开放的春风吹遍大江南北的时候，长江沿线第一个万吨级码头在南通诞生了。1982 年 11 月，南通港获准对外籍船舶开放，当年港口吞吐量突破 500 万吨。次年 5 月 24 日，南通港迎来首艘外轮"格陵兰海"

---

① 李明勋、尤世玮主编：《张謇全集》（第 6 册），上海：上海辞书出版社 2012 年，第 497 页。

② 梁炳泉主编：《南通市交通史》，上海：上海人民出版社 1999 年，第 58 页。

号远洋海轮。1984年4月,南通因此被列为全国首批对外开放的沿海14个港口城市之一,当年即在长江沿线率先开展集装箱业务,次年港口吞吐量突破1000万吨;1984年12月,国务院批准在南通设立沿江港布局的国家级经济技术开发区。1986年1月,南通港高速客轮公司成立,经营南通到上海的客运航线,当年客运量突破300万人次。改革开放40多年来,南通历届市委、市政府抓住南通列为全国首批对外开放沿海城市的机遇,积极实施"以港兴市"战略,实现了港口建设的迅猛发展。特别是进入21世纪,南通人民立足江海优势,着眼跨越发展,按照"依托江海、崛起苏中、融入苏南、接轨上海、走向世界、全面小康"的基本思路,坚定实施江海联动的发展战略,南通港口事业进入了有史以来发展最快和最好的时期。南通港由一个内河小港逐渐发展壮大为蜚声海内外的江海组合大港,货物吞吐量从1978年的306.5万吨增长到2023年3.08亿吨,增长约101倍;集装箱业务从无到有,2023年实现205万标箱。①

为更好地推进南通港发展,南通制订出《南通港总体规划(2035年)》,并获得相关部门批准,为集"黄金海岸"与"黄金水道"优势于一身的南通港口发展提供更广阔的空间。《规划》明确南通港"一港四区"的总体规划格局,分别为沿江三个港区(如皋港区、南通港区、通海港区)和沿海一个港区(通州湾港区)。其中,如皋港区是为长江中上游中转的重要港区,以干散货和件杂货运输为主;南通港区着力于港口资源整合,主要为后方临港产业发展服务,兼顾部分邮轮客运功能;通海港区是沿江集装箱运输发展的核心港区;通州湾港区以服务临港工业起步,以集装箱、干散货、液体散货、LNG和件杂货等货类为主,逐步发展成为大型现代化综合性港区。《规划》体现特色错位、转型提升、集约高

---

① 南通市统计局《2023年南通市国民经济和社会发展统计公报》,南通市人民政府网站,2024-3-11。

效、绿色低碳发展理念,提出南通港发展方向为"优江拓海、江海联动"。《规划》的获批,将对南通全面推进优江拓海、江海联动,深入实施通州湾长江集装箱运输新出海口建设及一批重大涉港项目落地建设提供坚强保障。同时对于南通港与长三角港口群内其他港口协同发展,不断推进港口结构调整和转型升级,大力拓展临港产业和现代物流服务功能,提升旅游客运服务水平,逐步发展成为布局合理、能力充分、功能完善、安全绿色、港城协调的现代化综合性港口具有重要意义。① 尽管张謇无法见证百年后南通港的发展势态,但他当年的航运理念却在后人建设南通港的历史进程中代代传承,也足以证明张謇推进港航早期现代化理念的深远影响及当代价值。

三、主权之盾:守护江海

近代以来,西方国家输入中国的大量工业品,以及从中国掠夺的各种原料,绝大部分借助了海上贸易通道进行流转,并对中国海上贸易形成压倒性优势。张謇曾站在黄浦江边自叹:"每见汽船、帆舶往来如织,而本国徽帜反寥落可数,用为愤叹。"②1904 年,张謇为创办南洋渔业公司向清两江总督魏光焘呈文:"中国商业若不能随时早占一分地位,为逐步自卫之基,将来美国托辣斯猛剧之风更从太平洋排倒而来,中国民生更求何处立足?"③1914 年,张謇在民国农商总长任上致全国商会联合会函件中云:"世界经济之潮流喷涌而至,同则存,独则亡;通则胜,塞

---

① 唐闻宜:《南通港总体规划获批 江海联动明确"一港四区"格局》,《新民晚报》,2022 年 2 月 16 日。

② 李明勋、尤世玮主编:《张謇全集》(第 1 册),上海:上海辞书出版社 2012 年,第 72 页。

③ 李明勋、尤世玮主编:《张謇全集》(第 1 册),上海:上海辞书出版社 2012 年,第 58 页。

则败。昔之为商,用吾习惯可以闭门而自活。今门不可闭也,闭门则不可以自活。"①张謇认为,中国既然不能走老路,把国门关上不让西方国家来,那么正确的策略便是主动应对,"自立码头,自开航路……以商界保国界,以商权张国权,道在于是","不俟人求,我先自办,是为上策"。② 可见,张謇提倡主动对外开放,自开商埠、自立码头、自开航路,以增强我国在国际贸易中的竞争力。

(一) 自开商埠绘海图,权操在我保主权

从 1842 年《南京条约》签订到 1919 年"五四"运动爆发,中国共开放通商口岸近百个。这些通商口岸按其性质不同,一般将其分为两类:一类是依据不平等条约开放的,谓之约开商埠;另一类是没有任何条约依据,完全是由中国政府自主开放并自行管理的,谓之自开商埠。鸦片战争之后,根据西方列强与清政府签订的不平等条约,清政府被迫在沿海、沿江和沿边等地区开放了大量的通商口岸,即所谓的"约开商埠"。它们在促进社会经济发展方面发挥了一定作用,但这都是以丧失大量权益为前提的。鉴于此,民间舆论界所倡导的应对理念,经历了由商战至开埠通商再至自主对外开放的发展历程。而自开商埠的概念是在1880 年由思想家陈炽在《大兴商埠说》中提出的,他认为自开商埠可以挽回利权,抵制侵略,振兴商务,发展贸易,为以后自开商埠思想日益高涨的局面开了先河。

1. 自开商埠,主动开放,维护港航主权

自开商埠概况。自开商埠是相对约开商埠(约开通商口岸)而言的,是清末民初中国政府主动开放的口岸,即近代中国政府根据国内外

---

① 李明勋、尤世玮主编:《张謇全集》(第 2 册),上海:上海辞书出版社 2012 年,第437 页。

② 李明勋、尤世玮主编:《张謇全集》(第 1 册),上海:上海辞书出版社 2012 年,第73 页。

形势的需要主动开放的通商口岸，它是中国近代化历程中独特的尝试模式。与约开口岸一样，自开商埠也是一种通商口岸，其经济功能在于提供一种国际间贸易互市的场所。据相关专家考证，清政府于 1898 年奏准吴淞自开商埠，湖南岳州和福建三都澳也都是在 1899 年正式开埠的。据有关研究表明，截至清末，中国自主开放商埠共 36 处，民国政府继续实施自开商埠政策，到 1924 年自开商埠增至 52 处，分散在中国的各处。

自开商埠权操在我，区别于约开口岸。西方学者论"自开商埠"一般用的是词组"the ports opened voluntarily by China"①，意即中国主动开放的通商口岸，这与约开口岸系被迫开放自然不同。两者的实质性区别在于究竟是中国政府自主开放口岸还是西方列强控制了口岸开放的政治决策权及所开口岸的行政管理权。清政府总理衙门 1899 年 4 月提出的《自开商埠办法》咨文作了明确解释："自开商埠与约开通商口岸不同，其自主之权仍存未分。该处商民将来所立之工程局征收房捐管理街道一切事宜，只应统设一局，不应分国立局。内应有该省委派管理商埠之官员，并该口之税务司督同局中董事办理一切。……以示区别而伸主权。"②总理衙门的咨文凸显了自开商埠的本质特征。自开商埠与约开商埠最大的区别是"权操在我"，在自开商埠的地区，行政权、司法权、立法权都归我国政府所有，并取消了土地永租权。

为适应经济全球化潮流，学习西方先进的技术，吸引外来资金，积极参与世界经济的竞争，张謇运用世界眼光，深刻指出一战后经济全球化的潮流趋势："自欧洲停战后，世界商战将在中国。"③他对中国将成

---

① H. B. Morse. The T rade and A dministration of China（中朝制度）. Revised Edition Kelly and Walsh Limited 1913.

② 《申报》，光绪二十四年六月二十三日。

③ 李明勋、尤世玮主编：《张謇全集》（第 4 册），上海：上海辞书出版社 2012 年，第 477 页。

为列强经济侵略争夺的焦点甚为担忧,他认为中国应"开门以求活""与世界共经济"①,才能与帝国主义列强相抗衡,才能找到一条立国自强的出路。而对外开放必须开设对外通商口岸,为开放搭建载体。通商口岸的开通对扩大对外贸易和交流,带动口岸和周围地区的发展有着重要意义。基于这样的认识基础,张謇提倡实施对外开放政策,并积极筹设自开商埠和支持建设具有自主权的通商口岸。1906 年,张謇推动南通天生港自开商埠。在张謇担任民国政府农商总长期间,他致力于在全国各地特别是沿江沿海地区开辟商埠、口岸,承担了开辟北方八区、长江流域和沿海边陲地区商埠的任务,为中国同世界的贸易创造条件。1922 年,张謇奉命督办上海吴淞商埠,规划建设中国自己的国际大商港大商埠。

(1)开辟天生港商埠

为便利交通和贸易,张謇在筹办大生纱厂的时候,就策划将南通的天生港开辟为通商口岸。天生港既是南通的重要长江口岸,况且"至内河道仅十余里,其东至海门,西至靖江、如皋、泰兴、泰州,北至东台、兴化、盐城,凡八州县,一水可通,而天生港适为枢纽之地"②。天生港的开埠对于长江北岸多地的经济有促进作用,为此张謇动用了诸多人脉争取。

首先是 1899 年向山东道监察御史余诚格奏请天生港自开商埠,认为天生港地位重要,设纱厂,制造土货,商贾辐辏,且西人亦觊觎此地。主张"自开商埠先发制人,著有明效,若以通州之天生港,援照吴淞岳州南宁成案,先自开通商,不准划作租界,以绝西人觊觎之心。显之则保有利权,隐之实固长江之要害,于商务防务两有裨益"。清政府谕令南

---

① 李明勋、尤世玮主编:《张謇全集》(第 2 册),上海:上海辞书出版社 2012 年,第438 页。

② 张謇:《张绅謇咨周督文(光绪三十一年九月十九日)》,《通州兴办实业章程(大达轮步公司)》,翰墨林编译印书局宣统二年五月,第 8—9 页。

走向蔚蓝:张謇与港航现代化

洋大臣、两江总督刘坤一查核。江海关道李光久、镇江关道恒会认为，通州土产仅棉花，货物不甚丰盈，商贾少殷富，其与吴淞等地情形不同，而且开埠尚需巨款，开埠之后交涉滋多，开埠未能大有裨益。但时值19世纪末，中国已有自开商埠多处，清政府饬令沿江、沿海、沿边，筹度广开口岸，以均利益而保事权。长江一带久为外人所垂涎，由于天生港重要的地理位置，刘坤一认为若任一国专请租界，隐患亦所难防，揆时度势，倘可援案自开商埠，或借无形之牵，以杜任意之侵虞，一俟商务渐兴，再于此处设立镇江关分卡，征税筹款，以办埠，似不至于地方有碍。由于意见不统一或时机尚未成熟等原因，天生港自开商埠一事暂时搁置。

1899年，大生纱厂在唐家闸建成投产后，唐家闸地区迅速形成众多工业企业，那时南通地方实业已兴，地方经济得以繁荣，南通港口的开发便提上了议事日程。当时南通港由大大小小众多的天然港口组成。天生港是沿江众多港口中的一个，除常年通航外，还是长江船舶的避风港。天生港港口具有水深流稳、航道宽阔不淤的自然条件，又是唐家闸工业中心通往长江的便捷之道。是年，清政府在1898年颁行《长江通商章程》的基础上，又颁行了《修改长江通商章程》，其中规定：长江通往内地的南通芦泾港等八处允许内、外商轮停靠。但这时芦泾港没有码头设施，旅客和货物上下船时全靠小木划船接送驳运。在贴近大生纱厂的通扬运河边建造了南通最早的货主码头——大生内河码头，为纱厂进出货物的运输和地方交通的发展提供了条件。① 1904年，张謇曾致信两江总督兼南洋大臣魏光焘，陈述南通各企业购买的物料从上海运到南通时，都在长江中起卸，经由驳船转运，风吹浪打，十分危险的情况。因此张謇准备在天生港以趸船作为轮埠，解决南通长江口岸没有码头的问题。张謇请求魏光焘指示上海道与江海关税务司协商，

---

① 梁炳泉主编：《南通市交通史》，上海：上海人民出版社1999年，第51页。

派遣关员到通州查验。① 张謇于 1905 年致函两江总督兼南洋大臣周馥，禀告业已根据上海道的要求，按照海关进出货物列表，将通州内河一带货物出入情况报告给了上海道，并送交了江海关税务司，税务司好博逊当面答应派副手前往通州实地查看。张謇希望周馥指示上海道转饬好博逊，派副税务司到通州勘察。②

1905 年 10 月 17 日，张謇再次致函周馥，阐述了天生港开埠的缘由，函中提到"沪关殷副税司刻已遵饬来通，查勘关埠"。殷副税司即好博逊的助手，江海关副税务司殷专森（J. W. Innocent）。光绪三十一年十一月间，即 1905 年底，好博逊将有关天生港开埠事宜的来往函件抄录后，连同江海关在天生港实地绘制的地图，以及张謇提供的通州进出货物列表，全部报送海关总税务司。③

1906 年海州（今连云港）开埠之后，张謇建议将通州天生港一同开办。两江总督周馥奏称，通州天生港在江海关辖境，前督臣刘坤一奏请归镇江关设卡，与例不符。据江海、镇江两关道会商税务司，认为天生港设立分关，按照定制应由沪关派员经理。而且据查明上年出口分销各处货物共估价洋二百七十八万六百余元，内地经过分口税厘共银一万一千七百八十两，此外来往各货及该州唐家闸各厂岁出之细纱、棉饼、棉油、麦粉等货为数尤巨，若自开口岸商务可立见繁兴。关道与税务司商酌"拟另订专章暂作起下货物之不通商口岸"，在开埠初期，所需款项，由于官款难筹，先由通州大达轮步公司息借款项，建造码头浮步，其江岸修筑由该公司逐年量力兴办，待竣工后由该处关收进出税项

① 张謇:《张绅謇咨周督文（光绪三十一年九月十九日）》,《通州兴办实业章程（大达轮步公司）》,翰墨林编译印书局宣统二年五月三版,第 8—9 页。
② 李明勋、尤世玮主编:《张謇全集》（第 2 册）,上海:上海辞书出版社 2012 年,第 159—160 页。
③ 好博逊:《好税务司来函（三十三年十一月二十三到）》,南通市档案馆馆藏 B401 - 111 - 10。

照拨。

此后南洋大臣周馥电至外务部："大达轮步公司是翰林院编撰张謇集股，附近码头江岸皆是民田及公司买地，建关筑埠所需地亩照原值核数归官，地值和关埠两项需银十万两，年息八厘，此系自保权利暂行自开不通商口岸。"周馥奏请天生港"暂作起下货物的不通商口岸，援照大通六处办理，洋商本在其内，毋庸驳阻，至究竟利弊若何，尚须预为揣度"。可是沪道对张謇复称"暂作不通商口岸，则关房、关栈暂可不建，只需江海关派一扦手验货给单，赴江海关或镇江关收税，费用较省，三、五年后，酌度商务情形即行设关开埠"①。

外务部认为："天生港亦系沿江地方与大通六处略同，自可准华洋各轮来往停泊客货，惟该处东距江海关，西距镇江关，均相离不远，若开作通商口岸，其关税一项，恐致此盈彼绌，增设关之费，于税务仍无裨益，于地方则转多一交涉之机关，所以天生港一处，应只作为起下货物之口岸，以通航路，而兴商务不必预筹开埠通商，俾免洋商租地之纠葛，庶于自保权利之意，尤为切当。其所设分关，应作为江海钞关之分卡。"奕劻等认为"此项作为起下货物之口岸，息借大达轮步公司款项以为设关筑埠之用，其情势与海州略同，应准照办"。同时指出："惟该公司承贷此项银款，如须另集股款应当于华股，以杜流弊……至地方公事以及开设口岸一切应办事宜，仍应由江海关道一手经理。"②

1906年，清政府批准天生港暂作可以起下货物之不通商口岸，交

　　①　李明勋、尤世玮主编：《张謇全集》（第2册），上海：上海辞书出版社2012年，第184页。

　　②　《外务部户部遵旨议复通州天生港暂借商款自开商埠应归江海关派员经理折（光绪三十二年六月二十三日）》，《通州兴办实业章程（大达轮步公司）》，翰墨林编译印书局宣统二年五月三版，第3—7页。

江海关辖理,并由江海关道(上海道)会同税务司另订专章详夺。① 当时天生港自开商埠的管理办法,是参照中英《烟台条约》有关长江沿岸大通、安庆等六处货物起卸的规定。《烟台条约》第三条规定:"至沿江安徽之大通、安庆,江西之湖口,湖广之武穴、陆溪口、沙市等处均系内地处所,并非通商口岸,按长江统共章程,应不准洋商私自起下货物,今议通融办法,轮船准暂停泊,上下客商货物,皆用民船起卸,仍照内地定章办理。除洋货半税单照章查验免厘,其有报单之土货,只准上船,不准卸卖外,其余应完税厘,由地方官自行一律妥办。外国商民不准在该处居住,开设行栈。"

1907年2月22日,好博逊派江海关副理船厅鹤而生(在大生沪账房所录信稿中也作哈乐森),与大生纱厂的翻译一同搭乘"鄱阳"船,前往通州测看天生港埠头事宜。鹤而生回上海后向好博逊禀报了天生港码头建筑的基本情况,如:"码头现已在动工创造,自岸边起至江心筑木桩250尺。外筑浮桥两顶,自25尺至30尺长,15尺至20尺开阔,一边放在方木桩之上,一边放在平底驳船之上。另外再作浮桥两顶,长30尺至40尺,阔15尺至20尺,接连趸船。"此外还对用作趸船的"威靖"兵船,以及另外一艘"铁壳鸭尾船"如何移放码头,提出了技术上的建议。1907年10月22日,根据总税务司的要求,作为江海关税务司的好博逊又把后续产生的涉及天生港开埠的往来函件,包括上海道瑞澂的迭次给江海关的来函,汇总上报税务处。之后好博逊在给瑞澂的另外一封信中,还附录了江海关所拟的天生港征税试行办法、查勘埠头趸船绘图的说明等。②

---

① 《外务部户部遵旨议复通州天生港暂借商款自开商埠应归江海关派员经理折(光绪三十二年六月二十三日)》,《通州兴办实业章程(大达轮步公司)》,翰墨林编译印书局宣统二年五月三版,第3—7页。

② 好博逊:《好税务司来函(三十三年十一月二十三到)》,南通市档案馆馆藏B401-111-10。

走向蔚蓝:张謇与港航现代化

1907 年，大达轮步公司总经理张謇开送各工用款清单，声称"已办之工，如趸船两号及铁浮筒船两只，木跳两座，共用库平银八万七百四十八两一钱"，此款项皆由大达轮步公司自行筹集。至于"石驳岸，码头马路等工程，暨员司薪资一切开办经费，应办未办之工，如建筑关房验货场各一所，及堤内开港一道，造桥三道，统需库平银十万六千九百三十四两三钱"，这笔款项是官筹部分。由于商垫款项竭蹶，需政府还本付息，政府还的日期越迟，耗费将越多，这对官商都不利。南洋大臣请在全部工程告竣以后，款项统在江海关常税项下照数先行拨还，这样对官商两有裨益。

据了解，早在 1854 年，清政府就成立了江海关税务管理委员会，这是中国近代出现的第一个由外籍人士监管洋货、征收洋税的海关。随着《南京条约》等一系列不平等条约签订，清政府割地赔款、开放通商口岸，实行片面协定关税和领事报关制度等，丧失了关税自主权、海关行政管理权和税款收支保管权。19 世纪 60 年代，总税务司署成立后，"新关（俗称洋关）"与"常关"并存，形成了以外籍总税务司和税务司为核心的中国近代海关管理体系，关税自主权和海关行政管理权旁落。中国近代海关引进英国海关管理模式，总税务司署先后设置征税部、船钞部、邮政官局、教育股、造册处等部门，负责征税、缉私、查验、统计、海务、检疫、邮政、同文馆等业务，包括现在海关、海事、边检、港务等部门的管理事权。凡是进出通商口岸的船舶，船舶报关、船舶征税、船舶引航、船舶现场检查、船员管理、水上航标设置与养护都归海关管理。为保护国内贸易，清政府外务部和户部决定在天生港设立江海关南通分关。1910 年 7 月，由江海关"出示晓谕周知，并经由税务司转知沿江各口暨传谕各商知照"，同时派稽查洋员暨同文供事各一员先行前往，办理设关事宜。7 月 21 日，江海关南通分关在南通城内桃坞路正式开始办理验关收税业务。天生港大达轮步公司在天生港建造了专供海关使用的二层砖木结构的海关楼。1927 年，江海关南通分关移设到天生港海关楼办公。直至 1936 年 1 月 1 日撤销。[1]

天生港海关和仓库
图片来源:张謇研究特色数据库

　　天生港开辟商埠后,据不完全统计,进出口贸易值呈大幅增长趋势。入口方面:木材入口,分建木及瓯木两种,来自福州及温州,每年约值银 100 万两;纸张多来自温州、杭州,约值 150 万元;锡箔来自杭州,年值七八十万元之多;糖均由上海运入,每年营业额约值 60 万两;油麻来自汉口,每年营业额共约 20 万元;煤油来自上海,每年营业额约值 150 万元;西菸由陕西运至天津,再运沪转通,全业营业达 80 万元。出口方面:棉花,每年营业额约两千数百万元;棉布,每年营业额约 80 万元,外色布约 50 万。[2] 可见天生港自开商埠后,在促进南通地区进出

---

　　① 《中国海关百科全书》编纂委员会编:《中国海关百科全书》,北京:中国大百科全书出版社 2004 年,第 365 页。
　　② 何炳贤总编纂:《中国实业志·江苏》,上海:实业部国际贸易局 1933 年,第 54—57 页。

口贸易方面取得了明显成效。同时也限制了外商航运势力在南通天生港的活动,对保护和促进南通地方经济的发展有一定的作用,而且也体现了以维权为主自开商埠的初衷。

（2）开通北方八区商埠

1913年,张謇应北洋政府之邀,加入熊希龄内阁。9月11日,他被任命为工商总长,暂兼农林总长,于10月21日就任。12月27日,农林、工商两部解散,改组农商部,张謇就任农商总长,1915年4月卸任。出任农商总长后,张謇积极支持开通自主商埠口岸,主动参与了开通北方八区商埠的任务,分别对张家口和归化等八地区进行调查并同意开设商埠,促进了我国北方地区的经济发展。

在出任农商总长期间,张謇与外交部、财政部、内务部联合派员,分两组,分别赴东三省、内蒙古等地调查自开商埠事宜。在此基础上,同时在归化城（今呼和浩特市）、多伦诺尔、赤峰、张家口、洮南、辽源、龙口、葫芦岛等八个地区筹设商埠。在张謇的努力下,归化、多伦诺尔、赤峰、张家口、洮南、辽源、龙口、葫芦岛等八个城市在三年内先后建成开埠,为扩大我国北方地区对外贸易和交流,促进地区经济发展起到了积极作用。

以开通龙口商埠为例。1914年2月2日,北洋政府根据国务总理熊希龄以及农商总长张謇等的呈请,决定开辟龙口为对外贸易商埠。埠区东西约6.547千米,南北约4.128千米,面积约27.026平方千米。官督商办,筹集股款开辟商埠,兴筑码头及各项工程,并制定了《龙口自辟商埠租建章程》20条。首条提出山东龙口地方,系奉中华民国总统命令准备作自辟商埠;与条约所载约开口岸不同。埠界划定后,准本国商人及洋商在界内租地杂居经营商业。惟须遵守商埠章程及警务规则。一切事权归中国自理,外人不得干预。不论中外商人,均受同等待遇。龙口自辟商埠是一个适合国情、顺乎民意的决策,它为"发达地方,振兴商务"起到了积极的推动作用。7月,税务处呈准添设龙口分关。

9月,负责管理港口贸易和港务的商埠局成立,蔡国器为局长,受省署直辖。9月3日,日军十八独立师团3万人乘兵舰24艘由龙口登陆与德军争夺青岛,北洋政府宣布:划龙口等地为"交战区域",允许日本驻军。商埠奉令缓办。

1915年1月,龙口商埠重新筹建。11月1日,设立东海关(时称洋关)龙口分关,由东海关税务司苏古敦(英国人)兼管。下辖八角口、平畅河、刘家旺、庙岛、天桥、黄河营、石虎嘴、黑港口、海庙后、掖口、夏营、羊角沟、下洼、埕子口、辛庄、蓬莱等17个分卡。辖区海岸线绵延千余里,专司轮船征税,兼理距海关50华里内的常关税。海关设立初期,每年征收关税4万余两。

龙口在民国以前为黄县所辖,未开商埠之前,地界内多为濒临渤海的小渔村,并无工商业和大宗的内外贸易,开埠之后工商业得到迅速发展。据有关记载,1919年,龙口共有商号店铺800余家,较大的商号约300余家,其中洋广杂货行70余家、客栈60余家、粮行50余家、行店(栈)10余家、钱庄银号40余家、轮船公司3家。[①]外商的商行也有所增加,国外市场主要为日本和朝鲜,国内市场则以辽东各港、东南各沿海港口以及本省沿海港口为主,开埠后国内外贸易发展很快。从开埠之日到1920年,龙口港年进出口贸易额平均为350余万海关两;1921—1925年,平均每年为667万海关两,而1926—1930年,年平均贸易额超过了1000万海关两[②],并充当了大通商口岸与内地小港货物流通的中转港,从而扩大了商品流通的范围,并打破了周边地区传统的封闭格局,使之逐步具有现代色彩。

(3)规划开辟吴淞商埠

从19世纪末至20世纪初,上海公共租界和法租界不断进行扩张,上海城市的版图范围扩大显著。外国人治理下的上海,其经济异常繁

---

①②　庄维民:《近代山东市场经济的变迁》,上海:中华书局2000年,第251页。

荣。上海的繁荣,使得人群奔往之,"十余年来,世变椒忧,避地之人日益,受廛之所无多,海客以拓界为容民,地主乃群嫌于逼处"①。同时外人因为黄浦江淤沙严重,清末无力疏浚,就极力主张在吴淞建筑港口。面对这种态势,吴淞如不被政府早做谋划,将来必为外人所占。

面对上海濒临黄浦江沿岸,除招商局码头之外,"其余尽为东西洋商捷足先得……每见汽船、帆船往来如织,而本国徽帜反寥落可数"②的状况,张謇在南通长江边与上海黄浦江畔分别创办两家大达轮船公司与天生港、大达两座码头,"务冀华商多占一份势力,即使洋商少扩一处范围"③。但两家轮船公司主要限于在长江下游江面与西方国家的轮船公司竞争。张謇想在中国东南沿海择址创办一个主要用于海外贸易的大商港大商埠。张謇心目中的大商埠大商港是上海吴淞,"自欧洲停战后,世界商战将在中国,中国形便,必在上海"④。上海是国内最大的工商业都市和与海外联系的门户,而"上海距江浦交错之处四十余里,轮船驶入,多费周折。吴淞接壤上海,濒临浦江,为国内外货物运输之门户。欧战以后,贸易发达,海泊吨数亦日渐增加。为改良商港容纳大舰舶计,因势利便,吴淞较优于上海"⑤。张謇认为吴淞是个极有希望的地方,它具备区域发展的条件,具有区位优势和市场优势。首先,它接近上海,能得益于上海发展对周边的辐射效应,加快推进市政建设、兴办工商业,既可得事实上的便利,也可供观摩效法;又临近浦江,是国内外贸易运输的门户,同时地界宽展,空气清洁。其次,自欧战后,

---

① ④　李明勋、尤世玮主编:《张謇全集》(第 4 册),上海:上海辞书出版社 2012 年,第 477 页。

②　李明勋、尤世玮主编:《张謇全集》(第 1 册),上海:上海辞书出版社 2012 年,第 72 页。

③　李明勋、尤世玮主编:《张謇全集》(第 1 册),上海:上海辞书出版社 2012 年,第 73 页。

⑤　李明勋、尤世玮主编:《张謇全集》(第 1 册),上海:上海辞书出版社 2012 年,第 590 页。

外来船只日益增多,中外商人纷纷前来,具有潜在的市场优势。

其实早在 1898 年,吴淞就尝试了第一次开埠。当年一批有识之士面对列强在上海开埠,设租界、侵主权、攫取巨额经济利益,为摆脱列强的欺凌与压榨,呼吁将处于争夺之间、地理位置重要的吴淞,率先自主开埠,自营商港业务。1898 年 9 月 26 日,吴淞开埠工程总局正式成立,标志着吴淞对外自开商埠的起步。工程总局的督办由苏松太道蔡钧兼任;后又成立“清查滩地局”,制定公布了《吴淞开埠租界买地亩章程》。章程的第一款,开宗明义地提出:“吴松系自行通商开埠,与条约所载口岸情形不同,只准各国洋商在划定界内租地,错杂而居。其界外之地,仍不准洋商租用,以示限制。”正当吴淞开埠渐次向前推进之际,八国联军入侵,攻占北京,清政府被迫签订了《辛丑条约》。这一条约,使列强多年梦想开浚黄浦江河道、畅通进沪航路的欲望成为现实。原先准备向吴淞转移商贸企业的设想被迫停止,以致吴淞埠工、升科、会丈等局先后被撤销。吴淞第一次开埠,是清政府在民族危机中所采取的一项希图“自救、自强”的有益探索和实践,当时在国内是第一家。一定程度上抵制了外国列强对吴淞的侵犯霸占,维护了国家的主权利益。由于国内外形势的急剧变化,吴淞第一次开埠被迫中止。

1920 年,张謇呼吁民国政府创办吴淞商埠局。在日益强烈的“苏人治苏”地方自治思想的促使和推动下,1920 年 10 月,宝山县绅钱淦等请规复埠局,经营开埠,经江苏督军、省长呈奉明令,特任督办规划埠务。11 月,吴淞被宣布重开商埠,其大致地基,将为属于财政部之产业,而振兴地方之经费,则由商家筹之,行将发行四十万股票,每股二十五元,官产局已丈量地基,并发图样,以便进行。北洋政府于 11 月 4 日命张謇“督办吴淞商埠事宜”。吴淞商埠局总局设于吴淞,支局则在上海,1921 年 2 月 12 日,吴淞商埠局开始对外办公。

依据张謇上报江苏省的商埠局《组织章程》,商埠局的组织结构大致如下:商埠局有督办一名,由大总统任命,设坐办一员,秉承督办主持

　　　　　　　　　　　　　　　　　　　　　走向蔚蓝:张謇与港航现代化

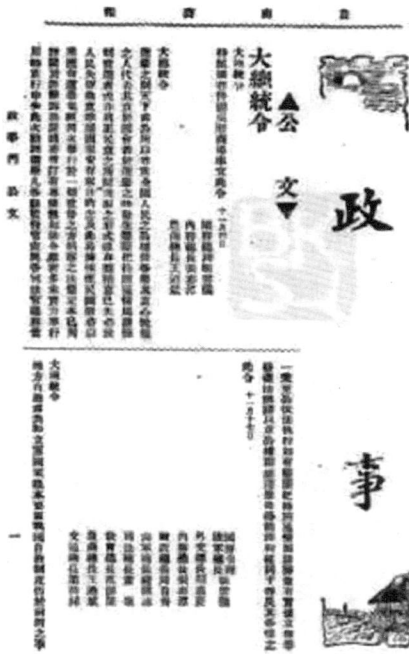

张謇的吴淞督办任命书
图片来源：上海宝山官方微信

张謇就职的吴淞商埠局开幕典礼
图片来源：上海宝山官方微信

一切事务;设秘书处,下设总务科、会计科、建筑科、交际科和卫队;根据需要酌设稽查员若干名;聘请"各国专门学家为顾问"、聘请"国内有学识经验者"为参议、聘请"熟悉商务行政事宜者"为咨议。同时商埠局的"应办事宜",依照颁布的自辟商埠开办章程第六条,定为:建筑工程的规划、核定;官地、民地的调查、登记和收用;确定土地的等级;经营土地、房屋的租赁;筹办警察;征收杂捐。从以上的应办事项和人事安排来看,吴淞商埠局在吴淞地区拥有建设权、土地控制权、土地和房屋的管理权、警务权以及财政权。后来出于市政发展和地方自治考虑,于1922 年 6 月,商埠局应各界人士所请,又增设市政筹备处,筹划地方自治。

在 1922 年 9 月的《呈大总统文》中,张謇言简意赅地表明:"期以自辟商埠之先声,为改良港务之张本",最终目的是"亟起自图"[①]。在张謇看来,吴淞最大的优势在于能够开辟优良的港口,同时改良港务也是吸引投资的基础。

张謇上任之初,发表《吴淞商埠督办就职宣言》,认为"淞埠地位之重,中外责望之殷。开埠云云,需费浩繁,岂仅成一行政机关所可济事?国家财政支绌至此,除行政费及无关营业之公共建设费,不得不由官筹款外,其他唯劝商投资,而官为规画。至进行程序,先求测绘之详,次求规画之当,再具计划书,商告国人,广求教益"[②]。张謇承诺,用两年时间实地考察、走访、调查、测绘,完成一份详实的规划。

张謇依靠其特殊的背景,凭借其开办地方实业的实践经验和贯通中西的学识和视野,在总结清季吴淞开埠失败教训的基础上,参照国际上建设商埠的经验,经过实地勘测调查,于 1923 年元旦,在《申报》上发表了《吴淞开埠计画概略》,这一计划就是开发吴淞城市的规划书。

---

① 李明勋、尤世玮主编:《张謇全集》(第 1 册),上海:上海辞书出版社 2012 年,第589 页。

② 张謇:《吴淞开埠计划概略》,《申报》1923 年 1 月 1 日。

走向蔚蓝:张謇与港航现代化

民国10年(1921年)张謇受命出任吴淞商埠督办,他严密规划,并希望以此来与上海租界一较长短,然而得不到政府实质性支持,加之军阀战争等原因,美好愿望最终未能落实。图为张謇的就职宣言。

《申报》刊载张謇的《吴淞商埠局督办就职宣言》
图片来源:上海宝山官方微信

张謇从全球海运业和港口发展态势,认为吴淞商埠的辟建势在必行,指出"今者海舶吨增,不能入浦,非就吴淞筑港,无以利国际运输。淞沪相隔不足九英里,汽车、电车顷刻可达,例以伦敦、漫切司头、纽约、旧金山、亨堡、安特维卜、毕那爱各埠,面积纵横数十英里,淞沪合一势所必至"①。

张謇在开埠规划中,能够把握大局,着眼于吴淞商埠的整体开发,借鉴运用国外先进的城市建设理念,提出"扩大埠界范围、建立新市中心、实施分区布局"等重大决定。既有城市建设的先进理念,更有结合吴淞实际情况的实施步骤,且把两者紧密结合在一起。吴淞商埠的规划起点很高,倾注了张謇整整两年的心血,尽情演绎了他振兴国家和民族的抱负与情怀。吴淞商埠启动规划建设一两年后,从吴淞镇西市沿

---

① 张謇:《吴淞开埠计划概略》,《申报》1923年1月1日。

蕰藻浜、泗塘东北河一带，不少工厂新设、投产，南北杂货店、洋广货铺、米店、戏院等新增了百余家，新建了石库门建筑数百幢，商埠规划建设由此带来了新气象。

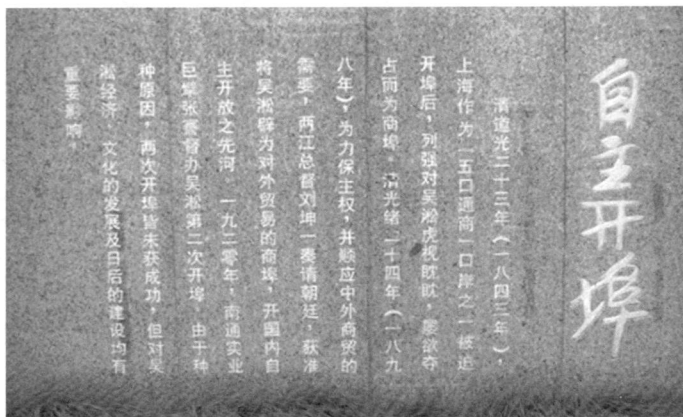

吴淞纪念广场自主开埠碑
图片来源：大众点评网

令人惋惜的是，尽管张謇倾力而为，精心谋划，但20世纪20年代，正是我国民族危机日益深重、江浙军阀战争不绝时期。1924年直系军阀齐燮元与皖系军阀卢永祥之间的江浙战争，中断了吴淞商埠筹建的进程，后又因"经费告竭"[①]被迫停办。张謇虽竭尽全力终难以挽回，他于1924年辞去淞沪督办一职，宣告吴淞商埠的经营再次搁浅。虽然张謇规划建设吴淞大商港大商埠的目标未能实现，但他对吴淞商埠的规划唤醒了国人对吴淞主权的高度重视，是以后吴淞规划建设的基础和发端。

2. 亮挂国旗，建造新船，捍卫国家航权

船舶悬挂的国旗是该船国籍的标志。当年张謇站在黄浦江边，"每

---

① 吴葭：《宝山县再续志》卷六《实业》，民国二十年（1931）铅印本。

见汽船、帆船往来如织，而本国徽帜反寥落可数，甚为愤叹"①。他看到在我国海、江、河航行、停泊的船舶绝大部分是外国的，江海河船舶航行权已经基本被洋人控制，既侵权又占利，非常气愤。尤其让张謇气愤的是各地官府诌媚洋商，虐待国内船户，致使中国大部分轮帆船都纷纷悬挂外国旗，据统计当时在江苏境内自镇江至淮河一带，约计悬挂洋旗之船，几及二千余艘。这些现象激发了张謇自办航运、抵制列强、挽回航权的决心和勇气。

公司轮船亮挂国旗。自 1900 年起张謇连续创办了大达内河轮船公司、上海大达轮船公司等多家航运公司，拥有各类船舶 160 余艘，张謇坚决不依附洋人，所有轮船大张旗鼓地悬挂中国旗帜。旗帜鲜明地展示中国人自己的船舶和权利，成为当时为数不多的中国船舶。引来了部分洋商的嫉恨和部分官吏的卡压，张謇亲自给扬州泰州的官府写信，请求督促各地官员要保护华商自己的轮船，抵制洋人，从而振兴我国的航业。

兼并洋轮换挂国旗。上海大达轮船公司成立后，船舶首开上海至南通航线，后逐步扩展到上海至崇明、上海至启东、上海至扬州等航线。在开航之前，这些航线均有洋商的轮船航行，看到大达轮船开航后，洋商纷纷降价挤压大达公司。张謇不畏列强，敢于竞争，与洋轮拼价格拼服务。最后一直主要航行上海至南通航线的英商祥茂轮船公司撑不下去了，主动提出把船舶卖给大达公司。大达轮船公司兼并了英商祥茂轮船公司，至此在长江上海—南通航线悬挂英国国旗航行了多年的三艘轮船，换上了中国国旗，涨了中国人的志气，坚定了华商发展航运业的信心和决心。

力挺挂国旗的华商。20 世纪初，沪甬航线生意兴隆，经营这一航

---

① 李明勋、尤世玮主编：《张謇全集》（第 1 册），上海：上海辞书出版社 2012 年，第 72 页。

线的英商太古轮船公司、法华合资东方轮船公司及官办轮船招商局联手提价,影响了宁绍商人的经营成本。虞洽卿发起成立宁绍轮船公司,购置了载重 2600 吨豪华客船,张挂中国国旗。此时上海大型码头基本都是洋商和招商局垄断控制,他们继续联手不让宁绍轮停靠码头,绝大部分码头业主都不敢让虞洽卿的轮船停靠码头。在这困难的关键时刻,张謇果断出手相助,支持挂国旗的华商,把大达码头租给虞洽卿经营,解决了难题。最终宁绍轮船公司渡过危机,并战胜洋商,维护了沪甬航线航权。后来,虞洽卿创办的航运公司不断发展壮大,成为航运巨头。

渔船海上高挂国旗。张謇创办渔业公司,其目的就是"以渔界保海权"①。在开办之初,他发现"甬沪渔船向因关卡税重厘繁,留难需索,不得已用洋旗,托庇于一二无业洋人之下"②。就设法推进官府减税,让渔户真正得到官府关心体恤之意,经过两年的时间,渔船都换挂了本国旗帜。在张謇倡导下,渔业公司的渔船和普通渔民的渔船,在海上打渔都升挂国旗,让外国人看到中国渔船航行作业的界限,中国渔船所到渔界就彰显中国海权所在。

建造新船布置远洋。面对德日渔船到我国渤海等近海捕鱼,严重侵犯我国渔利海权,张謇积极谋划应对之策。他认为"各国领海界大约以近海远洋为分别:近海为本国自有权,远洋为各国公共之路。我之沿海渔业,在随近海岸一二十里以内者居十之七,在大洋者居十之三。我既图以新法抵制外人拖船捕鱼,自宜在远洋布置。近海一二十里,仍留为我寻常小船捕鱼之利。外为内障,内为外固,可以相资为用而不相妨"③。

---

① 李明勋、尤世玮主编:《张謇全集》(第 1 册),上海:上海辞书出版社 2012 年,第 104 页。

② 李明勋、尤世玮主编:《张謇全集》(第 1 册),上海:上海辞书出版社 2012 年,第 103 页。

③ 李明勋、尤世玮主编:《张謇全集》(第 1 册),上海:上海辞书出版社 2012 年,第 58 页。

走向蔚蓝:张謇与港航现代化

要能抵制外国渔轮,必须建造新船大船,布置在远洋区域。但在目前财力不够的情况下,"商力埠及,必倚之官。欲制造新船新网而无式也,须购德船","除买德船一艘外,尚须仿造三艘"。① 购买一艘德国的新式渔船,仿造三艘,这样南洋四省,就能都配上一艘新船,能布置到远洋。针对日本渔船在渤海捕鱼,需要建造更大的新船才能有效抵制,"以今昔情形而论,今各国所谓公共界之远洋,皆我江浙渔业界之旧地。日本既有此种渔船在我渤海,将来必以远洋公界为词,因仍不去。除中国在渔业界中自求张力,无可相抵;除各省多造新船互相联络,亦无所为张。现购之船似尚嫌小,将来仿造拟放至十四五丈,并商由沪道电请出使英美两大臣,访查两国何等渔船为最新之法,绘图译说,以便仿造"②。张謇认为,渔业界的人士应想方设法壮大力量,各省必须多造新船,才能相互照应,联合抵制。但是现在购买的船还是嫌小,必须寻找购买最新最先进船,仿造出更大的船舶,布置到远洋区域。在张謇的推动下,沿海各省渔业公司迅速行动,相继都配上新式大型渔船,到远洋捕鱼,定期到远洋巡查,保护渔船作业。这样有力地抵制了外国渔船,彰显了中国渔界,保护了中国渔利,维护了中国海权。

3. 绘展海图,守护灯塔,彰显国家海权

张謇是清末较早认清海权重要性的有识之士之一,"以渔界保海权"③是他的重要主张。1905 年他在《为创办渔业公司事咨呈商部》说:"查海权渔界相为表里,海权在国,渔界在民。不明渔界,不足定海权,不伸海权,不足保渔界,互相维系,各国皆然。"十分清楚地阐述了渔界与海权的关系,但是他认为中国没有机构管理渔界海权:"中国向无渔

---

① 李明勋、尤世玮主编:《张謇全集》(第 1 册),上海:上海辞书出版社 2012 年,第 59 页。

② 李明勋、尤世玮主编:《张謇全集》(第 1 册),上海:上海辞书出版社 2012 年,第 69 页。

③ 李明勋、尤世玮主编:《张謇全集》(第 1 册),上海:上海辞书出版社 2012 年,第 104 页。

政,形势涣散,洋面渔船所到地段,或散见于《海国图志》等书,已不及英国海军官图册记载之详。"甚至我国的渔界海图还不如外国人记载详细,"至于海权之说,士大夫多不能究言其故",关于海权朝廷官员没有人能说得清楚。"际此海禁大开,五洲交会,各国日以扩张海权为事。若不及早自图,必致渔界因含忍而被侵,海权因退让而日蹙。"[①]当前各国天天都在抢占渔界海权,如果我国不及早采取措施,将来渔界必定被列强侵占,海权也会逐渐退缩。

上海海洋大学纪念石
图片来源:上海海洋大学

张謇认为我国渔界广阔,但界限越来越有若有若无的现象。"英国海军官图局册载,中国琼州岛渔艇每年常离岛七八百里收采海参,剥玳瑁,晒鱼翅,西历三月进至爪哇。又觅出礁林、康岛、树岛、蒲拉他士岛各条下,皆云恒有中国渔人在此掘井、避风、围鱼。是南海全境皆中国渔界。《广舆记》直隶湾桃花岛渔人捕鲸多在朝鲜海东。按桃花岛即英国海军图册所谓马鞍列岛之一,日本海也。中国渔界幅员

---

① 李明勋、尤世玮主编:《张謇全集》(第1册),上海:上海辞书出版社2012年,第101—102页。

之广如此。"①张謇对我国南北洋的渔界情况十分清楚："领海主权附于渔界，中国渔界极远，向来自视在若隐若显之间，近来各国认中国渔界，亦似在若可若否之际。"②他认为，我国渔界非常广阔，但自己对渔界的认定却是若有若无，没有明确的界限。而当时国际上对中国渔界的认定也是模棱两可。

张謇认为参加国际赛会展示渔界，是宣示海权的最好时机。张謇具有世界眼光，能洞察世界变化，抓住有利时机，积极伸张主权。1905年，他得悉1906年意大利国在米兰召开国际赛会，邀请我国参加，他认为，"该会内极关重要中特有渔业分会"③。张謇发现德、法、美、俄、意、奥等国利用博览会机会，竞相扩张渔界，不到数十年，已由几海里拓展到2500多海里。他凭借敏锐的政治嗅觉，意识到米兰博览会邀请中国参展，这绝不仅是一个单纯的渔业赛会，其中暗含着领海主权这个核心问题。他建议商部派员参加，但必须做好准备，这是我国"正领海主权之名"，"践合渔业之实"④的最好时机。要在"渔界、渔具、渔船、鱼类、水产、水产制造"⑤六个方面做好准备，尤其要"以中国渔业历史、渔界全图为之纲领"⑥。他特别强调要把中国的渔业历史和渔界全图作为重中之重，做好准备，"渔业历史即由苏松太道延请通才速为编辑，渔界全图请大部会同外部［贵大臣会同北洋大臣］知照海军统领萨提督镇冰，按照英国海军海图官局第三次本《中国海方向书》加以考核，准经纬线着色精绘。此书曾经福建陈令寿彭于光绪二十五年译为《中国江海险要图志》，该令现在江宁，应请饬令会同萨提督料理图

---

① 李明勋、尤世玮主编：《张謇全集》（第1册），上海：上海辞书出版社2012年，第102页。

②③④ 李明勋、尤世玮主编：《张謇全集》（第1册），上海：上海辞书出版社2012年，第93页。

⑤⑥ 李明勋、尤世玮主编：《张謇全集》（第1册），上海：上海辞书出版社2012年，第94页。

事,以资熟手。"①他明确要求这两个重要的工作让熟悉的人员完成。萨镇冰早年曾赴英国学习海军,精通英文和国际海事,又先后在北洋水师、上海吴淞炮台和广东水师担任主官,熟悉中国近海情况,他圆满完成了绘图任务。张謇提出,"此图印成,可以发给渔业总公司,各省渔业总会、分会,并可由外部连同赴义赛会章程咨送各国驻京公使各一分"②,并对全图绘制印刷后的展示做了详尽安排。商部认识到我国的渔界海图亟须完善,迅速接受了张謇的建议,设立绘图处,由海军统领萨镇冰组织专门技术人才,以英国海军第三次海图官局之图绘制的中国海图为蓝本,加以考核,绘制中国渔场海图。最终完成中国渔界总图2幅、海图3幅,沿海7省渔界分图7幅,标有经纬线及中英文注释,以表明领海主权,并分明主客,表明中国疆域管辖的范围,彰显捍卫海疆国土的立场。1906年,在米兰世博会上全面展示了中国的渔界图,首次明确中国划定带有专属经济区性质的"捕鱼区",参加这次赛会的国家有50多个,参观人数有550多万人次,赛会时间长达6个月。中国

米兰博览会专设"大清渔业公司"展馆
图片来源:海门张謇研究会

---

①② 李明勋、尤世玮主编:《张謇全集》(第1册),上海:上海辞书出版社2012年,第94页。

走向蔚蓝:张謇与港航现代化

在渔业分会的参展取得成功,第一次向世界宣示了中国渔界全图,让国际社会充分了解了中国渔界和领海主权。同时中国渔界全图也由外务部分别送到各国驻中国的公使馆,并请转各国海军,正式向各国表明我国的渔界和海权主张。这些渔界图也被送到了沿海渔业公司、渔船和渔民手上,"使人人知中国自有渔界"①,让每一个中国从渔人员都知道中国的渔界、渔权和海权,共同奋起维护我领海主权和渔民利益。这是张謇海权思想的一次成功实践。

位于长江口的花鸟山灯塔,是指引商船、渔船进长江、出海洋的标志性航标,是1870年清政府海关海务科建成的中国沿海第一批灯塔。花鸟山附近岛礁极多,来往商渔船时有事故,它的建成对商渔船航行停泊指引作用巨大,被称为"远东第一灯塔"。灯塔建成后,就由英国强行霸占了所有的管理权,英国人为了想长期占有该灯塔管理权和所有权,在岛上大肆圈地,尤其在灯塔的周边通过诱买、骗契、强行收买等多种手段获取了岛上土地使用权,并筑围墙禁止中国渔民正常通行,严重损害了我国的海洋权益,对我国渔民捕鱼也造成了极大困扰。1904年,张謇在开发东海渔业时,听到英国人强占花鸟山土地、妄想永久占领灯塔之事后,义愤填膺,力奏朝廷,强烈要求收回被英国人强占、诱买的土地,强制收回花岛山岛领土主权,以保证我国沿海外围岛屿与东海渔场的安全。在获得朝廷奏准后,他以大清商务部头等顾问官身份,乘"福海号"赴花鸟山,一方面令卖地者与英国人协商,要求退契;另一方面言明立场,要求英国人退还强占的土地,要求英方允许岛上的中国渔民在灯塔周围自由行动以方便生产。经有理有利有节的斗争,英方最终答应了张謇提出的各项事宜,使得花鸟山岛的主权得到最大程度的收复,粉碎了英人的妄想。

---

① 李明勋、尤世玮主编:《张謇全集》(第1册),上海:上海辞书出版社2012年,第104页。

综上所述,张謇创建了维护海权的机制。通过绘制印发海上船舶航行作业海图、制定船舶监管法规,规范了船舶作业行为,标示了国家海权;通过收复花鸟山岛的主权,维护海上航行灯塔事权,保证我国沿海外围岛屿与东海渔场的安全;成立了航(渔)政机构,设航(渔)政官员,配备官船,定期开展巡航,对当时侵犯我国海权的行径找到了有效的、合理的解决机制。这是我国新式渔业发展的开端,使我国的航(渔)政设施达到了近代化水平,始开我国航政事业的先河。

(二) 多策并举重实践,发展港航图自强

张謇维护航权海权国权的思想和实践是当时社会的一座灯塔,一股清流。他提出的"渔界所至,海权所在"和"以商界保国界,以商权张国权"的主权思想,以及"自环海交通,五洲万国,非海陆军相辅而强不能立国"①的发展海军思想,都彰显出可贵的认识高度和深度。他还一以贯之去实践,捍卫了民族利益,伸张了国家航权海权和主权,同时也为政府当局维护国家主权提供了法理遵循和实践经验。

一是悬挂国旗,增强民族自信。张謇作为杰出的民族实业家和爱国者,深深理解航船悬挂国旗的重要性。他坚持这一原则,不仅是为了标识船舶的国籍,更是为了强化民族的自信心和凝聚力。在张謇的倡导下,中国所属船舶不再悬挂外国旗帜。这不仅是对国家主权的坚定维护,更是对民族尊严的深刻彰显。他深知,航船悬挂国旗不仅是一个简单的标志,更是一种精神的象征,它代表着国家的尊严和民族的自信。为了进一步维护国家航权,张謇还积极兼并外国航运公司,将那些原先悬挂外国旗帜的船舶纳入中国旗下。从几乎全挂洋旗到挂中国旗逐渐增多,这一变化不仅体现了中国航运业的崛起,更展示了民族自强

---

① 李明勋、尤世玮主编:《张謇全集》(第 1 册),上海:上海辞书出版社 2012 年,第 159 页。

不息的精神风貌。张謇不仅在国内航运业上有所建树,更在国际舞台上展现了中国的力量。他不畏强权,从英国手中夺回花鸟山灯塔的主权。这些行动不仅捍卫了国家的尊严和利益,更激发了人民的爱国热情。张謇的这些举措,不仅增强了民族的自信心和凝聚力,也为中国航运业的发展奠定了坚实的基础。他用自己的实际行动,向世界展示了民族奋发图强的坚韧和力量,成为时代楷模。

二是宣示海权,得到世界认可。张謇,这位具有远见卓识的先驱,坚定地致力于理清我国的海洋渔业边界。他深知,一个国家的海洋权益是其主权的重要体现,而海洋渔业的繁荣更是国家富强的重要标志。因此,他不仅大力建议绘制我国的海图,更通过这一行动,向世界宣示了中国对海洋的坚定主权。张謇宣示我国渔界海图的实践,具有深远的历史意义。他改变了原有江海图志零散、简略的弊端,使得我国的海洋地图更加精确、详尽。张謇极力建议绘制的我国渔场海图,精确地标明了中国渔界的经纬度线。在当时的技术条件下,能够完成这样一份精确的海图绘制,无疑是一项巨大的成就。这份海图不仅证明了我国有能力独立自主地绘制海上渔船航行作业全图,更向全世界展示了中国在海洋渔业领域的实力和决心。这一创举不仅为当时的渔民提供了宝贵的导航资料,也为后来的海洋管理和研究奠定了坚实的基础。张謇非常注重依法治理海洋,他深知只有法规的约束,才能确保海洋资源的合理利用和国家海权的稳固。因此,他率先在国内颁布了涉海法律法规,为海洋管理提供了有力的法律保障。同时,他还设立了航(渔)政机构,通过开展海上巡航执法,有效地确保了国家海权不受任何侵犯。在他的倡导下,无论是公司的渔轮还是民众的渔船,都升挂了国旗,这不仅彰显了国家主权,也极大地提升了渔民的国家认同感。

三是自主开放,力抗外人气势。坚持立足实际,放眼世界,建设上海大达、南通天生港等港口码头,推动天生港自开商埠、规划吴淞商埠建设,支持其他自主商埠开埠,加强对外交往,促进贸易物流,维护了国家口岸开放主权,促进了新式企业的产生和内外贸易的发展,推动了当地经济的繁荣,改善了当地民生状况。

张謇推进自开商埠的成效明显。中国近代以"隐杜觊觎,保全主权"为首要目标的自开商埠行动,不但在一定程度上体现了政府参与竞争、争取民族权利的积极态度,而且在实践上确实取得了一定成效。尽管在列强控制中国海关和攫取大量经济特权,中国半殖民地程度日益加深的历史条件下,自开商埠的产生无法从根本上扭转西方势力干涉中国经济的不利局面,但确实对中国的民族经济和社会发展产生了积极的效果。

首先,自开商埠使中国政府的财政收入有所增加。其收入包括地租、关税、房租和钱粮四个方面。尽管各开埠口岸地租金额差别不同,但与约开商埠内租界不收地租的状况形成了鲜明的对比。同时,自开商埠界内海关的保管权和支配权也均由中方控制,海关税收也成为政府收入的"重头戏"。其次,自开商埠推动了中国从区域性市场向全国性统一市场的过渡。由于开埠之地大多数既是国内传统的商品集散地,又往往占据优越的地理环境。因此,自开商埠对市场的发育有着有益的推动作用,推动了中国内地各级各地市场的沟通和联系。再次,自开商埠推动了中国城市的现代化进程。与传统城市的人口流动不大,贸易受数量大小、季节的限制,社会服务和管理机构不完善相比,现代化城市具有人口流动性大,交通条件不断改善,贸易数量和品种不断增多,社会服务管理机构日趋完善,社会成员科技文化素质不断提高的显著特点。自开商埠大大便利了贸易的发展,贸易路线显著增多,数量大大增加。贸易的发展刺激了城市人口的增多,使得城市建设和管理、卫生、灾害救济等机构纷纷涌现,这同样推动了城市由以官署、庙宇为重心,道路狭窄、管理不善的传统结构,向以贸易区、住宅区、运输网为重心的现代结构的变迁。各城各地相继摒弃了以往的建筑模式,以分区管理、交通便利为主体的新型城市成为建设的目标指向。自开商埠的

走向蔚蓝:张謇与港航现代化

城建工作，大到工厂、仓库、码头、学校、银行的建立，小到马路、电灯、电线、沟渠、江堤、自来水等设施的配备，基本上体现出近现代城市的特点。① 最后，自开商埠开拓了人们的视野，促进了半殖民地化的中国在其嬗变过程中现代化精英集团的形成。与世界成功的后发外生型现代化国家相比，19世纪下半叶中国在现代化道路上步履徘徊的一个重要原因，就在于推动现代化的精英集团势小力微。在中国传统社会向现代化过渡的过程中，传统社会舞台上的士绅集团、官僚阶层和农民阶层已日渐没落，新兴的商人阶层、知识阶层和军人阶层逐渐成为社会的中坚力量。自开商埠推动国内民族资产阶级力量壮大和知识阶层崛起，恰恰为中国现代化道路上商人阶层和知识阶层两大精英力量的融合提供了历史契机。本着"振兴商务，以保主权"宗旨的自开商埠，促进了国内贸易和对外经济贸易的发展，刺激了民族资本主义力量的兴起，在一定程度上抵制了西方势力的入侵。同时，一个聚集在通商口岸的资产阶级和"西化"的知识分子阶层已在兴起。② 此后，尽管活跃于民间的工商阶层最终因受到政治势力的控制和外来势力的打击而趋于衰弱，

吴淞开埠前后对比
图片来源：上海宝山官方微信

---

① 唐凌等：《自开商埠与中国近代经济变迁》，南宁：广西人民出版社2002年，第28页。

② 彭雨新：《论清末自开商埠的积极意义》，见章开沅著：《对外经济关系与中国近代化》，武汉：华中师大出版社1990年，第251页。

但在长达一个半世纪的岁月里独撑孤舟,不知疲倦地鼓吹和倡导社会变革的知识阶层,却最终成为现代化进程的主要推进者,影响了中国现代化的基本面貌和发展路向。

　　吴淞两次自开商埠因各种原因虽没有获得形式上的成功,但它本身不失为图强奋发之举。在民族苦难深重的至暗时刻,张謇等先驱们徒手撕开一道口子,在中国乃至世界城市发展史中熠熠生辉。构成中国式现代化在吴淞的早期探索实践,是近代中国社会经济自强意识兴起的见证。回顾历史,吴淞的两次开埠和受挫也令人深思。启示在于:任何事物的生长发展历程都离不开它所处的时代。在 19 世纪末 20 世纪初,世界已经全面加速走向中国,中国却尚未出现具备主动参与世界交往意识与能力的领导力量。任何不成熟、不成功的自强行动纷纷遭遇失败,但也留下了深厚的历史积淀,为日后的成熟与成功奠定了基础。如吴淞开埠期间一批近代工业在吴淞生根,初步形成以机械、纺织为主体的工业基础。南北洋渔船纷至沓来,到沪的半数鱼货在此集散,

吴淞开埠纪念广场
图片来源:唐吉慧,《新民晚报》2024 - 02 - 18

促进了商业、手工业的繁荣，为吴淞的发展开创了局面。在1927年上海特别市成立后，它即被划入上海，纳为一个"区"。原先的淞、沪城区各自向南、北蔓延，两地终于渐渐连成一片，组成为大上海的新市区。正是在此意义上，吴淞开埠对于推进中国早期港航现代化彰显出它的积极意义，其所体现的不畏列强、积极进取、勇于创新的精神在今天依然是值得纪念和弘扬的。

（三）敢于抗争宣海权，伸张主权捍尊严

张謇提倡自开商埠的活动，在维护国家开放主权、发展国内实体经济、参与国际贸易竞争、增强国力以图自强等方面进行了有益的探索与实践，体现了他实业救国与爱国情怀相结合、奋发自强与对外开放相结合、创新进取精神与务实精神相结合的"企业家精神"，引领了时代发展潮流，具有重要的时代价值。首先，自开商埠是区别于约开商埠的自主开放，使开放主权牢牢掌握在中国政府手中，维护了国家主权，杜绝了外人觊觎；其次，主动打开国门，"与世界共经济"，顺应了世界经济发展的趋势，促进了开埠地区及周边地区实体经济发展，有利于区域经济近代化；最后，开埠地区港口航运、铁路、公路等交通设施相对完备，便利了人们交通出行及物流运输，带动了周边地区经济的繁荣，推动了开埠地区市政建设、城镇建设向现代化转变，改变了当地封闭落后的面貌，改善了当地的民生条件，对当地人们思想观念转变起到了一定的促进作用。

张謇维护国家港航主权的时代价值体现在：一是唤起了政府和民众维护国家主权意识的觉醒。悬挂国旗，绘制海图，培养人才，出台法规，设立机构，被政府所采纳，同时得到了社会认同，提升了全民维护国家主权意识。二是促进了航运企业与列强抗争。从小船到大船，从被动到主动，从内河到沿海，不畏列强，敢于抗争，善于斗争，去争取自身的权益和国家主权。三是有效地维护了国家主权。新建港口，发展航

运,扩航开埠,在与列强抗争中,提振民族自信,保障民族利益,维护了国家主权。

张謇科考船
图片来源:海员之家网

　　为传承弘扬张謇港航早期现代化理念,纪念这位上海海洋大学的创始人。上海海洋大学深渊科技中心联合多家民营企业将研制的中国万米级载人深渊器科考母船命名为"张謇号"。该船是国内第一艘以近代名人命名并以弘扬"张謇精神"为宗旨的科学考察船。"张謇"轮于2015年3月开工建设,建造经费2.2亿元。作为上海海洋大学深渊科学与技术研究中心的合作方,上海彩虹鱼海洋科技有限公司董事长吴辛博士表示,"张謇"轮是国际上第一条专门针对深渊海沟调查的科考船,配备最完整的全海深调查装备,也是国内第一艘完全由民间资金支持主要承担国家使命的科学考察船。该船同时也将成为中国为全世界深渊科学家提供深渊海沟调查作业的平台,这是中国主动承担国际义务,为全人类作贡献的一次机会。① "张謇"轮于2016年3月2日在浙江温岭市的浙江天时造船有限公司建造完工,3月24日上午使用船用

---

　　① 《中国首艘深渊调查科考船"张謇号"开建》,中国新闻网,2015年4月19日。

气囊下水技术正式下水,7月11日开始首航,从上海临港出发,前往中国南海和南太平洋新不列颠海沟进行深潜装备测试实验。经过9000余海里的航行,"张謇"轮于9月5日完成所有的科学考察任务,启程回国,并于9月22日返回上海芦潮港码头。此事标志着"张謇"轮首航暨探访海上丝绸之路活动圆满结束,彩虹鱼建设万米级深渊科学流动实验室走出重要一步。① 今天的人们正以推进中国式港航现代化的努力,告慰先贤百年前实现海洋强国的期许。

四、城市之港:港城共荣

"有轮步则市面可兴"②是张謇港城共建的重要主张。张謇建设港口、以港口发展促进城市发展的举措具有很强的创新性。他敏锐地意识到港口对经济发展的作用,不仅在南通天生港、青龙港、芦泾港等地发展港口,还开辟建设了吴淞商埠。在建设港口的过程中,不仅有效促进了港口相关产业的集聚,并带动了上下游相关产业的大发展,逐步形成了以港口为枢纽的交通经济体系。产业的集聚带来了人流物流,带动了农民进城,保障了市民的生计,有效促进了城镇化的进程,天生港镇由此繁荣,成为南通"一城三镇"的重要组成部分。可以说,张謇建港兴城的实践不仅促进了交通、商贸、经济的发展,更带来了规划建设的先进理念,在当时的中国起到了示范效应。

---

① 俞金旻、冯元福:《上九天揽月 下五洋捉鳖 "张謇号"科考船首航归来》,《新民晚报》,2016年9月23日。
② 李明勋、尤世玮主编:《张謇全集》(第2册),上海:上海辞书出版社2012年,第159页。

（一）以港兴城新实践，城兴交通物流畅

张謇以其独特的眼光和深远的规划，提出了以港兴城的计划。他深刻认识到港口作为交通物流枢纽的重要性，并着力在南通打造了天生港和青龙港两大枢纽港口，以推动城市的繁荣和发展。天生港和青龙港的建设，不仅极大地提升了南通的港口吞吐能力，也为城市的经济发展注入了新的活力。随着港口的日益繁荣，张謇进一步推动了港航相关产业的发展，如船舶修造、货运代理、仓储物流等，形成了完整的港航产业链。这些产业的发展，不仅为南通提供了大量的就业机会，也带动了周边地区的经济发展。同时，便捷的交通物流网络也为南通的产品出口和原材料进口提供了有力保障，进一步增强了城市的竞争力。张謇以港兴城的实践，不仅为南通的发展奠定了坚实的基础，也为其他城市提供了宝贵的经验。通过建设枢纽港口和发展港航相关产业，有效地推动了城市的经济发展，提升了城市的综合竞争力。

1. 发展港航产业，促进城市繁荣

在近代中国工业化的浪潮中，张謇以其远见卓识，将天生港这片得天独厚的自然良港视为推动实业救国梦想的基石。张謇深刻认识到港航产业对于城市经济发展的引擎作用，于是依托天生港优越的地理位置与丰富的水运资源，毅然决然地踏上了发展港航产业的征途。通过创办轮船公司、设立港口货栈、吸引外地商业投资等一系列创举，不仅构建起了一套完整的港航产业体系，更激发了天生港地区的经济活力，使之迅速崛起为商业、交通兴旺之地，为中国近代城市的现代化树立了典范。

建成资生铁冶厂（造船厂）。他在《致端方函》中述及："资生铁冶厂，初拟欲兴实业，而无制造农工器之铁，则凡营一事，无一不须购之外洋，殊非本计。故拟设厂仿造，而以纱、油、面各厂修机机器作为股本，合设一厂，另行购地建厂，增购机器，规模初备。此厂可造二十四五丈

之轮船。其购地、建厂、增机之资,亦调大生公积,约计二十万。现已承造苏省铁路桥、车各工及内河小轮,亦渐仿造纺织机。冶厂则声名已立,成效已著,足可为铁工之佐。"①1912 年,南通资生铁厂在天生港江边建造了大型船坞,次年起陆续为南通大达内河小轮公司等建造了10 余艘机动内河小驳船。1920 年,在天生港船坞建造了两艘 500 吨级机动驳船"储元""储亨"。其后,上海大达轮步公司的长江客货轮"大解"轮也来天生港进坞大修。该厂成为南通港历史上第一个大型修造船厂,吸引了大量的船舶配套产业在其周边落户,初步形成船舶修理建造工业产业链。

资生铁冶厂
图片来源:张謇研究特色数据库

吸引船货代办行落户。船货代办行是各轮船公司设在较大港口的代理机构,负责办理歇脚、货物申报、人员招揽等,是港口服务机构的雏形。天生港码头建成并自主开埠后,旅客上下方便,货物装卸效率高,周围仓储、转运更加便利,货物可随时送港口仓储,到港物资也可随时

---

① 李明勋、尤世玮主编:《张謇全集》(第 2 册),上海:上海辞书出版社 2012 年,第227 页。

送达客户处所,客商往来称便。张謇为他们提供土地、房屋等便利条件,吸引了不少轮船公司在此开设办事处、代办行,其中以报关行、转运行居多,进一步促进港口物流业务、客货运输量的不断增长,天生港从一个荒僻的自然港汊逐步成为南通地区内外运输的枢纽。

泽生公司安家落户。泽生水利公司和泽生船闸公司是专门从事航道疏浚、船闸管理的,主要是为港闸河服务,使用管理港闸河上的船闸,拥有挖泥船、运泥船、运泥车等。因公司在港闸河与长江交汇处附近设置是最便利的,故泽生公司就选择在此安营扎寨、安家落户。

开办天生港电厂。张謇有言:"商业竞争,纺织尤亟。泰西纺织,近均改用电力,日新月异,时有发明。南通州大生纱厂办理虽薄有成效,但处此时代,不事精研,焉能持久?"1913年5月,张謇派郁寿丰、秦亮夫前往英伦各厂考察,以电力促进产业升级,提高纺织产品竞争力。1919年,张謇选址天生港,这里煤炭运输成本低,生产用水取之不尽,正式启动南通综合电厂建设。1921年10月,部分机器始到南通。1922年3月,所购2台西门子产3200千瓦汽轮发电机、拔柏葛厂汽管

天生港电厂大门
图片来源:张謇研究特色数据库

锅炉等开始安装。1922年后中国棉纺织业陷入长期凋敝境地。大生各厂1922年起连年亏损,因无大生资金支撑,集团内部无款可调,电厂工程下马,已订购到沪之发电机组或转售或退订。1931年,大生第一纺织公司董事会在经理李升伯力主下,选址天生港大达轮步公司通靖轮埠码头西侧空地30亩,重启建设。到1934年7月,电厂土建工程完成、发电机安装竣工,同年11月正式发电。

设立通燧火柴公司。基于天生港有利位置,张謇在天生港组建通燧火柴公司。生产火柴需要大量木材,通燧火柴公司在沿江堤岸及他处大道旷地广植白杨,但需时日成材,必须外购,天生港的港口优势明显。通燧火柴公司为天生港一带的农民提供了就业机会。尽管报酬有限,但对乡间农户来说可以糊口,可以求生。

通燧火柴公司
图片来源:濠滨网

开办大山砂石公司。天生港作为沿江港口,特别适合山石等大宗物资的装卸。1919年成立的天生港大山砂石公司,南通及苏北均为平原,随着社会经济的发展,砂石需求量不断增大,从松江、江阴及海宁等地运来的山石,在这里汇集加工后,提供给各处建筑工程。1925年在张謇老家常乐镇修筑河堤就是用的大山公司的石头。因此公司开业后,生意一直繁忙,吸引了大量的船舶和人员来天生港。

2. 以港兴城,发展天生港镇

构建便利的水水、水陆交通。拓宽港闸河,从长江天生港沿港闸河直达唐闸镇,天生港镇水运交通依托天生港码头实现长江航运与内河航运无缝衔接。建港闸路、城港路,以港闸路连通唐闸镇,以港城路连接至南通城区,公路交通的建设又进一步拓宽了天生港镇与腹地的连通渠道。

合理布局工业区、生活区。天生港镇区核心空间自长江古码头起始,沿港闸河蜿蜒伸展开来,以港闸河为界,北侧为生活区,东侧公路交通汇集处有一集市,南侧为生产区,包括天生港电厂、通隧火柴厂、泽生水利公司和果园,随着城镇的日益繁荣,镇区北侧亦新建了多个工厂,均与港口码头产业之间相关,包括渔材、建材、水产加工等。

配套建立商贸服务区。繁盛时期的天生港,南来北往的船只川流不息,天生港已经从港口码头形成近代通城的工商业重镇。从天生港大达码头到天生桥形成一条繁华热闹的"对合街",取名"大达街",街中有钱庄、饭庄、布庄、客栈、鸡鸭行、米行、木行等等。其中主营禽蛋等鲜货生意的鸡鸭行就有10多家,最有名的要数天通和鸡鸭行,从江西九江港运来的禽蛋等鲜货,均由天生港码头起驳转运。此外天通和钱庄,老字号的客栈、菜馆等,生意红火。桥头一爿铁匠店既打制日用炊具,还兼营货轮的铁制配件,生意也非常兴旺。

规划指导港街港貌。天生港因码头水运而建,因此除了当地人,还有许多外地居民如东台、兴化、淮阴、扬州等,镇区民居也表现出一定的混合特征。天生港镇主体部分延续了"街—弄"的传统格局,平行于港闸河,宽4—6米的泽生街为空间序列主线,东起于果园路,西至天生港港口,沿街的建筑多为"前店后宅",或"前店后坊"的形式。民居建筑多为三开间,屋顶以硬山式为主,色彩以白墙黑瓦为主,屋脊飞翘,整体形态舒展,色泽古朴大方,少有复杂的装饰,是南通典型的清末民初传统民居建筑。民居之外还有一些西式宗教建筑,再加上民国时期工业建构筑物,整体呈现了近代港口工业城镇的风貌特色。

3. 开发吴淞商埠,推进港城共建

张謇督办吴淞商埠建设,形成了一套比较完整的建港兴城的理论与实践。他认为吴淞"接壤上海,濒临浦江,为国内外货物运输之门户。欧战以后,贸易发达,海泊吨数亦日渐增加。为改良商港容纳大舰舶计,因势利便,吴淞较优于上海","如建设市政兴办工商业,可得事实上的便利,和观摩的效法"。① 张謇认为:"淞埠有特殊关系,设施为世界观瞻,不俟人求,我先自办,是上策;求而后办为中策;终不自办,拱手让人,乃下策前至无策。"1920 年 11 月,北洋政府宣布吴淞重开商埠,特派张謇督办吴淞商埠事宜。1921 年 2 月 12 日,吴淞商埠局开始对外办公。

注重港口与城市规划。张謇上任之初,发表《吴淞商埠督办就职宣言》,提出"先求测绘之详,次求规画之当,再具计划书,商告国人,广求教益"②的开埠方略,并承诺用两年时间实地考察、走访、调查、测绘,完成一份详实的规划。在具体规划中,张謇提出吴淞商埠局的"入手方针",分三步,第一步,测绘精密地形,将全埠道路,河渠位置,预为规定;第二步,考证各国建设商埠成规,拟分区建设制度;第三步,以所拟分区制度,征求公众意见,认为妥善,然后施行。张謇首先分析英法德等国建设商埠,以旧市改造,认为费用大而且收效迟,在改造过程中存在拆毁旧物物主们的反对、地价标准难定、收买旧物费钱费时等困难。他建议像美国一样在平地上建设都市,以后逐步建设推广,这样才能费省效

---

① 李明勋、尤世玮主编:《张謇全集》(第 1 册),上海:上海辞书出版社 2012 年,第 654 页。

② 李明勋、尤世玮主编:《张謇全集》(第 1 册),上海:上海辞书出版社 2012 年,第 590 页。

速。且有四种便利：一平地建设，应价预收多数土地，供应建设；二平地上无旧物，地价不会骤变；三没有旧物，就没有反对拆迁的行为；四全市规划，通盘设计，先建基础，循序渐进，吴淞终能建设一完备商埠，一片完善的自治区域。1923年元旦，张謇在《申报》发表了《吴淞开埠计画概略》，也就是开发吴淞城市规划书。他提出"扩大埠界范围、建立新市中心、实施分区布局"等重大决定，比较全面地推出有关内外交通、港口、河道、公用事业、社会公共设施等多方面的具体措施。吴淞商埠规划规模宏大、步骤严密，上报中央政府后，希望尽快建设。他在《开辟衣周塘计划书》中指出："沿浦马路内外商场、轮埠同时并举，合计东西南北周围二三十里，以与英法美三租界比较大小，不相上下，且扼淞口之咽喉，出入商业操吾华人之手，成为东方绝大市场，挽回主权，在此一举。"①可见，张謇所拟定的开埠计划和具体实施举措，其思路和方法吸收了当时国外城市开发、发展的经验，是朝着国际先进水平方向前进的

《申报》刊载张謇《吴淞开埠计划概略》

图片来源：《新民晚报》2024-02-18

---

① 南通市档案馆馆藏档案（G02-111-238）。

一个规划。在清末民初之时,张謇在中国城市开始进入早期现代化起步之际,但总体上还处于落后和割裂状态的情况下,开创性地描绘出了一个中、小城市的良好蓝图,为中国城市的开发建设提供了一个新鲜的、进步的样板,一些理念也为后来的"大上海计划"提供了蓝本。①

重视港口与城市的科学布局。在具体实施计划中,张謇将规划中的吴淞商埠区域向西、南、北三方进行了推展,东至黄浦,南至沈金港葛家嘴虬江,西接宝山南北县道,北以宝山东西县道、马路塘、采淘港为界,面积为四百三十余平方里。街区定为长方形,南北长东西短,分为六个区域,每个区域有一中心,各中心之间有斜路互联。道路被划分为三个等级,各中心互联的斜路及电车路宽十丈;市区、工区路宽六七丈;住宅区路宽四五丈。全区全部干道四百四十余华里,支路六百二十余里。规划中的码头按海轮、江轮分开停泊,淞口谈家浜向西至剪淞桥为海轮码头,剪淞桥以西为江轮码头。规划中的内河航运,开浚吴淞江故道蕴藻浜及其上游顾冈泾,然后开通与太湖的水上航运线路。铁路运输方面,以张华浜为总站,建筑环绕整个吴淞商埠的铁路,与工厂运输、码头起卸衔接。电车环绕各区与铁路同向,环绕各区中心,并与租界平凉路、北四川路电车尽头衔接。又将商埠分为中区、住宅区、工业区、教育区、劳工区等,公共事业如市政、司法、警察、消防、税务等机关位于各区中心。学校、医院、图书馆等设于住宅区僻静之处。公园、菜市设于斜直两路交叉之地,使市民于十分钟内即可到达。电厂、自来水厂都于相宜之处而设。另外,张謇在吴淞商埠还规划设计模范市街,意在"创造一市,为全埠模范"。②

依托港口加强城市基础建设。在规划吴淞商埠时,张謇的起点很高。他参照西方城市建设经验,依据近代化的市政理论制定建设计划。

---

① 《张謇与吴淞第二次开埠》,上海宝山官方微信,2023 年 10 月 4 日。
② 唐吉慧:《夜色下的吴淞开埠纪念广场》,《新民晚报》,2024 年 2 月 18 日。

在计划中张謇列出了关于道路建设、码头建设、蕰藻浜疏浚、铁路线开辟、电车线开辟、公共设施和公用事业建设以及分区设置的各个具体计划。其中的分区设置是要将吴淞划分为工业区域、住宅区域、教育区域、劳工区域。

张謇依据近代化的市政理论制定出的吴淞开埠计划,取得显著成效。吴淞开埠初期呈现一片繁荣景象,据记载,"商市日渐发达,由淞镇西市沿蕰藻浜泗塘东北河岸,绵长五六里,厂栈林立,其中规模最大者,为华丰,大中华两纱厂,其次为中华铁路工厂,实名电灯厂,及打米厂,造船厂等,余如南北杂货店、洋广货铺、米店、戏园等,去岁一年之中,顿增百余家,又新建之石库门房屋数百幢,最近又有中华国民制糖公司,在泰兴庵东大生厂旁,购地六十余亩,建造厂房"。可见,因有一批近代工业在吴淞生根,初步形成以机械、纺织为主体的工业基础,到沪的半数鱼货在此集散,促进了商业、手工业的繁荣,为吴淞的发展开创了局面。

张謇重开吴淞商埠,规划建设吴淞港城,虽然没能如愿实施,但在海内外产生了一定影响。张謇既有贯通中西的学识和视野,又有开发建设地方和开拓工商业的实际经验。他在勘测调查的基础上,提出的《吴淞开埠计划概略》,既有与城市相对应的港口交通体系的规划,又有与港口相衔接的城市建设规划;既有港口城市理论又有实际步骤,体现出丰富的港口城市的规划思想。就今天来说,仍有一定的历史借鉴意义。

(二) 产业集聚增实力,城市繁荣基础显

在近代中国工业化的浪潮中,张謇以其独到的眼光和坚定的决心,为南通天生港镇的发展描绘了一幅壮丽的蓝图。他深知,港航业的发展是城市繁荣的基石。因此,他倾尽心血,致力于天生港镇的港航业建设。在他的推动下,天生港镇的港航业得到了飞速发展,港航相关企业

迅速集聚,形成了一个以码头、造船厂、水利公司等为核心的产业集群。这个产业集群不仅为南通地区的经济发展注入了强大的动力,更成为城市繁荣的坚实基础。

一是天生港镇港航相关产业集聚。天生港港口建设后,由于其独特的地理位置和明显的优势,包括低成本的原材料运输、水陆联运的快捷、人员流动的便利,使其自然而然迅速成为南通发展工业的首选地。1912年,张謇创办的资生铁厂在天生港江边建造了大型船坞,并于次年开始生产内河机动小驳轮,从而一改以往沿江仅建造木船或近海渔船的状况。至1920年,天生港船坞已能生产500吨级机动驳船,先后为航运公司制造了数十艘小轮船,还能修理大型的长江客轮。随着大型船坞的投入运行,机动驳船可以实施量产,天生港及周边由江进河的货物中转能力大大提升;同时,长江大型轮船可以进坞维修,形成了造船、修船一条龙生产经营模式,为张謇港航企业的发展壮大提供了支撑保障。与之相对应,以大生纱厂、大达轮埠等公司为核心,迅速向上下产业链发展集聚,逐步形成了配套的砂石、疏浚、电厂、火柴、物流等公司,先后出现了航运、水利、船闸、物流、仓储等公司二十余家,成了早期南通的工业聚集区。天生港镇的港航产业集聚,不仅带来了经济效益的显著提升,更促进了城市的整体发展。

二是建设成便利的交通物流网络。天生港大达轮步公司的设立,便利了南通的运输业,加强了南通与外地,特别是上海之间的联系,同时也确立了天生港作为南通交通中心的地位。天生港从一个荒僻的自然港逐步成为南通地区乃至苏北地区内外运输的枢纽。天生港码头成为天生港镇的枢纽,天生港镇水运交通依托天生港码头转接长江航运与内河航运,沿港闸河直达唐闸镇,公路交通的建设又进一步拓宽了与腹地的连通渠道,以港闸路连通唐闸镇,以通达路连接至南通旧城。逐步形成了码头、水运、公路联合发展的交通物流体系。可见,随着港航业的发展,天生港镇逐渐建设成为一个便利的交通物流网络,为南通乃至整个长三角地区的货物运输提供了高效、便捷的服务。这一交通物流网络的形成,不仅加强了南通与周边地区的联系,更提升了南通在长三角地区乃至全国的经济地位。

三是成为区域人员中转重要节点。天生港码头建成投入使用后,长江轮船在南通有了固定的泊位,客货上下不必再用木筏从江心过驳。大达公司和三北公司同时有定期班轮,来往于上海、扬州之间,天生港成为上海至扬州航线上的重要港口。据1935年的统计,天生港每日进出旅客达1000余人,进出口散货200余吨。方便的停靠条件使通过港口的客货逐渐增多。客货运输量的不断增长,促使与港口相关的行业纷纷出现,其中以报关行转运行居多。

四是天生港镇成为"一城三镇"的重要组成部分。天生港为工业发展和城市发展提供了便利的交通和充沛的动力,发展成为一个货物运输港口和动力镇。天生港开办大生轮船、大达轮步等公司辟"通源""通靖"两个码头,沟通苏北、南通、上海航运并设电厂、火柴厂。南通旧城保持了原有的行政中心、商业、文化、教育、居住的功能,旧城南部已演变为城市新的商业、金融中心。天生港镇的发展为唐闸镇的发展提供了强劲的运输动力支撑。纱厂开办成功带动了一批辅助及相关产业的兴起,形成了一片新兴工业区。随着公园、学校、幼稚园的设立,唐闸成为一座公共设施齐全的新兴工业市镇。狼山风景区位于旧城东南6公里,张謇保护与开发并举,先后规划建设了观音禅院、赵绘沈绣之楼、虞楼等一系列的景点,并修筑了自己的别墅林溪精舍、东奥山庄、西山村庐等,逐渐建成了狼山镇风景游览区。从城市布局来看,三镇分别位于以旧城为圆心、以6千米左右为半径的圆周上,城镇之间穿插农田、绿带;从功能分工来看,各城镇功能泾渭分明、又互为补充;城市中心也成功地向商业、金融区转移,到1920年左右,以天生港镇为人货运输枢纽以及动力来源,一座典型的近代港口城市南通已经形成。

五是提高了南通对外影响力。民国时期,南通天生港成为南通对外交流的重要窗口。社会名流、文化名人、商业巨擘纷纷坐船前来南通,他们中的许多人都是先踏足天生港,然后再进入南通城。这一盛况,成为南通对外交流的一张名片。1920年,天生港迎来了一批尊贵的客人。当时,荣德生、黄炎培、沈恩孚等社会名流从上海乘船前来南通,参加苏社成立大会。他们抵达天生港时,被这里的繁荣景象所吸引,对南通的未来发展充满了期待。荣德生先生更是在会议上发表了热情洋溢的讲话,对南通的发展给予了高度评价。同年1月,京剧大师梅兰芳乘坐"大和"轮船来到南通演出。梅兰芳的到来,引起了南通人的极大关注。他的精湛演技和独特魅力,让南通人为之倾倒。梅兰芳在南通期间,不仅为观众带来了精彩的演出,还参观了南通的一些名胜古迹,对南通的文化底蕴和人文环境赞不绝口。5月26日,梅兰芳再次乘船抵达天生港。这次,他偕同姚玉芙、姜妙香、齐如山、王凤卿、王明华等京剧名角一同前来。他们在天生港留下了珍贵的合影,这张照片也成为南通港航业繁荣发展的见证。梅兰芳等京剧名角的到来,不仅丰富了南通人的文化生活,更提升了南通的文化品位和对外影响力。除了这些社会名流和文化名人外,还有许多商业巨擘和海外侨胞也选

1920年5月26日,梅兰芳来南通,在天生港登陆时与众人合影

择通过天生港进入南通。他们带来了先进的技术和管理经验,为南通的经济发展注入了新的活力。同时,他们也将南通的优质产品和文化带到了世界各地,进一步提升了南通的国际知名度和影响力。

回顾张謇为天生港镇港航业发展所做出的贡献,我们不禁感叹他的远见卓识和巨大成就。正是他的努力,使得天生港镇从一个名不见经传的天然港湾,发展成为近代南通地区乃至长三角地区的重要港口和交通枢纽,成为南通"一城三镇"的重要组成部分,不仅承载着近代南通地区港航业发展的重任,为今天南通港的建设奠定了基础、提供了经验,成为推动长三角地区经济发展的重要力量。张謇的成就,不仅在于他推动了天生港镇港航业的发展,更在于他通过港航业的发展,促进了城市的整体繁荣。他让我们看到,一个城市的繁荣,离不开产业的集聚和交通物流网络的建设。未来,我们期待更多人像张謇这样敢于创新,勇于担当,继续为城市的发展贡献力量,推动城市走向更加繁荣的明天。

(三)敢于首创善借鉴,港城共兴优势扬

在长江之滨,南通与上海一衣带水,两座城市的发展紧密相连,共同书写着长三角地区的繁荣篇章。在这其中,张謇无疑是一位杰出的先驱者。面对当时南通交通不便的天然劣势,张謇没有被困境所束缚,而是凭借着敢为人先的勇气和智慧,将劣势转化为优势。他深入考察南通、上海的地理条件,因地制宜地在天生港、十六铺、吴淞口规划建设近代码头,并通过购置轮船、创建航运公司,将天生港、十六铺打造成为苏北地区内外运输的枢纽。这一创举不仅改变了南通、上海的交通格局,也为南通、上海乃至整个长三角地区的发展奠定了基础。

一是敢于首创,变劣势为优势。南通作为三面邻水的城市,特殊的位置也导致了"难通",囿于当时技术的发展,过江通道无法建设,交通体系、物流发展、人员流通等供给结构性矛盾突出。张謇并没有被这个

天生的劣势打倒,而是通过考察整个南通沿江的情况,因地制宜在天生港建设了近代码头,把临水劣势转化成了交通优势。通过购置轮船,创建航运公司,把天生港从一个荒僻的自然港湾建设成为苏北地区内外运输的枢纽,并逐步形成了码头、水运、公路、铁路联合发展的客运交通物流体系,把南通变成交通发达的港口城市,这充分体现了张謇的首创精神。

二是善用优势,发展产业集群。张謇,这位被誉为"中国早期现代化的先驱"的杰出人物,在天生港建设码头的同时,展现出了他对优势资源的敏锐洞察力和卓越运用能力。他深知,天生港地处长江之滨,不仅拥有得天独厚的地理位置,更具备货运便捷、大件运输方便、成本低廉等显著优势。于是,他果断地将这些优势转化为推动产业发展的强大动力。以码头为中心,张謇逐步构建了一个以运输公司、造船厂、水利公司等为核心的产业集群。他深知,一个产业的繁荣离不开上下游产业的协同发展。因此,他迅速向上下游产业链延伸,聚集了众多相关企业,形成了从原材料供应到产品加工、再到物流仓储的完整产业链。这些企业相互依存、相互促进,共同构成了一个生机勃勃的产业集群。在这个产业集群中,砂石、疏浚、电厂、火柴、物流等公司如雨后春笋般涌现。这些企业依托天生港的便捷交通和低廉成本,迅速发展壮大。先后出现的航运、水利、船闸、物流、仓储等公司达二十余家,它们共同构成了苏北地区罕见的近代产业集群。这个产业集群不仅为南通地区的经济发展注入了新的活力,也为整个长三角地区的产业升级和转型提供了有力的支撑。张謇的这一举措,充分展示了他对产业发展的深刻理解和独特见解。他善于运用优势资源,推动产业集聚和升级,为南通乃至整个长三角地区的经济发展做出了不可磨灭的贡献。

三是精于借鉴,高点谋划港城。张謇善于借鉴西方先进理念,在规划建设吴淞商埠过程中,全面考察了日本的港口、城市建设,借鉴了美国、英国、德国等国家的商埠建设经验,高起点制定了《吴淞开埠计画概略》,其规划科学程度在现代城市建设中也有很强的借鉴意义。可以看出,张謇开埠计划的思路和方法是吸收了当时国外城市开发、发展的经验,借鉴运用了国外近代先进的城市理论,因此它是朝着国际先进水平方向前进的一个规划。张謇的这个城市规划,为中国港口城市的开发建设提供了一个新颖的、先进的样本,一些先进理念也为后来的上海建设与发展提供了蓝本。由此可见,张謇的港航现代化理念对后来的港航业影响深远,为新时代港航现代化发展提供了借鉴。

张謇的贡献对于南通、上海乃至整个长三角地区都是不可估量的。他通过首创精神,将南通的临水劣势转化为交通优势,推动了南通港航业的蓬勃发展。同时,他善于借鉴国外先进理念,高点谋划港城,为上海吴淞商埠的建设提供了宝贵的经验和蓝图。这不仅提升了上海的国际地位,也促进了长三角地区的整体发展。展望未来,长三角地区将继续保持其在中国经济中的龙头地位,而张謇的港航现代化理念和港城规划理念将继续为这一地区的繁荣发展提供指导和借鉴。我们相信,在新时代新征程中,南通和上海将继续携手合作,共同书写长三角地区发展的新篇章,为中国乃至世界的经济发展作出更大的贡献。

上海吴淞口国际邮轮港
图片提供:何易 郑俊聪 刘芳

走向蔚蓝:张謇与港航现代化

五、航保之网:运行通畅

港口与航运需要完备的保障体系作为支撑,水道的畅通、码头的建设、港口的维护、轮船的购置、航运的安全等方面,都需要顺利运转为港航运行提供保障。张謇在推进港航早期现代化进程中,也从多方面为港航运转良好作出实践努力。张謇作为中国近代史上著名的实业家,在发展我国的民族工业、开创中国的现代化运动、倡导地方自治、开展城乡建设、教育慈善等社会公益事业方面均作出过杰出贡献。张謇对于港口航运有着密切关系的水利事业更有着不解之缘。他于清咸丰三年(1853)出生于南通海门,从小就耳濡目染江坍频发的境况,促其萌发了治水的意识和志向;在清光绪十三年(1887),曾以幕僚身份随孙云锦赴开封府,协助考察郑州黄河决口的灾情,为河南巡抚倪文蔚草拟《疏塞大纲》;光绪二十年,写就殿试策论"水利河渠要旨",获一甲第一名状元;1911年,成立南通保坍会,并任会长;民国元年(1912),任导淮局督办;民国三年,任全国水利总局总裁,积极推进水利事业。张謇在治水实践中,还充分体现了他关心民生的一贯思想,大力提倡以工代赈,救济灾民,这与日后大洋彼岸的美国罗斯福新政有着同样的卓越眼光。水利、港口、航运事业的推进,奠定了他成为"中国近代交通理论先驱和近代交通创办领头人"的基础。①

(一)疏浚航道连水系,畅通航路续扩张

张謇作为近代实业家和改革者,深知水路交通对于地方经济发展

---

① 力心、陈舰平:《张謇:中国现代化之父——兼论中国现代化运动进程》,见崔之清、倪友春、张林华主编:《中国早期现代化的先驱——第三届张謇国际学术研讨会论文集》,北京:中华工商联合出版社2001年,第407页。

的重要性。他注重苏中苏北地区船舶航路航道的疏浚与开辟,通过实施一系列工程,不仅极大地提升了区域水路的通航能力,也为货物运输和人员流动提供了便捷通道。在推进航路扩张的同时,张謇还重视堤防的修缮与加固,确保河道安全。他倡导并推动了船闸水闸的建设,有效调节了水位,保障了江河湖海的畅通。

1. 组织水文测量,绘制水陆道图

据《九录》中致南通县测量局函记载:内务注重舆图,通导先路,颇不辱于全国。内务方采通测局办法,则通为沿江海岁测一次出一图计,自不应撤。张謇在《请设高等土木工科学校先开河海工科专班拟具办法呈》中记述:"治水以测绘为先,乃不易之成法"①;在《河海工程专门学校旨趣书》中提道:"治河,科学的事业也。测量地势,特精确之仪器。"张謇认为治水要按科学办事,治水要从测量工作入手:"盖此项专科学校所注重之学术有二:曰测法,曰算术。"②把测量作为水利技术运用的主要手段。要制定科学合理、切实可行的治水方略,必须以测量为先导,因此于1909年筹设江淮水利公司(后改为测量局),正月开始测量淮河、运河及沂沭泗各河道,为导淮作准备。在实测废黄河口潮位中,1912年以11月11日下午5时的低潮位为基准面,称"废黄河零点",又称"江淮水利局零点",从而确立了淮河流域的以废黄河口零点为基面的统一高程基点,沿用至今未变。测量人员是通州师范测绘科毕业生40人,后又增加苏州土木工科甲班毕业生20人,累计测成导淮图表1238册,图25卷2328幅。同时,张謇认为城市建设先须规划,规划先须测绘:"欲求自治则必自有舆图始,欲有舆图则必自测绘始。"③

---

① 李明勋、尤世玮主编:《张謇全集》(第1册),上海:上海辞书出版社2012年,第470页。

② 李明勋、尤世玮主编:《张謇全集》(第1册),上海:上海辞书出版社2012年,第353页。

③ 李明勋、尤世玮主编:《张謇全集》(第6册),上海:上海辞书出版社2012年,第366页。

张謇先后开设测绘班,培养测绘人才,设立测绘局,对南通沿江沿海和内河水域进行全面测量,绘制成南通历史上第一张交通图《通州水陆道里详图》,这份地图详细记录了南通及其周边水域的航道水深和水文情况,为水利和航道建设打下了坚实基础。到 1924 年,张謇依旧对大运河的勘察测量念念不忘,嘱咐将勘察测量所获得的与大运河有关的河道、湖泊、地形、雨量、水位、流量等,绘制出大量图表,以便为后世留下参考资料。

张謇还主导绘制了我国的海上船舶航行作业海图。在他的倡导下,完成了中国渔界总图 2 幅、海图 3 幅以及沿海 7 省渔界分图 7 幅,这些海图不仅标明了中国渔界的经纬线度,还划清了渔界并表明了领海主权。这份总图及其分图的完成,不仅体现了我国在海图和渔权绘制方面的独立自主能力,也向全世界展示了我国对于渔权和海权意识的觉醒。在当时,这份海上渔船航行作业全图的发布,无疑是我国在航运和水文领域的一大突破。

2. 开辟疏浚航道,推进航路扩张

张謇深谙交通对于经济发展的重要性。他尤为重视航道畅通,视其为促进区域商贸繁荣、加速物资流通的关键。面对港闸河淤塞、苏中苏北船舶航路不畅、大运河苏北段通航能力受限等难题,张謇毅然地承担起疏浚航道的重任。他亲自奔走,多方筹措资金,不畏艰难,巧思妙策,力求从根本上解决航道淤塞问题。首先聚焦于港闸河的疏浚工作,作为开辟新航路的起始,此举不仅畅通了本地水运,更为后续更大规模的航道扩张奠定了坚实基础。

疏浚的第一条航道——港闸河。1905 年初,为解决唐闸工业区和天生港港口之间的交通运输问题,欲使唐闸取道天生港接轨上海,从而迈出近代南通接轨上海之第二步,张謇浚深取直唐闸至天生港的港闸河、修建一条从唐闸至天生港的公路计划应运而生。是年正月,张謇决定出资动工开挖港闸河、修建港闸路。唐家闸与天生港之间的河道曲折浅

狭,遇到小汛轮船通行不畅,如果久雨则河水暴涨,无处宣泄,既影响航运又不利农作。张謇打破常规思维,把挖河与修路结合在一起,他首先创办了"通州泽生外港水利公司",购置挖泥船,利用泽生水利公司先对港闸河弯曲处裁直,再对狭窄淤浅疏浚清淤,这样唐闸至天生港的航道港闸河就打通了,内河小型船舶可以直接由通扬运河到长江天生港码头。然后就地取材,将疏浚河道取出的土方做港闸路的路基,路面再铺设煤渣,建成了港闸公路。这个航道成为南通第一个裁弯取直、拓宽浚深的航道,也是升级江河直通的航道,开创了南通内河航道建设的先河。

疏浚苏中苏北船舶航路。大达小轮公司为了保证航班正常,小轮畅通,对于航道的疏浚和整治是十分重视的。以通扬航线为例,开航10年来,"历年疏浚,款逾矩万"。对于沿线的堤岸圩田也是极其爱惜的,小轮行至"圩险水狭"之处,均减速行驶,以免"小轮鼓浪冲激,易致剥蚀",[1]损坏农田河岸。这也反映了张謇的"民吾同胞、物吾同兴"的思想,以及取信社会、造福乡里的良好愿望。通过上述关于张謇对内河航道的整治相关资料的研究,张謇在当时对内河航道网络有了初步的建设,尤其是南通地区和苏北地区主干支航道相衔接的航道网络,这就为张謇兴办长江与内河水上运输业打下基础,对我国当时脆弱的港航事业的发展有着积极的推动作用。

疏浚大运河苏北段。1920年,北洋政府总统徐世昌委任张謇负责苏北段大运河事务,并将筹浚江北运河工程局改为江苏运河工程局,由张謇任督办。本着"运河为江淮水利所关,施治系乡里民生之重"[2]的宗旨,张謇出掌运河工程局,投身于苏北段大运河的疏浚整治之中。尚在担任全国水利局总裁期间,张謇即未雨绸缪,在聘用专家初步勘探的

---

① 李明勋、尤世玮主编:《张謇全集》(第1册),上海:上海辞书出版社2012年,第702页。

② 李明勋、尤世玮主编:《张謇全集》(第2册),上海:上海辞书出版社2012年,第718页。

基础上,拟定了包括整治运河计划在内的一系列航道疏浚整治方案。而在出掌运河工程局后,已具备丰富航道疏浚经验的张謇从多个方面展开举措,推进对苏北段大运河的疏浚整治。张謇一生求真,认为"计事必求真际",水利工程"更不能以向壁虚造出之",极力主张"计画之依据全在测量",[①]即通过勘察测量取得真实情况,从而使大运河的整治有章可循。由于诸事缠身,张謇无法经常直接过问运河工程局的业务,但依然通过信函等方式加以指导,并不定期到局中视察。对于勘察测量事宜,他显得尤为重视。工程局成立后不久,办事人员便在张謇的督促下勘察测量江坝、归海坝、三河口等闸坝,并根据测量数据编制工程预算。张謇对于大运河疏浚整治的许多计划也来自实地勘察测量。

开通串场河。1919 年,张謇在《江淮水利施工计划书》中提出"七分入江,三分入海"的导淮计划,淮、沂、沭、泗分治的原则,疏通里下河入海水道,开通串场河意见等。1920 年 3 月,张謇曾亲自对连接启东与阜宁两地的范公堤进行考察,发现堤内的串场河已与堤外新开辟的河道衔接。据此,张謇认为:如将二者打通,使之成为一条与大运河平行的新运河,可使苏北地区沿海五县"同受舟车上下,物品运输,增进农商之便而享其利"[②]。他将此定名为新运河工程,并希望以此解决大运河所面临的航运、灌溉、排涝等方面的问题,进而满足生产生活需要和地方经济发展。

3. 添巡船收煤渣,保护航道畅通

轮船在运河航行停泊作业,烧煤产生的煤渣,日积月累数量巨大。一开始小轮就把产生的煤渣随手倾倒在河道里,既方便省事也免除舱室储存和夏天炎热。然而航行的小轮多了、时间长了,煤渣就逐渐堵塞

---

① 李明勋、尤世玮主编:《张謇全集》(第 4 册),上海:上海辞书出版社 2012 年,第 454 页。

② 李明勋、尤世玮主编:《张謇全集》(第 4 册),上海:上海辞书出版社 2012 年,第 476 页。

航道,污染水域环境,就需要花钱清理。张謇在任江苏运河工程局督办时,调查发现"煤渣之体积占煤块十分之三",一艘小轮一个月要产生数十吨煤渣,全部抛弃在河道里,将严重影响船舶航行,将来清淤费用巨大。于是会同相关部门专门制定了《小轮行驶运河、巡船验收煤渣章程》,要求每艘轮船设置桶收煤渣,同时运河局派巡船巡士监督收煤渣。然而这个制度在实施中没有得到落实,有人查悉:"运河上下水各小轮所备铁桶每船仅有一只或两只,计其容量较诸渣体积相差甚远。且各处巡船收煤渣多则小轮水手给予巡船煤块一勺,渣少则给二三勺即可盖戳放行,并无巡士驻船监视及日悬红旗、夜挂红灯等事。"[1]张謇十分重视此事,立即开展调查,发现确实存在问题,即运河局设置的巡船、雇佣的巡士没有按章履职办事,而且营私舞弊,违反规章。当即对巡船、巡士依规定罪法办,同时通知内河小轮公会将相关的轮船和船员进行处罚,以示警告他船。随后采取了相应的对策和措施:一是"置铅铁舱划船七艘,船之容量以平方丈为率,每处停泊一艘,小轮行驶经过时,该划船附带小轮火舱之旁"[2]。就是小轮航行到某个停泊点,即附带挂靠一艘小划船沿途承接船上产生的煤渣,到上一个停泊点交验,再让这个停泊点的小划船跟随至下一个停泊点交验,以此循环下去。这样小轮上省去了存放收集煤渣的桶,特别是减少了渣桶蒸热的困苦,运河局检查也方便。二是运河局考察聘请品行老实可靠之人,提高工资,在停泊点负责验收。三是运河局每半月派员到各个停泊点核查轮船艘次和煤渣数量,对符合的发给巡船巡工工资,对不符合的随时进行查处。四是通告内河小轮公会,"请将各小轮如有不奉行者立即停止其行使权,以重公务而利交通"[3]。这一系列举措的实施,效果十分明显,煤渣足额

① 李明勋、尤世玮主编:《张謇全集》(第 1 册),上海:上海辞书出版社 2012 年,第 493 页。

②③ 李明勋、尤世玮主编:《张謇全集》(第 1 册),上海:上海辞书出版社 2012 年,第 494 页。

走向蔚蓝:张謇与港航现代化

收集,航道得到有效保护,节省了清淤费用,有效保护了航道水域环境。

总之,张謇致力于开辟和疏浚航道、水文测量,特别是南通地区和苏北地区的主干支航道网络,使得主干支航道相衔接;建设内河通江通海船闸,在不影响农业生产的前提下,提高了船舶通航效率;通过一系列的河道整治、堤坝维护、添巡船、收煤渣等措施,有效地避免了通航水域沿岸及沿海岸线的冲刷,有利于岸线的稳定,进而维护了港口航道的稳定,为长江与内河的水上运输业奠定了坚实的基础,对我国当时脆弱的港航事业的发展有着积极的推动作用,也对推动当时社会进步、发展民族资本经济发挥了重要作用。

(二)打榫修堤建船闸,江河湖海航行畅

张謇深谙江河湖海畅通对地区经济的重要性。他投入大量精力,通过打榫修堤、保坍建闸等措施,对沿江沿海的水利设施进行了全面改造。他精心规划的堤防工程,不仅稳固了江岸,也确保了航运的安全。同时,他主持建设的天生港船闸、长江保坍工程等,极大地提升了内河与江海的通航能力。这些举措的实施,使得江河湖海航行畅通无阻,为货物运输和人员流动提供了极大的便利。张謇的这些努力,不仅推动了南通及周边地区的经济发展,也为后世留下了宝贵的经验和启示。

1. 打榫修堤护坍,维护航道稳定

南通位于长江入海口。清末民初,长江处于自然状态,沿岸江堤易受水流风暴冲刷崩塌,导致航道频繁变迁,给船舶通航带来影响。在张謇的规划中,天生港不仅仅是南通的交通枢纽和对外口岸,也是发展实业的理想之地。张謇通过泽生水利公司,疏浚通往唐家闸的河道,便利货物的进出。当时,南通沿江姚港、任港、芦泾港、天生港一带,时有坍塌。天生港大达轮步公司垫资建造石驳岸时,同时建造水榫两条,1906 年 11 月 29 日《新闻报》刊登《通州天生港招人承揽筑造江岸广告》提道:"现拟造石皮江岸约二百丈并水榫两道,如愿承揽者,可于初

四五六等日下午两旬钟至六旬钟在小东门外城河浜大生纱厂沪账房面谈。"这两条水椿有效地抵御了江水的冲刷,保障了天生港的安宁。日后长江南通段多次遭遇坍塌,但天生港安然无恙。

张謇在南通兴建了大量打椿修堤工程。首先是沿江而建的水椿,共计18座,它们分布在天生港与裤子港之间,犹如一道坚固的防线,守护着这片土地。其中,任港和天生港更是设有双椿,确保了水流调控的精准与稳定。接下来,是那道巍峨的江堤。从1912年开始,人们就沿着天生港向东,经过芦荡,直至任港,筑起了一道长达7.5千米的江堤。随后,工程继续向西延伸,1923年,从天生港出发,经过太平港,直至九圩港和丝鱼港,又筑起了8.5千米的江堤。到了1924年,江堤的建设再次向东推进,从任港经过姚港、狼山港、小洋港、裤子港,直至营船港,这段长达13.5千米的江堤如同一条巨龙,横卧在江畔,堤身高达5米,顶部宽达3.5米,展现了人类智慧的结晶与坚韧不拔的精神。除了江堤,还有一道海堤也在悄然成形。从通海垦牧公司的南端川流港开始,一直到蒿枝港北,再到大有晋盐垦公司的东灶港至遥望港,最后是大豫盐垦公司的遥望港至大豫以北的海堤,它们共同构成了一道坚固的海上防线,守护着沿海地区的安宁。值得一提的是,1920年,人们在石堤乡的龙皇庙外滩涂上建起了一道挡浪墙。这道挡浪墙犹如一道屏障,屹立在东渐四闸之前,守护着海水东流入海的通道,展现了人们对自然力量的敬畏与征服。

众所周知,长江南通段以及南通沿海水域为感潮河段,受潮汐往复影响。因此,从天生港至裤子港之间对其进行建造水椿,避免港区长期受水流的冲刷作用;长江南通段通航水域沿岸侧进行修建江堤以及在沿海修建海堤,进而避免沿江沿海岸线被波浪长期的冲刷,有利于岸线的稳定,进而维护了港口航道的稳定。当年张謇在任港河口打下的两根水椿(见下图),今天仍然在发挥着作用,保障了南通港岸堤一百余年岿然稳定不变。这个水椿见证了南通港发展壮大的历史,也见证了长

当年张謇在南通任港河口打下的水榫
图片摄影:沈道明

南通任港河口历史建筑——水榫景点标牌
图片摄影:沈道明

江航运发展变迁的历史。如今，这里已经成为人们观赏长江航运繁荣盛景，了解南通港历史，认识南通人民治水建港实践智慧的网红打卡点。

2. 建设船闸水闸，畅通江河湖海

在港口航运系统中，船闸是保障通航的一种建筑物。其建设需求主要源于两类场景：一是在天然河流中实现流量调节与渠化通航；二是在运河建设中受地形高差和水力坡度的限制，为此必须具有阶梯式纵断面形成集中水面落差。南通东临黄海，西接长江，内陆有河湖，分属三个不同的水系，常年水位不一致。冬季，内河航道水位将逐步下降，此时内河与长江，内河与黄海之间航道连接处存在水位差。船闸在沟通内河与长江，内河与黄海之间船舶的正常通航起到关键作用。为了确保辖区航运正常，需要在航道中设置船闸，确保船舶能够正常通航。

张謇不仅着眼于工商业的发展，更为了农业、水利、船舶通航，在沿江沿海和内河建设了大量的船闸。在他的带领下，沿江、沿海和内河地区见证了一场宏大的船闸建设浪潮。首先，1905年，天生港船闸的落成标志着这一系列的伟大工程拉开了序幕。这座船闸的建立，不仅极大地改善了沿江地区的通航条件，也为后来的船闸建设奠定了坚实的基础。其次，海门青龙港的会英闸和1919年重建于高岸街的唐家闸相继建成，这些船闸的建成，不仅优化了水流，提高了通航效率，同时也为周边地区的农业生产和货物运输带来了极大的便利。遥望港九门闸于1919年建成，虽然如今已被拆除，但它曾经的辉煌仍被人们铭记。在其东侧，一座新的船闸拔地而起，继续为通航事业贡献力量。1920年，蒿枝港合中闸建成，至今仍在发挥着重要作用，成为连接内陆与海洋的重要纽带。而在启东通吕运河南，东渐一闸（又名二十一总闸）于1922年建成，后于1973年更名为吕四船闸，继续守护着这片水域的安宁。东渐二闸、东渐三闸和东渐四闸也相继在海门东灶港、遥望港南三门闸河和启东大洋港与通吕运河交界处建成，这些船闸的建成，不仅加强了内河与海洋的联系，也促进了周边地区的经济繁荣。最后，老三门闸、中三门闸、西被一闸、西被二闸、西被三闸以及利民闸等船闸水闸也陆续建成,它们各自发挥着重要的作用,为农业灌溉、防洪排涝和船舶通航提供了有力的保障。这些船闸水闸的建成,不仅展现了张謇对农业、水利和航运事业的远见卓识,也体现了他的实干精神和为民造福的初心。这些船闸水闸如今已成为南通乃至沿江沿海地区的宝贵财富,继续为这片土地的发展和繁荣贡献力量。

遥望港九孔闸
图片来源:张謇特色数据库

张謇在南通修建的通江通海船闸,主要有天生港船闸、青龙港船闸、沿海的三门闸。

天生港船闸:在张謇的规划中,天生港不仅仅是南通的交通枢纽和对外口岸,也是发展实业的理想之地。张謇通过泽生水利公司,疏浚通往唐家闸的河道,便利货物的进出。然而港闸河航道与长江连接,内河航道与长江在枯水期存在水位差。张謇成立船闸公司,1905年在港闸河入江口建成第一座船闸即称为天生港船闸,后共建成4座船闸,确保船舶全年全天候通航。因此,天生港船闸的建设对当时天生港港口航运的发展起到了积极推动作用。

青龙港船闸:该船闸是具有百年历史的通航工程设施,原名会云闸。青龙港船闸是青龙河疏浚升级的重点配套工程,是由张謇创建的,聘请荷兰专家特莱克设计,大生三厂出资 42342 两白银,1919 年施工,次年竣工通航。船闸钢筋混凝土结构,闸室长 108 米,叠梁式木闸门启闭,非常先进。青龙港船闸是大江南北以及上下游船只进出通海地区的安全保障,在以水上运输为主的年代里,有力地促进了苏北的广大地区和苏南以及长江中上游两岸的文化交流与经济合作。该船闸于 2019 年拆除新建。

东灶港船闸(东渐二闸):民国十二年(1923)年一月,张謇撰写了盐垦水利规划告股东书。张謇说:"盖河海工程,主其事者,举必躬亲。"便乘车前往实地考察,决定筹资,并主持在东灶港河与新岸河交汇处建造节制闸。张謇请特莱克生前的中国水利助手宋希尚找来了青龙港会云闸设计图,让宋希尚仿照此图,根据当地实际情况略作修改完善,确定东渐二闸为 3 孔闸门,中门为 4.85 米宽,两旁 2 个边门各为 2.4 米宽,合计 9.65 米宽,闸顶高程为 5.497 米,闸底高程为 0.497 米,并编制工程预算,立即组织筹集建闸资金。开工时,东灶河与新岸河交汇处车船来往如梭,运来不少水泥、钢筋、木料等材料堆积于两岸。经半年多的紧张施工,一座雄伟的水泥闸矗立在南黄海边。因为闸是三孔闸门,故人们习惯又称之为"三门闸"。1923 年 5 月竣工开闸当日,两岸站满了人,鞭炮声中,油光闪闪崭新的木闸门在人工绞关下徐徐起吊,顷刻间闸口底下翻浪,由小到大,卷起阵阵旋涡,发出哗哗水声,水声、笑声连成一片。稍后,停泊闸内的渔船上点起了大红蜡烛、香火,渔民们一个个拜过财神、海神,又一次鞭炮响起,桅杆竖起,彩旗挂起,篷帆拉起,渔船依次起锚,经 72 个港湾,形成一个个"之"字,由近及远,出港入海打鱼捕捞。

综上所述,天生港船闸、青龙港船闸及沿海的三门闸已成为连接内河、长江、黄海三个水系之间的通道,受河道水位高低的影响,船闸成为保障船舶全年通航的重要基础设施。无论是洪水期抑或是枯水期,全年船舶都可在内河与长江、内河与黄海之间通航,不影响内陆农业生产。同时,船闸里侧的内河水域亦成为船舶停泊避风的安全场所。

(三) 设立航政加船会,规范行业保权益

为维护港航的平稳运行,张謇极为重视设立航政机构,负责维护海洋权益,确保海洋资源的合理开发与利用。同时,张謇还制定了一系列监管法规,规范了船舶作业,提高了航运的安全性和效率。这些举措不仅为当地经济发展注入了活力,也为后世留下了宝贵的经验。

1. 设立航政机构,维护海洋权益

张謇认为"中国向无渔政,形势涣散","至于海权之说,士大夫多不能究言其故"[①]。认为关于海权,朝廷官员中是没有人能说得清楚的,因此他主张设立航政机构。1904 年 3 月,张謇第一次提出"亦拟请国家特设此专管渔政之官,庶官事不摄,商情易达",阐述了设置渔政之官的作用。同时建议"特设渔官,并归商部分司内河外海之例,请设渔政专官,隶于商部,驻扎吴淞。吴淞为南北洋奉直东江浙闽粤七省适中之地,渔政公所及七省渔业公司总会驻此为宜。属官股二员,以时分巡南北洋,察视各省渔业公司办事是否遵章,有无阻碍,并请旨饬下沿海关道及府厅州县一体保护"[②],初步提出渔政之官的管理架构,现场渔官驻扎位置,界定基本工作职责。同时他对担当各级渔政之官的条件也明确提出了要求:"总理渔政之人,在下为总公司之代表,在上为商部之

---

① 李明勋、尤世玮主编:《张謇全集》(第 1 册),上海:上海辞书出版社 2012 年,第101 页。

② 李明勋、尤世玮主编:《张謇全集》(第 1 册),上海:上海辞书出版社 2012 年,第108 页。

代表。其经费即于公司渔会中筹之。能任保护，乃能筹经费。能有一实任保护之专官，乃有各省沟通之关键也。顾此事非得一有才望、有阅历之人，则不能任；非心知海权、渔利、表里轻重之故，则不能任；非兼通政界、学界之应付，则不能任；非本有适当之官，予以适当之权，则不能任。"[1]"七省渔业之稽查保护官任之，七省渔业学校之稽查保护亦官任之。渔业公司总会并附于吴淞渔政公所，方能一气联络。会有长，长有正副。有董，董有正副。有议员，议员有正副。长持各省渔业得失之大纲，董任各省渔业之干事，议员纠各省渔业之利弊。长不论何省人，须明白公理与法律。董与议员必七省沿海明晓渔业之人。长由公司各股东投票公举，而渔政官凭票数之多寡决之。"[2]总之，各级渔政官员需要懂得渔界、渔权、海权的关系，能体恤渔民利益、维护国家海权，还要熟悉渔业生产。

张謇在筹划创办渔业公司之初，在《咨呈南洋大臣魏光焘》中就提出："集股试办公司事成，由本省派游弋兵轮，

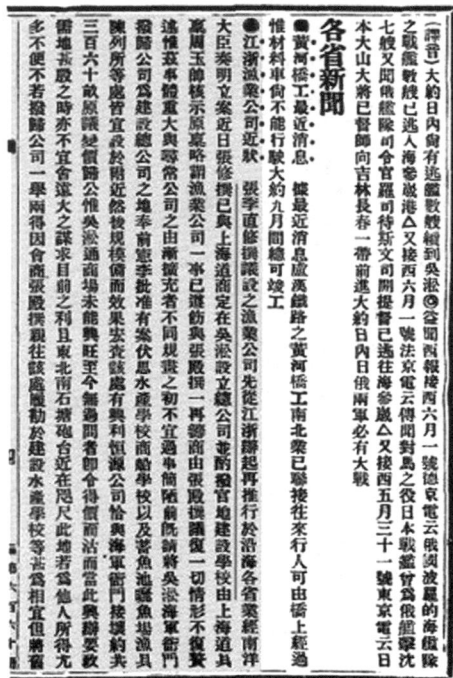

《北洋官报》第660期报道
江浙渔业公司成立的消息
图片提供：周至硕

---

① 李明勋、尤世玮主编：《张謇全集》（第2册），上海：上海辞书出版社2012年，第146页。

② 李明勋、尤世玮主编：《张謇全集》（第1册），上海：上海辞书出版社2012年，第109页。

每季周巡一二次，以资保护"。1904 年在上海吴淞创办了我国第一家
渔业公司——江浙渔业公司（对外称中国渔业公司）。江浙渔业公司官
经商纬，直属商部，张謇为渔业公司经理，袁树勋为头等顾问官兼渔业
公司监督，当地渔政事务归渔业公司办理。1904 年 7 月，由沪道出资
5 万两银购买德国渔船"万格罗"，更名为"福海"，作为江浙渔业公司保
护官轮，对海上渔业船舶进行保护。张謇对"福海"轮的性质做了定性，
对其装备、人员和管理都做了安排，"船系官款垫购，又本为保护原有渔
业而设，故即名为江浙渔业公司保护官轮。向宁波统领吴总兵杰商调
该营熟悉海面姚弁维升，即由沪道札委作为该船管驾，另选大副等人佐
之，并由沪道向苏州乍卖之祥云轮船拨借小铜炮四尊、后膛枪八枝、刀
八把，兼缉盗贼，实行保护渔业之事，并与樊董访邀甬由向熟渔业之陈
生巨纲详细讨论，订立集股、设局、办事及渔轮管理、转运各章程并估计
表"。① 可见，张謇给渔业公司购买了官轮兼做捕鱼船舶，在渔轮上配

福海渔轮
图片提供:周至硕

---

① 李明勋、尤世玮主编:《张謇全集》(第 1 册),上海:上海辞书出版社 2012 年,第
68 页。

有轻重武器,参与捕鱼、巡海、救护,保障渔民海上安全。沿海各省渔业公司也相继配备官轮,开展海上巡航保护。

2. 制定监管法规,规范船舶作业

张謇对渔船监管制定了有关实施细则,加强了我国渔船的管理。渔业公司建立起来以后,渔船的规范管理迫在眉睫。中华民国成立后,张謇就任农工商总长职务,于1914年4月主持制定了《公海渔业奖励条例》《渔轮护洋缉盗奖励条例》,次年又制定了有关施行细则,以及《公海渔轮检查规则》等,凡经检查合格之渔轮,按照吨位定期发给奖励金;对缉私渔轮,当时还请浙江省为其配备一定的武器弹药。这些船舶监管条例、规则颁布后,江浙、奉天、民富、北洋、淑兴、浙海、鲁海等渔业公司相继成立,购置渔轮等投入海洋捕捞作业,并先后组织直隶商渔联合会、山东商渔联合会、广东渔团等,护海缉盗,我国沿海7省航(渔)政机构从此落地生根,以政府名义发号施令,指导渔业生产、保护船舶海上作业安全。张謇主持制定的渔业法规相关条例的颁布,对规范我国近代海上渔船航行作业起到积极的作用。

3. 建立商船公会,保护船民权益

建议设立渔会保护渔民权益。1905年,张謇第一次提出设立渔会,他在《为创办渔业公司事咨呈商部》中,明确阐述:"七省宜各先立渔会也? 总公司七省合共一所,总会七省各立一所。……宜各就渔户较多之处立分会,就其年长服众之人举为会董,畀以会章,分地编船,分船编丁,禀承总会,使相联络。仍由总会及渔船随时稽查,庶平时海穷民疾苦有所告诉,不致求庇于外人。万一有事,接济导引之奸亦易于防诘","兴立渔会,实行保护大众"。[①] 可见,张謇建议设立渔会保护渔民权益的意义极为深远。首先,渔会作为渔民与政府、市场之间的桥梁,

---

① 李明勋、尤世玮主编:《张謇全集》(第1册),上海:上海辞书出版社2012年,第104—106页。

能有效整合渔民资源,提升渔业生产效率。其次,渔会能够组织渔民学习新技术、新方法,促进渔业技术创新和产业升级。再次,渔会还能协助政府监管渔业资源,防止过度捕捞,维护渔业生态平衡。最后,渔会还能在渔民权益受到侵害时提供法律援助,保障渔民合法权益。总之,设立渔会是保护渔民权益、推动渔业可持续发展的重要举措。

建议设立商船公会保护船户利益。张謇面对"中国江海河面失主权而丧民心"的困境,建议设立商船公会,对航运进行统一规划和管理。1906年,张謇在《为商航复商部文》中记载:本年3月19日,在通州承准照会开"据办理金陵、镇江招商河轮委员朱冯寿禀请设立商船公会,拟呈办法8条,恳请合办等情,当今本部酌拟章程,咨商南北洋大臣,迭准先后咨复在案。兹由本部厘订《商船公会简明章程》十八条,于光绪三十二年三月初二具奏,奉旨:'依议,钦此。'除查照原奏咨行沿江、沿海各督抚钦遵办理外,相应刷印原奏章程照会遵照可也"等因,并《商船公会简明章程》一本,承准此。"今大部俯采舆论,洞烛民艰,设立商船公会,是无异解倒悬而登之衽席也。承准照会后,即就通州商会,邀集各帮船户,宣布大部恤商爱民之德意,无不欢欣鼓舞,甚者至于感泣","已告通州商会,分告各分会,令各投票公举总会总协理、分会总理,限期四月,一例成立,期以减积威之卡害,纾不平之商气,收已涣之人心,成国民之团体"。[①] 1906年,清朝农工商部颁布施行《商船公会简章》十八条,这是中国最早的商船公会组织章程。江苏商船总会根据简章精神积极筹组,于1906年12月在镇江成立,又称镇江商船总公会。南通商船公会也在1906年成立。商船公会的任务是保护、整顿中国航业。职权主要是:调查船只的种类、籍贯,编排船号;检查船只的质量,编制航商名簿;计划发展航业,扩大航线;劝令民船、小轮参加商船公会;制

---

① 李明勋、尤世玮主编:《张謇全集》(第1册),上海:上海辞书出版社2012年,第128页。

第三章　张謇港航实践的航迹　　　　　　　　　　　　　　163

备、颁发由农工商部颁定的船旗、船牌格式给轮船、民船悬挂,以示保护。

六、人才之基:迈向蔚蓝

张謇作为近代中国杰出的实业家和教育家,深知港航业对于国家发展的重要性。他创立了多家水利、水产、港航类学校,旨在培养具备专业技能和先进理念的人才,为港航现代化奠定坚实基础。这些学校不仅传授专业知识,还注重培养学生的创新能力和国际视野,以适应未来港航业的发展趋势。张謇的这一举措,为中国近代港航业的发展注入了新的活力,也为国家的现代化建设培养了大批优秀人才。

(一) 育人为本重中重,专门学校兴港航

张謇深谙教育对于国家发展的重要性,特别强调人才对实业、对国家发展的关键作用。他坚信,通过教育培养优秀的人才是推动国家进步的关键。因此,他毅然决定创办水利、港航类学校,专门培养港航领域的专业人才。为港航事业的未来发展提供有力的人才支撑。张謇的这一举措,彰显了他对教育事业的深厚情怀和对国家发展的远见卓识。

1. 创办港航类学校

(1) 筹办吴淞商船学校

我国是个沿海国家,有 18000 千米绵长海岸线和 6500 多个大小岛屿。中国也是世界上较早开展航海活动的国家之一。船舶从独木舟到依靠人力的帆船,再进化到用机器驱动的轮船,标志着进入近代航海的时代。1840 年鸦片战争后,帝国主义列强以武力强迫清廷签约了一系列丧权辱国的不平等条约,其中有关窃夺我国航海主权、准许外轮任意航行我国沿海和内河的条约共有 44 个,摧残我国的航运业。我国近代

海员是从渔民、帆船船工、破产的农民、手工业者,到 19 世纪的外国轮船被雇用为工匠、水手、待役,通过长期的操作实践,向外国人学习,通晓了船艺,掌握了机器的性能。20 世纪初,轮船的船长,大副、二副,轮机长,大管轮、二管轮,只能由外籍船员担任。到 1914 年欧战爆发,外籍海员回国参战,才允许中国人担任船长、轮机长。可见,清末我国航海人才十分匮乏,严重制约航业的发展。

张謇向来重视航海人才教育培养,是最早提出创办商船学校的有识之士。张謇早年从军,关注过甲午战争,深知航海人才的重要,特别是去日本访问后,这个认识更加深入:"日本汽船初兴,驾驶管轮亦借材于欧美,今则自商船至于海军,无非本国学生学成备用,欧美之人所占无几。中国自福建船政头二班学生以后,未闻有继起之材,江海商船悉委权于异族。"①要实现"正本清源之治,久治长治之规",就必须急仿各国开商轮驾驶学堂,教育人才。1905 年,张謇第一次正式提出创办商船学校的建议,他在《为创办渔业公司事咨呈商部》中明确提出:"就在吴淞总公司附近建立水产、商船两学校。"②

张謇也是最早筹办吴淞商船学校的实践者。大连海事大学校史开篇就说:"在中国近代史上,较早明确提出创建高等航海教育,并付诸于实际行动的乃是张謇。1903 年(光绪二十九年),张謇参加日本国际博览会期间,详细考察了日本的航海及渔业情况后认为,一国渔业和航政的范围到哪里,就是国家的航海主权在哪里,而维护领海主权,要先造就航政人才,大则可以建设海军,小则可以驾驶商船。基于这一思想,1905 年(光绪三十一年)他筹集部分经费,并在上海吴淞炮台湾购置地皮,着手筹建商船学校。虽因种种原因未竟此事,但他不久即将所筹经

---

① 李明勋、尤世玮主编:《张謇全集》(第 1 册),上海:上海辞书出版社 2012 年,第 106 页。

② 李明勋、尤世玮主编:《张謇全集》(第 1 册),上海:上海辞书出版社 2012 年,第 105 页。

费及炮台湾所购地皮捐给邮传部上海高等实业学堂,以之为该学堂筹建。"①吴淞商船专科学校同学会于1996年编辑的《吴淞商船专科学校史》中称:在中国近代史上,较早明确提出进行航海教育的是张謇。1903年(光绪二十九年),张謇参加日本劝业博览会期间,详细考察了日本的航海及渔业情况后认为:"一国渔业和航政的范围到哪里,就是国家的航海主权在那里",而"维护领海主权,要先造就航政人才,大则可以建设海军,小则可以驾驶商船"。基于当时爱国实业界人士的这一思想,商部上海高等实业学堂(前身为南洋公学)于1906年曾计划将学校办为四科,"一商业科、二航海科、三轮机科、四电机科"。在同年,清政府改商部为农工商部,增设邮传部主管全国"路、轮、邮、电四政"的交通邮电事业。学校于光绪三十三年(1907)春改隶邮传部并易名邮传部上海高等实业学堂。同年秋,唐文治接任该学堂监督,重新制定了学校的办学宗旨,迭经协商,终于采取了一条折中的办法,即在不改变学校工科性质的同时,添设一个航海专科(即船政科),作为将来另设商船学校的准备。宣统元年(1909)七月,选本学堂中院毕业生及路电初年学生并招考外生增设船政科,在本校附近所购丝厂旧屋开学。船政科遂由此诞生,是为近代中国航海教育之滥觞。可见,两部校史都明确说明了创办吴淞商船学校是基于张謇等有识之士的理念,张謇建议的商船学校选址吴淞得到认可,张謇购置的吴淞炮台湾土地和筹集的款银都转给商船学校办学。

吴淞商船学校的创办过程。早在1905年,张謇就筹集部分经费,并在上海吴淞炮台湾购置地皮,着手筹建商船学校。光绪三十三年(1907年),张謇在《为商船学校事致端江督函》中说:"承前监督袁咨请农工商部转咨沿海十一省,合筹银十万两,就吴淞公地建设水产、商船

---

① 王昭翾、王组温主编:《大连海事大学校史(1909—2009)》,大连:大连海事大学出版社2009年,第4—5页。

　　　　　　　走向蔚蓝:张謇与港航现代化

吴淞商船专科学校
图片提供：李雪梅

两学校。"①"中国创办商轮局已数十年，而管驾、管机悉委权于异族，非特利权损失，且无以造就本国人才。际此商战竞存之世，欲借以保主权而辅海军，非创设商船学校不可。惟各省现已解到之款，不过四万二千余两，且间有指明为水产学校经费者，兹拟缓就急，先造中国商船学校。"②"除基址已于四月初一开工填筑外，所有监造商船学校事宜，拟另派熟悉工程之员专司其事。"③此事后因种种原因未落实到位，但他在不久即将所筹经费及炮台湾所购地皮捐给邮传部上海高等实业学堂，以资作为该学堂筹建商船学校之用。1909年，邮传部上海高等实业学堂增设了船政科，并筹备商船学校。就商船学校选址邮传部专门做了调研，吴淞商船专科学校同学会于1996年编辑的《吴淞商船专科学校史》中称：当时，可选做商船学校校址的地方有两处，一是翰林院修撰张謇愿将上海吴淞口渔业公司地基并所领官款六万元呈送臣部办理

---

① 李明勋、尤世玮主编：《张謇全集》（第2册），上海：上海辞书出版社2012年，第216页。

②③ 李明勋、尤世玮主编：《张謇全集》（第2册），上海：上海辞书出版社2012年，第217页。

商船学校;另一处则是浙绅李厚佑报效宁波益智中学堂一所,奏明预备臣部商船学校之用。校址既有两处可选择,邮传部即派员前往考察。考察后认为:吴淞江面宽阔,各国商船络绎往来,地居南北之中,交通至便,毗连浚浦局船澳,建筑船校为天然适当之区。于是,邮传部遂决定集中人力物力,先在上海吴淞口(炮台湾)临江空地筹建校舍;同时,保留宁波房地,以备将来设立分校之用。对创办商船学校所需经费,邮传部于1910年(宣统二年)就做过预算。除俟渔业公司(注:张謇筹备的)交到官款六万元,拨充开办经费外,其余拟在臣部经费项下撙节动支。邮传部最终决定于上海吴淞炮台湾创建商船学校,并使用张謇筹集的资金,电令唐文治办理。唐文治于1911年(宣统三年正月)接到邮传部电令后,立即"亲往相度地势,命工师绘图,克日兴工,请陆君勤之监造",校舍于八月竣工落成,定名为"邮传部高等商船学堂",仍由邮传部高等实业学堂管理,经费亦由其提供。学堂监督由唐文治兼任,聘留英归国的南洋公学毕业生夏孙鹏为教务长,原船政科划归商船学堂。同年夏,学校首次招生,但因辛亥革命爆发,新校舍暂行为江防军队屯驻,学生仍在邮传部上海高等实业学堂船政科旧址上课。1911年清王朝被推翻,中华民国建立,1912年原邮传部高等商船学堂改由国民政府交通部直辖,易名为吴淞商船学校,同年9月22日,学校迁入吴淞炮台湾新校舍。吴淞商船学校最终在吴淞落成,实现了张謇的夙愿。

经张謇推荐,国民政府交通部于1912年3月任命萨镇冰为吴淞商船学校校长。萨镇冰(1859—1952),字鼎铭,生于闽县(福州)澳桥下一个清贫的知识分子家庭。1869年进入培养军事人才的马尾船政学堂攻习驾驶,毕业后被派至英国格林尼治皇家海军学院学习海军,1880年学成归国,旋为北洋舰队委以管带之职。1880年,萨氏被擢为北洋水师帮统,1909年升至筹办海军大臣,设立筹备海军事务处,6月擢升海军提督。武昌起义时,暗驱清廷海军投向革命,自己则辞职还乡。1912年,萨镇冰就任吴淞商船学校校长,他制定教学方案,编写教材;监制训练器材,十分繁忙。他对学生说,中国航运很不发达,商船人才缺乏,应该花大力气赶上去。他号召学生勤学努力,为国争光。一些学生请他题字,他便写了一幅对联鼓励学生:"若无后悔需勤学,各有前因莫羡人。"

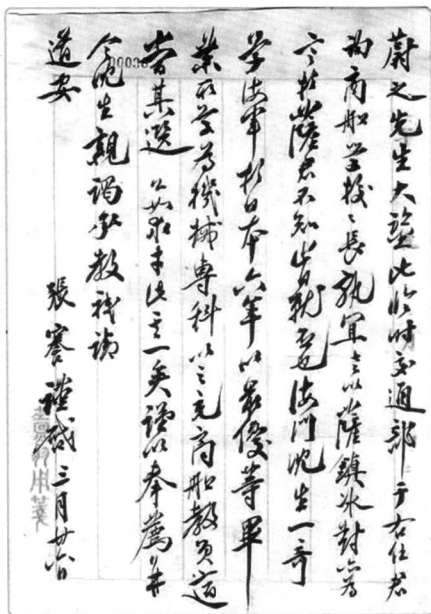

张謇致唐文治(字蔚之)推荐萨镇冰为吴淞商船学校校长、
沈友兰(字一奇,海门常乐镇人)为教员的信函

商船学校招生得到社会各界的青睐。1911年夏,学校首次以"邮传部上海高等实业学堂分设高等商船学堂"的名义招生,"报考者三千人,拥挤不堪",开学时,学校举行了盛大典礼。新生的来源为三个方面:一是高等实业学堂中学生直接升入;二是1911年上半年各省招考应试已经合格并于上海复试及格者;三是本校上海招生考试及格者。其中以第三个来源为主。招生要求为中学毕业、拥有四年级以上程度并且能够直接听懂英文讲课者,年龄须在18岁以上。体检要求目不近

吴淞商船学校学生练习舰"保民"轮(1914 年)
图片来源:上海海事大学

视,无色盲,身体健全,最好能够熟悉水性。首次共招录专科和附属中学学生共 160 名。

1915 年,吴淞商船学校奉国民政府之命停办。在它仅存的五六年时间内,共招收培养了 6 届学生,毕业 72 人,为社会输送了一批优秀的高等航海人才。尽管由于当时面临着严苛的就业环境,一些早期毕业生仍然通过自身的拼搏努力,打破了洋人对高等船员的垄断,在商船上担任了船长、大副、二副等职,1921 年,毕业生郏鼎锡、陈干青等先后获得船长执照,被破格任命为海轮船长。之后,陈干青同班同学杨志雄、马家骏等相继任职船长,打破了被洋人霸占 60 余年海轮高级职位的局面。尤其值得一提的是,早期学校的毕业生中,有 10 人于 1930 年出任轮船招商局所属船长职务,其中沈际云还担任了总船长一职,构成了我国最大航运企业内的一支管理与技术骨干力量。这些毕业生后来不仅在本职岗位上为中国的航海事业做出了自己的贡献,还组织了以吴淞商船同学会为基础、争取本国驾驶员上船任职权利的商船驾驶员总会,同时他们中热心于中国的高等航海教育,成为后来吴淞商船学校几次复校的人才基础和教学中坚。

吴淞商船学校创立于民族危急存亡之秋。创立时即以从帝国主义列强手中夺回航政主权、发展自己的航海事业为宗旨,具有强烈的爱国反帝性质。因为带着反帝爱国热忱办学,学校很快形成了优良的校风学风。本着大则可以建设海军,小则可以驾驶商船的目的,办学伊始,学校即进行军事化管理,训练严格,纪律严明,如同正规军队。为达到建校初始目的,船校十分重视爱国主义教育。唐文治监督在"高等商船学堂"开学典礼的致辞中说:"一船生命财产之安危,均操于船长手中,试想所负之责任,又何等重大。同时诸生亦应当记住,商船驶到外国,实际是国家的势力所达到之处。"鼓励学生要勇肩重担,以振兴中华航海事业为己任。学校第一任校长萨镇冰写了"若无后悔需勤学,各有前途莫羡人"的诗句激励学生勤学苦练,勇往直前。第二任校长王伯群作"忠信笃敬"校训题词,取《论语》"言忠信,行笃敬,虽蛮貊之邦行矣"之意,寄学生以品学兼优的希望。学校领导铿锵的言辞,炮台湾的英雄史

国立吴淞商船专科学校主楼
图片来源:上海海事大学

迹,始终激励学生勤学苦练,奋发图强,为国争光。

1928 年,国民政府交通部决定恢复商船学校。1929 年 10 月,在原吴淞商船校舍开学,定名为交通部吴淞商船专科学校。1937 年,因日本侵略,吴淞商船专科学校停办。1939 年又在重庆恢复,定名为重庆商船专科学校。1943 年,因学生对校长不满再次停办。直至抗战胜利,1946 年国立吴淞商船学校在上海恢复。吴淞商船学校在近百年的传承发展中,形成了激励一代又一代中华航海人不断前行的"吴淞商船精神"。这首先是一种深沉的爱国精神。张謇、盛宣怀、唐文治等学校的创办者之所以孜孜以办成船校为职志,就是出于和列强争夺海权,为国家挽回利益的爱国精神。它还表现为勇争一流的实干精神,要想夺回被洋人霸占的高级船员职位,必须要把本领练好练精,超过洋人,这样才不是纸上谈兵。吴淞商船学校以其严肃的办学宗旨、优良的校风、严格的管理和优异的教学质量,最终毕业生以全面的素质和优异的成绩实现了和洋人在海上争胜的目的。"吴淞商船精神"还表现为历劫不磨的奋斗精神。学校的办学过程历经坎坷,备受顿挫。自创校至新中国成立的 40 年间,内忧外患相继不绝,学校三度停办,校舍两次毁于日军炮火,以致迁址不迭。直至新中国成立后,才走上了稳定发展的道路。学校一代代师生呕心沥血、屡仆屡起、鞠躬尽瘁的奋斗精神,堪为楷模,垂范于后人。[①] 在这段时间里,造就了一批优秀的航海人才,1000 余名毕业学生,大都卓有建树。中国第一个外洋轮船长、首任肇兴轮船公司总船长、曾任中国商船驾驶员联合会长的陈干清,中国最早的海轮船长之一郑鼎锡、招商局最早的海轮船长之一马家骏等都是其中的佼佼者。为吴淞商船专科学校赢得"中国航海家摇篮"之美称。后来,吴淞商船学校经过多次更名、搬迁,发展为今天的大连海事大学和

---

① 张裕伟:《中国第一所航海高等院校:吴淞商船学校》,见张廷栖编:《张謇所创中国第一》,北京:中国环境出版集团 2020 年,第 185 页。

走向蔚蓝:张謇与港航现代化

上海海事大学,成为我国航运、物流、海洋人才培养的重要基地,更好地服务国家航运事业的发展。

1939 年国立重庆商船专科学校开学典礼的江顺轮
图片来源:上海海事大学

(2) 创办吴淞水产学校

清朝末期,俄、德、日等国对我沿海侵渔猖獗。张謇愤于"中国渔政久失,士大夫不知海权",明确指出"渔业者,海线之标识也",于光绪三十年(1904)向清廷商部奏议创办水产学校,以"护渔权,张海权",并与苏淞沪道袁树勋商议,拟在吴淞炮台湾拨公地为校址。水产学校为专门学校,需招收具有一定基础的预备人才。为此,张謇与樊时勋、郭淑霞于光绪三十二年先行创办渔业学校,设于吴淞炮台湾海军公所。宣统二年(1910),张謇请准江苏省都督程德全拨海军营地为校址,筹建水产学校。宣统三年,江苏谘议局议决设立水产学校,因政权更替,未及设立。民国元年(1912)初,江苏省临时省议会在民国元年预算案内议决"设立水产学校,亟应派员筹办开校事宜",共拨经费银一万九千六百八十八元,临时费银三万元,由黄炎培统筹规划、组织实施,委任日本东京水产讲习所归国留学生张镠为建校筹办员。于是江苏省立水产学校于民国元年正式成立。民国二年起,在吴淞炮台湾建设校舍,历时7年,分4期完成校舍建设,总面积3000平方米,占地4.67公顷(70亩)。学校初设渔捞、制造2科,学制四年。民国九年增设贝扣职工科,民国十年增设养殖科、编网职工科,民国十三年、十四年先后增设航海专科、远洋渔业专科,开始高等专科教育。学校从严施教。"凡品行方正、学业优良,足为同学之模范者",选拔为特待生。一学年主要科目中有一科目在丁等以下者不得晋级,学业怠惰两学年不晋级者即令退学。学生中的佼佼者,先后有数十人被选派到日本留学。其中,张柱尊、沙玉嘉、张楚青、陈廷煦、姚泳平、陈谋琅、冯立民、侯朝海等,学成归国后成为学校和水产界骨干。学校实验实习设施日渐完善,先后配备"淞航号""海丰号""集美2号"实习船;以清光绪三十二年(1906)中国

江苏省立水产专科学校
图片来源:张謇研究特色数据库

渔业公司参加意大利米兰万国渔业博览会参展标本、模型及外国赠品等为教具,并配备实验实习设施。民国十一年,1922 在昆山周墅建淡水养殖场。民国十六年,国民政府实行大学区制,学校更名为第四中山大学农学院水产学校,归中央大学区教育行政院高等教育处管辖。民国十七年,大学院颁布第 165 号训令,将第四中山大学易名为江苏大学,学校随之更名为江苏大学农学院水产学校。由于师生普遍反对,同年 5 月再次更名为国立中央大学,学校随之更名为国立中央大学农学院水产学校。民国十八年,国民政府教育部下令停止实施大学区制,学校恢复江苏省立水产学校校名。2008 年,经教育部批准更名为上海海洋大学。

(3) 创办河海工程专门学校

水利事关水患防治与水上航运,水利人才的培养是解决水患和推进航运业发展的基础。清末之际,河事糜烂,水患频仍,近代中国甚至被外国学者称为"灾荒之国"。当时内忧外患交相危害,逐步沦为半殖民地半封建国家,民穷财尽,江河失修,洪旱灾害十分严重。进入 19 世纪以后,中国处于历史上的"灾害群发期",自然灾害连绵不绝,致使哀鸿遍野,农田荒芜,社会生产力遭到极大破坏,部分城市更是出现人口凋零、经济衰退的现象。统计数据显示:近代 110 年中,中国共发生大规模或较大规模的自然灾害 3185 次。尤其在全国富庶地区的黄淮海平原上,由于历史上黄河多次决口改道,严重破坏了水系,几乎无年无地不遭水患。经济基础决定上层建筑,由于自然灾害的发生,处于自然经济时代的中国,无法抵御其破坏,政治、社会等各方面面临极大挑战,加上外部侵略势力的强势入侵,导致近代中国陷入了极其危险的境地。社会各界治水的呼声日益高涨,清末民初,以导淮为中心的水利建设问题被提上了当局的议事日程。同时,面对列强的侵略和国家民族的危亡,许多救国救民的志士仁人力主学习西方的科学技术,富国强民,纷纷兴学校,办教育,开民智,培养各种实用专业人才的实业教育也开始兴起。在这一时代潮流中,我国近代著名实业家、教育家张謇奉行"实业救国""教育救国"的宗旨,认为兴修水利与防治水患、兴建港口码头、推进航运业是一体化的工程。为达到这一目的,张謇将救亡图存的忧患意识、忧国忧民之情怀转化为救国救民之行动,力主培养更多水利人才,治水导淮。

张謇在青年时代就深刻认识到水利建设对于国计民生的重大意义。他曾自述"謇生长田间,习知水旱所关,河渠为重"[1],在做孙云锦幕僚时在河南开封亲眼见到黄河决口后灾区"漂没村庄、镇集以二三千计……溺死之人,蔽空四下,若凫鸥之出没"[2]的惨况,极受触动。此后张謇潜心研究水利,并且亟盼有一日政治清明,可以大规模兴修水利,让百姓能够不为水害所扰,得以安居乐业。尤其对于原本是全国富庶地区的黄淮平原,由于元明以后历史上黄河多次决口改道,严重破坏了水系,几乎无年无地不遭水患,张謇对此最加关注。张謇为了解决水患,不辞劳苦,渴望利用西方先进的技术和理论进行系统深入的整治,为之奔走大半生,被称为"清末唯一研究水利之学者"[3]。张謇在晚清时期多次上书朝廷和地方官员,请求治淮,但均无果而终。辛亥革命后,孙中山的中华民国南京临时政府昙花一现,很快袁世凯在北京就任大总统,张謇则被袁世凯任命为农商总长兼全国水利局总裁。他本来一再声称不愿为官,但这次之所以答应就任,重要目的之一就是想在其任上展开他念兹在兹的以导淮为代表的水利事业。张謇赴北京出任北洋政府实业总长兼全国水利局总裁期间,很快就将治淮提上日程,多方呼吁,亲自联络,筹措经费,聘定教师,商定校址,审定办学方案,于南京

---

[1] 李明勋、尤世玮主编:《张謇全集》(第1册),上海:上海辞书出版社2012年,第301页。

[2] 李明勋、尤世玮主编:《张謇全集》(第6册),上海:上海辞书出版社2012年,第85页。

[3] 刘厚生:《张謇传记》,台湾:龙门联合书局,1958年,第38页。

创建了河海工程专门学校。① 而他创办河海工程专门学校的直接目的,就是要为以导淮为代表的水利事业培养具有现代知识的专业人才。

河海工程专门学校开学典礼(前排左起第十为张謇)
图片提供:羌建

创办之初,经费问题是一大难题,张謇数次呈文申请财政拨款均无答复。1914年11月,他提出一个解决燃眉之急的折中办法,即由国家承担开办初期应急资费2万元,每年的经常费用3万元则由首先得益、接受毕业生的河北、山东、江苏、浙江四省暂行均摊,待中央财政稍有好转,再给学校补助若干经费。呈文获准之后,张謇亲自出面与四省当局协商筹款,最后商定,每省拨给开办费5000元,每年负担经常费用1万元,学校为四省培养水利技术人才,凡四省选送之学生可免缴学费。实际上中央财政一直未见好转,各省也往往不能按期如数拨款,虽每年学校派员甚至校长亲赴各省催拨,仍常有拖欠,使学校经费非常窘迫拮据。为了节省开办费用,又能尽快招生开学,确定暂时借用校舍。张謇原拟在上海借用中国公学或中国图书公司房屋,后来考虑在上海繁华

---

① 张裕伟:《中国第一所水利高等院校》,见张廷栖编:《张謇所创中国第一》,北京:中国环境出版集团2020年,第152页。

都市不利于"养成勤苦纯朴之校风",决定改在南京,借用前江苏省咨议局房屋(民国之后为江苏省议会,现湖南路10号)。张謇在清末为江苏省咨议局议长,由他主持协商,很快解决了校舍问题。

张謇特别注重延揽办学人才。1915年1月9日,张謇委任留学美国毕业归来的许肇南为校主任(1919年底改称校长),聘教育家、江苏省教育司长黄炎培和前都督府秘书沈恩孚为筹备正副主任(开学后改为评议),许炳堃、林大同、丁紫舫为评议,并聘定李仪祉、杨孝述、沈祖伟、顾维精、刘梦锡、伏金门等一批教职员。1月15日借用前江苏省咨议局房屋为校舍,2月7日于直、鲁、苏、浙四省分途招生,3月15日正式开学。这是辛亥革命以后南京地区第一所招生开课的高等学府。开学典礼甚为隆重,张謇专程从北京赶来参加。"河海"隶属于全国水利局,并于1919年3月由全国水利局转咨教育部立案照准。在聘请师资方面,据1917年特科毕业纪念册记载,当时有专任教师11人,1922年为18人。这些教师都经严格遴选,均是有真才实学并热心教育事业的工科专家,并且绝大部分有留学欧美大学的经历。多数教师同时教授多门课程,很多行政业务也均由教师分任。按照张謇的设想,曾打算聘请一些荷兰的水利专家来校任教,但因故未果。学校完全由中国人自办,并且取得了出色的办学业绩,学校教学质量深受社会好评。①

在人才培养目标方面,1915年1月28日,张謇在《河海工程专门学校旨趣书》中再次强调培养实用人才的重要性,指出从国外聘请人才的"三困":第一,耗费财力;第二,语言不通,影响沟通;第三,外人对中国河流的历史地理不熟悉。因此,引进外国人才只能是权宜之计,培养本国水利人才才是长久之计。同时,张謇提出学校的教育方针在于:第一,注重学生道德思想,以养成高尚的人格;第二,注重学生的身体健

---

① 张裕伟:《中国第一所水利高等院校》,见张廷栖编:《张謇所创中国第一》,北京:中国环境出版集团2020年,第153页。

　　　　　　　　　　　　走向蔚蓝:张謇与港航现代化

康,以养成勤勉耐劳的习惯;第三,教授河海工程必需的学理技术,注意实地练习,以养成切实实用的智识。[①] 此外,张謇还要求河海工程专门学校的学生要学贯中西。首先,欧美国家已有多年的河海工程经验,并形成了一整套科学的治理方法,在工程技术上需要重点学习他国的经验。其次,中国传统的水利工程方法也不可废弃,要懂得中国国情,绝不可一味地照搬欧美。学生们在学习中,要注重掌握真才实学,奉献给祖国的水利事业。学校强调学生既需具有扎实的理论基础和专业知识,又应注重科学实验与实地实习的结合,以养成实际的工作能力。为了强化人才培养质量,除聘请外国工程专家来校执教之外,河海工程专门学校还选拔优秀学生到国外留学深造,如张謇资助宋希尚去欧美学习水利等。[②]

河海工程专门学校校徽
图片提供:羌建

河海工科大学校徽
图片提供:羌建

在招生方面,于1915年开始招生,当年招收了两个班共有80名新生。其中一个班学生数学、英文程度较深,编为特科一班,学制为两年,教授的都是"切要功课",以期迅速培养成才,以应导淮急需。第二年招

---

① 李明勋、尤世玮主编:《张謇全集》(第4册),上海:上海辞书出版社2012年,第333—334页。

② 羌建、庄安正:《近代大运河治理先驱:张謇》,南京:南京出版社2022年,第41页。

生两个班共有新生 60 名。以后每年暑假招生一个班，40 人左右。1922 年，应湖北申请，并由湖北省提供经费，为该省培养治水急需人才，特设湖北班 46 人，学制四年。1924 年，开始每年招生 50 名。① 学校以团结、爱国、严谨、朴实的优良校风，造就了一大批有着奉献精神和真才实学的水利人才，成为我国现代水利界、工程技术界和高等教育界的重要骨干力量。河海工程专门学校经多次变更，发展成为现在的河海大学。

河海工程专门学校学生在南通进行测量实习（1916 年）
图片提供：羌建

据创刊于 1917 年的《河海周报》十四卷十四期"校闻"专栏刊载的"历届毕业生服务状况之调查"：自 1917 年到 1925 年，共计毕业生 168 人。其中，服务于水利工程界的 44 人，占比约 26%，加上其他相关工程，如道路、建筑、市政等 73 人，共计各类工程人员 117 人，占比约

---

① 张裕伟：《中国第一所水利高等院校》，见张廷栖编：《张謇所创中国第一》，北京：中国环境出版集团 2020 年，第 156 页。

走向蔚蓝：张謇与港航现代化

70%。此外,还包括教育界 26 人,留校任教的也不在少数。

在张謇等人的大力推动下,河海工程专门学校成为我国第一所培养水利技术人才的高校,不仅开创了我国兴办近代水利教育的先河,也是我国近代水利教育兴起的重要标志。学校延聘外国工程专家及国内名人任教,主讲河工学、水文学、大坝设计等,学生来自冀、鲁、豫、苏、皖、浙等全国各地,为兴修水利、开办航运做出了卓越贡献。据《河海大学校史(1915—1985)》统计,从 1917 年第一届学生毕业到 1927 年并入第四中山大学,10 年间,该校毕业学生共 232 人。这些学生除大部分参加导淮工作外,还有一部分被派往海河、长江从事河道整治工程。其中有 15 人在中央水利机关任职,在各大流域机构担任重要职务的有 25 人,从事水利教育事业的有 20 人,另有 29 人担任过各省正副水利厅厅长或总工程师。毕业生中,不乏如汪胡桢、宋希尚、须恺、沈百先、黄文熙等等著名水利专家。① 河海培养的大批优秀毕业生在学成之后,参与主持了大量水利工程,有力地推动了我国经济的发展和社会的进步。中华人民共和国成立前的主要有 1917 年海河流域发生大水,永定、大清、子牙、北运、南运等五大河一片汪洋、农田颗粒无收,1921 年陕西大旱,1931 年长江淮河大水灾,抗战胜利后的填补战争中形成的钱塘江缺口等严重灾情应对的重大工程,

创刊于 1917 年的《河海周报》
图片提供者:羌建

---

① 刘晓群:《河海大学校史(1915—1985)》,南京:河海大学出版社 2005 年,第 138 页。

均是由河海师生主持的。中华人民共和国成立后，"河海"的校友参加和主持了淮河、黄河、长江、珠江、黑龙江等流域治理中的关键工程，如佛子岭水库、梅山水库、三门峡水库、丹江口水利枢纽工程、乌江渡水电站等这些工程无论在人力物力、投资规模、技术难度、经济效益等方面，都是我国前所未有的，这集中体现在"河海"高质量的教学水平和优异的人才培养成果。[①] 为导淮创办的"河海"从专科到大学，为我国水利事业培养出大批工程技术人员，在中国水利教育史上起了先导作用。其中须恺、汪胡桢、宋希尚、顾世楫等现代著名水利专家学者，都是该校的早期毕业生，体现出河海工程专门学校在水利人才培养方面的卓著功勋。

2. 派员到国外考察学习

张謇非常重视教育，在大力创办港航学校的同时，积极选送优秀学生出国留学。早在 1895 年 7 月，张謇就曾在《代鄂督条陈立国自强疏》中，建议采取派员到国外学习、聘请洋务教练等方式，加强国内陆军、海军、船舰、工商、学校、律例等方面的人才培养。在陆军练兵方面，"拟练万人为一军，其教练之法大率有三：一则募洋将管带操练。一则员弁遣出外洋学习"。在培养海军方面，"至于船上所用弁勇，则仍须多派精壮员弁及有志子弟赴英国学之"。[②] 在广开学堂方面，"应请各省广设学堂，自各国语言文字以及种植、制造、商务、水师、陆军、开矿、修路、律例各项专门名家之学，博延外洋各师教习。三年小成，乃择其才识较优者，遣令出洋肄业。如陆师则肄业于德，水师则肄业于英，其他工艺各途，皆就最精之国从而取法"，"……惟有多派文武员弁出洋游历一策……今宜多选才俊之士，分派游历各国，丰其经资，宽其岁月……举

---

① 张裕伟：《中国第一所水利高等院校》，见张廷栖编：《张謇所创中国第一》，北京：中国环境出版集团 2020 年，第 157 页。

② 李明勋、尤世玮主编：《张謇全集》（第 1 册），上海：上海辞书出版社 2012 年，第 19 页。

凡工商务、水陆兵事、炮台、战舰、学校、律例,随其性之所近,用心考求。"①基于这样的认识,张謇多次选派优秀海员到国外进行进修。大多数学员被派到英国格林尼治皇家海军学院学习专业知识。其中航海方面的人才还得注重学习西方礼节。因为作为远洋船舶上的高级船员,来往于世界各地,总免不了要有应酬之事,故而对西方礼节、餐桌饮食等规矩必须十分熟悉,所以学员在国外考察要学习西洋应对礼节等。这是张謇学习西方以坚船利炮为代表的先进技术和发展自己国家军事实力的深刻认识,由此促发了他选派优秀学生出国考察学习西方先进技术的行动。

水利与民生息息相关,也与港航密切相关,张謇作为中国早期现代化的先驱,既为我国水利事业呕心沥血40余年,也开近代水利教育之先河。张謇在水利实践中,非常重视对西方科技的运用,不仅重金延聘外国专家,如荷兰的贝龙猛与特莱克、瑞典的施美德、美国的方维因、英国的葛雷夫、比利时的平爵内等;还重视培养本土新式人才,宋希尚就是他培养出的杰出水利人才之一。张謇于1921年以运河工程局名义,选派并资助宋希尚赴美在麻省理工学院、布朗大学留学。出国前,张謇一方面以公款派遣其赴美,同时又出私资一千银元相助,还以运河工程局的名义写信将宋希尚推荐给美国著名水利学家费礼门。不仅如此,张謇作为中国水利事业的领头人,心里装满了对中国水利发展的思考,据宋希尚回忆,张謇在他出国前还亲笔写了一张为中国治水而需要宋希尚在美国注意研究的"问题清单"。张謇指出:"一般性治水工程包括排洪、蓄洪、垦荒、保坍、船闸等外,对碱性土地之如何可以加速变淡……美国密细细比河之如何整治,并提出研究能否设法利用一天两

---

① 李明勋、尤世玮主编:《张謇全集》(第1册),上海:上海辞书出版社2012年,第22页。

次之潮水冲击力来发电……"①这些问题,让宋希尚惊叹不已,这不仅是治理水患的问题,还超前预见了生态能源的前景问题。张謇的眼光是准确的,宋希尚在考察过程中尽心尽力,不断将所看的工程拍成照片、写成报告寄回国内。宋希尚在 1923 年获得了布朗大学工学硕士学位,随后张謇继续派遣他赴欧洲考察各国水利。此行,宋希尚考察了德国、荷兰、比利时、英国、法国等多个国家的水利工程,并沿途记录,回国后他将在欧美的考察情况编辑成册,请张謇为其作序。张謇亲自题写书名《宋希尚欧美水利调查录》,并为之撰写序言,对采他国先进技术而为我用的意图加以阐述。经过留学的历练,此时的宋希尚已经成长为一名能独挑大梁的水利工程师。1923 年,张謇准备在上海开辟吴淞商

张謇题字《宋希尚欧美水利调查实录》封面
图片来源:张謇研究特色数据库

埠,邀请宋希尚任督办吴淞商埠局建筑科长,后因故此项工程未能实现。次年宋希尚又应张謇之邀,到南通任保坍会经理,大胆尝试"树楗"之法保坍,保护了南通的江岸,使江边大片民宅及田地得以保全。② 宋希尚日后这样评价张謇:"一,以南通小邑,竟与长江水力相搏斗,微张公之力,谁能办到。二,以一县地方水利问题,竟能请到世界水利专家数十名之多,躬临踏勘,几成国际上研讨

---

① 宋希尚:《我的追思》,台北:台湾书局 1966 年,第 479 页。
② 郭耀:《师生水利情 薪火两岸传——张謇与宋希尚的交往》,《謇园》2020 年第 1 期。

走向蔚蓝:张謇与港航现代化

专题,全国未见其二。三,以一县之力,维护长江袭击,中央与省均袖手旁观,为世界各国罕见。四,因张公领导,地方协助征收亩捐,自卫自助,此所以南通为地方自治之楷模,难能可贵。"①细读之后,不仅能体会出宋希尚对老师的崇敬,更能感受到张謇这位先驱人物的孤寂与伟大。

3. 聘请外国专家培训

张謇的远见卓识与开放胸怀在中国近代史上留下了浓墨重彩的一笔。在推动国家现代化进程中,张謇深刻认识到专业人才对于国家发展的重要性,尤其是在水利与港航领域,这些人才直接关系到民生与经济发展的基础。因此,他毅然决定聘请外国专家,引入国际先进技术和教育理念,为中国的水利与航海事业培养杰出的专业人才。

在航海教育方面,张謇敏锐地察觉到随着国际贸易的日益频繁,中国急需一支具备国际视野和专业技能的航海队伍。于是,他倾力创办了吴淞商船学校,并亲自聘请了来自英国的资深航海专家奥斯汀与贺阆比担任核心教员。这两位专家不仅带来了丰富的航海实践经验,还积极投身于英语教学工作,极大地提升了学生们的英语水平和国际交流能力。在他们的悉心指导下,学生们不仅掌握了扎实的航海理论知识,还具备了在国际海域上航行与管理的实战能力,为中国航运业的蓬勃发展奠定了坚实的人才基础。

在水利工程实践中重视人才培养和锻炼。面对南通地区江岸频繁遭受侵蚀的严峻形势,张謇深知传统的治水方法已难以满足需求,必须引入国外先进的技术与管理经验。他秉持开放合作的态度,不惜重金邀请在华的外国水利专家前来考察指导。其中,1916 年,年仅 26 岁的荷兰水利工程师亨利克·特莱克接过了前辈的接力棒,来到了南通这片热土,主持沿江的保坍工程,以其卓越的专业技能和严谨的工作态

---

① 宋希尚:《河上人语》,台湾:中外图书出版社 1964 年,第 66 页。

度,赢得了张謇的高度信任。特莱克这位年轻而才华横溢的工程师,以其敏锐的洞察力和创新精神,深入实地勘察,充分了解南通地区的自然环境和经济条件。他率领河海工程学校的学员对南通段进行了多次详细测量,并依据测量结果制定了科学合理的"堡堤并举"保坍工程实施方案。既考虑到了工程的长期效果,又兼顾了南通的实际财力状况,这一举措不仅有效遏制了对江岸的进一步侵蚀,也为后续的水利工程建设提供了宝贵的参考。同时,也在外国专家的带动引导下,培养出宋希尚等一批卓有建树的水利专家和港航人才。张謇对特莱克的重用,不仅体现了对中国水利事业作出贡献的外国专家的深情厚谊,也彰显了张謇识人用人的远见卓识和卓越成效。

张謇聘请外国专家培训水利、港航类人才的举措,不仅为中国培养了一大批具有国际视野和专业技能的优秀人才,也为中国的水利与航海事业注入了新的活力。这些外国专家的到来,不仅带来了先进的技术和管理经验,更促进了中外文化的交流与融合。张謇的这一创举,不仅在当时产生了深远的影响,也为后世留下了宝贵的启示:在全球化日

张謇(左四)与特莱克(左三)及水利同仁合影
图片来源:张謇研究特色数据库

　　　　　　　　　　　　　　走向蔚蓝:张謇与港航现代化

益加深的今天,只有坚持开放合作、兼容并蓄,才能不断推动国家的进步与发展。

(二) 时局危艰育人难,众多人才大任担

在时局危艰之际,张謇不畏时艰、勇担重任,先后创办了吴淞商船专科学校、吴淞水产专科学校和河海工程专门学校,为国家培养了众多港航和水利领域的专业人才。这些学校不仅传授了先进的水利、水产、港航技术知识,更培养了学生们的家国情怀和担当精神。张謇的育人成就,为国家的现代化建设和海洋事业的发展奠定了坚实基础,彰显了他在艰难时局下坚持教育救国的远见与智慧。

一是吴淞商船专科学校促进了中国航海事业发展。作为由中国人自己培养驾驶、轮机人员的专科学校,培养出众多航海人才。在他们的努力下,逐步夺回我国航政主权,振作自强,极大地促进我国航海事业发展。在人才培养方面,当邮传部高等商船学堂成立之初,原上海高等实业学堂船政科船政二班、船政三班 29 名学生即转入该校。1911 年夏,学校再招高等、中学和预科 6 个班计 160 人,学校有学生 8 个班 189 人。平均每年招收约 160 人。吴淞商船专科学校在 1914 年毕业的第一届学生就有 30 多人,其后连续毕业的三届学生人数达 60 多人。该校于 1929 年秋复校后,在校学生有 100 多人。1933 年春吴淞校舍修复,学校迁回原址,驾驶科有学生 122 名,轮机科招生 74 名。从 1930 年至 1937 年的 8 年中,注册学生人数共计 1400 人。1939 年迁入重庆后,成立国立重庆商船专科学校,在渝 4 年,因战火摧残,毕业学生仅 52 名。1946 年在上海第三次复校后,第一届毕业生有 181 名,其中驾驶 110 名,轮机 71 名,体现出战后对航海人才的急需。从 1911 年邮传部高等商船学堂到 1950 年的 40 年间,该校在 39 年间歇性停办与复校的艰难办学历程中,克服各种困难,为中国航运界输送了 1003 名航海人才。其中许多人后来成为远洋船舶、海运企业、航海

教育的骨干,为我国航海事业发展、维护海权航权做出了可贵的历史贡献。①

吴淞商船专科学校校名、校址变迁概况表

年份	校名	校址
1911 年	邮传部高等商船学堂	上海南洋公校对门
1912—1914 年	交通部吴淞商船学校	上海吴淞镇炮台湾
1929—1932 年	吴淞商船专科学校	上海法租界亚尔培路
1933—1937 年	吴淞商船专科学校;吴淞商船职业学校	上海吴淞镇炮台湾
1939 年	重庆商船专科学校	重庆"江顺轮"船上
1940 年	重庆商船专科学校	重庆江北人和场
1941—1942 年	重庆商船专科学校	重庆溉澜溪
1947—1949 年	吴淞商船专科学校	上海东长治路 505 号

资料来源:《吴淞商船专科学校同学录》。

吴淞商船专科学校办学历程
图片来源:彭德清:《中国航海史(近代航海史)》

在吴淞商船专科学校培养的学员中涌现出诸多著名人才,如1911 年邮传部高等商船学堂成立至 1915 年吴淞商船学校停办,其中较知名的有周均时、邦鼎扬、金月石、徐祖藩、杨志雄等。自 1929 年复校至 1937 年停办,这一时期的学生日后有所成就者甚多,其中有的在抗战中成为杀敌英雄,有的在交通部成为航运中坚。如:转入航空学校的傅啸宇,1937 年 8 月 14 日曾在长江口轰炸日舰数艘,17 日在上海击落日机一架,19 日在上海侦炸日舰及日军司令部;梁添成,1939 年在重庆上空击落日机七架。再如获国民政府交通部颁发的第一号甲种船员证书者刘傅森,新中国第一任总船长周启新,第一位轮机长周延瑾。

---

① 彭德清:《中国航海史(近代航海史)》,北京:人民交通出版社 1989 年,第 522—525 页。

走向蔚蓝:张謇与港航现代化

二是吴淞水产专科学校培养出大量水产专业人才。作为我国历史上第一所水产教育机构，这所学校开启了中国水产教育的新纪元，为我国培养了数以万计、遍布五湖四海的专门人才，为国家水产和海洋等事业作出了突出贡献。根据上海市地方志编纂委员会编写的《上海海洋大学志》(2016年11月，华东师范大学出版社出版)，吴淞水产专科学校在1912年至1921年10年间招生人数共计581人。这一时期培养的学员中不乏佼佼者，先后有数十人被选派到日本留学。其中，张柱尊、沙玉嘉、张楚青、陈廷煦、姚泳平、陈谋琅、冯立民、侯朝海等，学成归国后成为学校骨干，为我国培养了大量海洋水产专业人才。

1912年至1921年期间吴淞水产专科学校招生情况表

时间	届数	招生人数
1912年12月	第一届	68人
1914年01月	第二届	38人
1914年07月	第三届	34人
1915年01月	第四届	35人
1915年07月	第五届	40人
1916年07月	第六届	31人
1917年07月	第七届	66人
1918年07月	第八届	44人
1919年07月	第九届	59人
1920年08月	第十届	70人
1921年08月	第十一届	96人

三是创办河海工程专门学校，对我国港口与航道工程和科学研究事业，起着开拓和推动作用。张謇创办的河海工程专门学校，几经变迁，培养了大量的水利人才。学校自1915年开办至1927年9月并入第四中山大学，共毕业学生10届232人。由于"河海"办学方针明确，

特别是以李仪祉先生为代表的多数教师,在学术和思想修养上都对学生循循善诱,一丝不苟,造就了一大批有献身精神、有真才实学的埋头苦干的专门人才,成为我国航道工程技术界和高等教育的重要骨干力量。其中涌现出许多老前辈、老专家和著名学术权威,如汪胡桢、须恺、黄文熙等,都是"河海"培养的学生。这些水利人才,在历次水灾治理中都发挥了重要作用。1917 年,海河发生大水,1928 年至 1930 年的陕西连年大旱,1931 年长江与淮河同时发生大水,在这些水旱大灾现场,都有河海师生参与治水的身影。张謇倡导成立了近代国家级流域管理机构,在长江水利史上具有开创性意义,是中国近代国家级流域管理机构的雏形。今日中国七大流域机构,都从近代演变而来。[①] 张謇倡导的近代水文测量技术对现代水利仍有影响,确立的淮河流域的以废黄河零点为基面的统一高程基点,沿用至今未变。张謇在南通留下的很多治水遗产,有的至今还在发挥作用。

(三)百年薪火盛世传,港航人才谱新篇

张謇创办的港航类学校,百年来薪火相传,为我国港航事业培养了大量优秀人才,谱写了新篇章。这些学校不仅传授了先进的港航理念和技术,更为我国港航早期现代化进程提供了有力支撑。在百年的历史进程中,通过系统的教育和培训,学生们掌握了港航业的精髓,成为推动港航事业发展的中坚力量。张謇的远见卓识,奠定了我国港航教育的基础,为港航教育和事业的现代化打下了坚实基础。至今,这些学校的大量毕业生仍活跃在港航领域,为我国港航事业的现代化发展贡献着智慧和力量。

一是学到了先进技术理念,不断改变港航落后挨欺局面。1840 年

---

① 尹北直、王思明:《张謇"导淮":中国近代水利史上的一个转折点》,《张謇研究年刊》2011 年,第 43—53 页。

鸦片战争后,帝国主义列强以武力强迫清廷签约了一系列丧权辱国的不平等条约,其中有关窃杀我国航海主权、准许外轮任意航行我国沿海和内河的条约共有44个,严重摧残着我国的航运业。中国航权旁落,海关权掌于洋人之手,招商局及民营轮船公司所有船长、轮机长等高级船员全系洋人。在这种情况下,张謇呼吁必须摈弃"借兵雇船"的权宜之计,转取"自造自修自用"的"无弊"之策。要实现这种"正本清源之治,久治长治之规",就必须"急仿各国开商轮驾驶学堂,教育人才"。张謇通过派遣人员外出学习、引进外国专家培训等走出去和引进来的方法,开展港口、航海、水利等学习培训,学到了外国先进理念技术,为我国改变港航落后挨欺的局面作出了重要的贡献。

二是培养了大量港航人才,有力推进港航早期现代化进程。张謇创办的3所水利、水产、航运类学校,主要为我国港航事业的发展培养了大量的近代航海、海洋、港口与航道、水文测量等方面的专业人才,有力推进了我国港航近现代化进程。通过吴淞商船专科学校及吴淞水产专科学校培养的航海、渔船操作人员从事驾驶船舶、货物运输、渔业捕捞等海上活动,推动了我国港航事业整体有序的发展,促进我国经济的大力发展。通过"河海工程专门学校"培养的人才大多服务于航道整治,港口水工建设运行保障,勘测地形图,测量水位,规划整治方案,建设桥梁、码头、船闸及丁坝等水工建筑物,这些水工设施的建成营运,极大地改善了港口航道的通航环境,有利于船舶在航道中安全航行。

三是奠定我国港航教育基础,推动港航教育和事业现代化。可从张謇主持创办的几所水利、港航类高校的百年发展历程来看。

首先,奠定上海海事大学发展基础。1909年,晚清邮传部上海高等实业学堂(南洋公学)船政科开创了我国高等航海教育的先河,是中国高等航海教育的发轫之校。1912年,由张謇等人发起建立吴淞商船学校,1933年更名为吴淞商船专科学校。1959年,交通部在沪组建上海海运学院。2004年经教育部批准更名为上海海事大学。为更好地服务上海国际航运中心建设和国家航运事业发展,根据上海市高校布局结构调整规划,2008年,上海海事大学主体搬迁临港新城(现上海自贸区临港新片区)。同年,上海市人民政府与交通运输部签订协议,共建上海海事大学。2018年,学校纳入上海市高水平地方高校建设。现有16000余名本科生、近8000名研究生、600余名留学生。① 现在学校发展成为以航运、物流、海洋为特色,具有工学、管理学、经济学、法学、文学、理学和艺术学等学科门类的多科性应用研究型大学。为我国乃至全球的港航现代化发展做出了巨大贡献。

上海海事大学
图片来源:上海海事大学官网

其次,形成大连海事大学办学之源。1946年,国立吴淞商船专科学校于上海复校,并于1950年与交通大学航业管理系合并成立为上海航务学院。1953年,中央人民政府决定将上海航务学院与发端于1927年东北商船学校的东北航海学院合并组建大连海运学院。同年,发端于1920年集美学校水产科的福建航海专科学校并入。1960年,学校被确定为全国重点大学。1963年,国务院批准学校航海类专业实施半军事管理。1983年,联合国开发计划署(UNDP)和国际海事组织

_____

① 上海海事大学官网:https://www.shmtu.edu.cn/about/about.htm。

走向蔚蓝:张謇与港航现代化

（IMO）在学校设立了亚太地区国际海事培训中心。1985年，世界海事大学在学校设立分校。1994年，学校更名为大连海事大学。1997年，学校成为国家"211工程"重点建设高校。1998年，学校质量管理体系通过国家港务监督局（现交通运输部海事局）和挪威船级社（DNV）认证，成为国内率先将ISO9001质量管理体系引入人才培养质量管理的高校。2017年，学校入选国家"双一流"建设高校。现发展成为交通运输部直属的全国重点大学，是首批列入国家"211工程"和"双一流"建设高校，是交通运输部、教育部、辽宁省人民政府、大连市人民政府共建高校。学校的发展历史代表了中国高等航海教育的发展历程。学校在民族饱受外辱、国运衰败之际萌发创办，并肩负着"挽救航权，振兴国运"的历史使命，虽几经周折、历经磨难，但始终薪火相传，不断发展，培养了大批航运事业的栋梁之才，为振兴和发展国家航运事业作出了重要贡献，赢得"航海家的摇篮"之称。并校70多年来，学校致力于培养具有家国情怀、全球视野、综合素养、创新能力的高素质专门人才，为国家培养了各类高级专业技术人才十余万名，其中大多数已成为我国航

大连海事大学
图片来源：大连海事大学官网　摄影：朱喜田

运事业的骨干力量。

最后,孕育上海海洋大学。1912年,张謇、黄炎培创建了江苏省立水产学校。历经国立中央大学农学院水产学校、上海市立吴淞水产专科学校、上海水产专科学校等校名。1952年,升格为中国第一所本科水产高校——上海水产学院。1972年,南迁厦门集美,更名为厦门水产学院。1979年,迁回上海,恢复上海水产学院,保留厦门水产学院。1985年,更名为上海水产大学。2008年,更名为上海海洋大学。学校于1914年9月1日定立了"勤朴忠实"校训,以"渔界所至,海权所在也"作为创校初心;秉持着"把论文写在祖国的江河湖泊和世界的大洋大海上"的办学传统,已建成为多科性应用研究型大学,发展为上海市人民政府与国家海洋局、农业农村部共建高校。2017年9月,入选国家"世界一流学科建设高校"。2022年2月,入选第二轮"双一流"建设高校及建设学科名单。①

上海海洋大学
图片来源:上海海洋大学

---

① 上海海洋大学官网:https://www.shou.edu.cn/xxgk_93/list.htm。

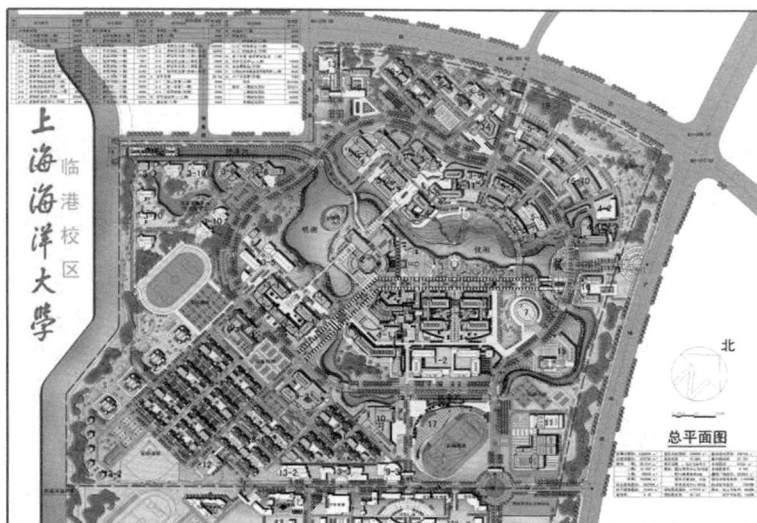

上海海洋大学（临港校区）鸟瞰图
图片来源：上海海洋大学官网

　　自张謇创办港航类学校以来，倏忽百年。今天的河海大学、上海海洋大学、上海海事大学、大连海事大学在办学设施、办学规模、办学方式等方面与百年前相比，均有着翻天覆地的变化。但这些高校所秉持的办学理念，却一直沿用着张謇当年的伸海权、兴航业、扩渔业、育人才的办学理念。体现出张謇港航早期现代化理念的历史穿透力，对当前我国港航中国式现代化发展依然具有深刻的启迪。

第四章　张謇港航事业的时代回响

进入新时代，我国正由港航大国向港航强国迈进，随着当今世界百年未有之大变局形势的不断演化，当代中国港航事业发展面临着新形势、新挑战、新机遇。张謇丰富的港航早期现代化理念内涵以及推进港航现代化的具体实践，对当代建设海洋强国、交通强国、航运强国和港航产业、海事高质量发展，以及港城共建、港航人才培养、港航服务保障、港航安全发展等方面，均有着深刻的启示意义与借鉴作用。

一、续圆航运强国之梦

航运业的发展关系着世界经济的繁荣，影响着国际贸易的格局，牵动着世界各国人民的福祉。张謇在探索"实业救国"过程中，深深意识到，"地方之实业、教育，官厅之民政、军政，枢纽全在交通"，其中航运因所受干扰少、综合成本低，更为当时的张謇所倚重。同时，基于对"世界航业竞争之机栝"的认知，张謇提出中国"航业必求发达，航路必应扩张"的主张，对新时代建设航运强国有着深刻的启示意义。2018年11月6日，习近平总书记视频连线上海洋山港时强调："经济强国必定是海洋强国、航运强国。"2019年1月17日，习近平总书记视察天津港时强调："经济要发展，国家要强大，交通特别是海运首先要强起来。"为港航业发展明确了定位，提供了根本遵循。

（一）构筑水上交通运输巨龙

目前，我国是资源、制造、贸易进出口大国。2023 年，全球货物吞吐量前 10 大港口，中国占 8 席；[1]全球前 10 大集装箱港口，中国占 6 席；[2]全国拥有水上运输船舶 11.83 万艘，净载重量 3.01 亿吨，载客量 81.25 万客位，集装箱箱位 304.24 万标准箱。[3] 全国外贸海运量 37.1 亿吨，占世界海运量 30.1%。[4] 据联合国贸易发展促进会统计，按重量计算，国际海运贸易量占全球贸易总量约 90%；按商品价值计算，则占贸易额的 70% 以上，航运在国民经济发展的作用越来越凸显。要充分借鉴张謇发展民族港航事业的理念与成功实践经验，全面构建现代化强大的水上交通运输力量。

一是整合资源，建立能力强大的运输船队。张謇在发展港航实业过程中，意识到：要建立一支强大航运船队，不能受制于人，货物进出口要自主可控。目前我国与世界航运强国还有一定的差距，我们要整合资源，集中优质资源，开展强强联合，组建国家级强大的运输船队，提升运力保障和国际竞争能力。发挥社会主义市场经济体制优势，实施航运国家队计划，全力夯实干线船队建设，联合民营船队搭建航运联盟，牢牢掌握海上运输生命线。把握行业周期规律，针对性实施金融扶持及税收优惠政策，对涉及战略保障的商船予以战略扶持。设立航运发展基金，给予航运市场主体投融资优惠引导，确保本国航运主体享有与

---

① 潘梦婷 谢文卿：《全球前五十货物港口排名》，航运评论，上海国际航运研究中心微信公众号，2024 年 5 月 25 日。

② 《2023 年全球前 10 大集装箱港口排名出炉》，物链君，深圳市物流与供应链管理协会微信公众号，2024 年 2 月 22 日。

③ 《2023 年交通运输行业发展统计公报》，中华人民共和国交通运输部网站，2024 年 6 月 18 日。

④ 《中国港口运行分析报告(2024)》，宁波 2024 海丝港口合作论坛，交通运输部规划研究院，2024 年 6 月 26 日。

其他国家航运主体同等待遇,增强国际竞争力。

二是挖掘潜能,培育专精特新的港航力量。进一步推进港航企业股权多元化和混合所有制改革,鼓励骨干港航企业做强做优做大,中小港航企业做专做精做特,在LNG、危化品、集装箱、特大件等方面做到专精特新。鼓励港航企业兼并重组,促进规模化、集约化、多元化经营,增强抗风险能力和国际竞争力。同时要在政策上有所倾斜,激励突破创新,助力航运纵深拓展;引导港航要素聚焦,发挥航运赋能作用;强化管理,以规范化建设驱动航运领先;发挥优势,推动航运跨区域布局,形成一批具备较强国际竞争力的骨干港航企业和专、精、特发展的港航企业。

三是发挥优势,提升辐射全国的航运能力。我国水网纵横,功能齐全,要充分发挥航运运量大、成本低、能耗小、低碳等比较优势,扩大大宗货物在水路运输的占比。按照航道等级和产业布局,打造大中小梯队船队,加强航道、船闸、防洪等统一规划,整体推进;强化码头中转、水上分流功能,实现大中小船队对接;畅通内陆城市与港口城市渠道,打造四通八达物流网络,提升辐射全国的航运能力。

(二)锻造高质量船舶制造业

船舶制造业是技术密集型行业,我国是全球造船大国,年造船产能达到6000万载重吨,全球第一。2023年,全国造船完工量4232载重吨,占全球总量50.2%。[①]但与世界强国相比还有一定的差距。要充分借鉴张謇在引进国外先进船舶与图纸进行仿造、自主掌握船舶制造技术的理念和实践做法,依托我国完备的工业体系和技术研发力量,打破技术封锁,建造世界一流船舶,实现从造船大国向造船强国迈进。

---

① 《2023年我国造船三大指标同步增长 国际市场份额保持全球领先》,中华人民共和国工业和信息化部网站,2024年1月15日。

一是瞄准前沿,研制专精特新高附加值的先进船舶。对标世界一流造船技术,把掌控产业链中技术含量高、增值幅度大、带动性强的专精特新等重点船舶作为战略发展重点,推动船舶工业高质量发展,支撑航运强国建设。坚持创新驱动,增强发展动能。推动信息技术、人工智能、智能制造、新材料等在造船业运用,建造智能、无人等船舶;积极探索船舶节能环保技术,尤其是清洁燃料技术,大力研发以 LNG、油气混动、纯电为燃料的低碳、绿色船舶;针对特定航线、特定货物运输,侧重开发特种船舶,满足航线和物流的需要,提升航运竞争力。在 2023 年 11 月 29 日举办的南通船舶海工产业展上,展出了亚洲最大的重型自航绞吸式挖泥船"天鲲号"、世界首制 4000 车位 LNG 双燃料冰区加强型汽车运输船、中国首艘 24000 标箱超大型集装箱船、新一代 40 万吨矿砂船等高技术船舶……一个个"大国重器"模型在展会上集体亮相,吸引国内外观众纷至沓来,交流行业信息、寻求合作机遇。在船舶制造公司发展方面,南通中远海运川崎船舶工程有限公司,作为中国远洋海运集团与日本川崎重工业株式会社合资成立的大型中外合资造船企业。自 1995 年筹建以来,公司持续改善理念,推进精益管理,完善服务体系,保持了稳健的发展态势,被誉为中国造船业标杆企业。造船完工量、新船接单量、手持订单量三大造船指标连续位居中国造船业十强企业。公司劳动生产率、钢材利用率、能耗、单船工时等多项经济技术指标保持中国造船纪录,与日、韩主要船厂比肩,成为国际主流航运公司的重要战略合作伙伴。① 彰显出我国在制造专精特新高附加值先进船舶方面的实力。

二是创新突破,破解船舶制造中的技术难题与瓶颈。我国造船业在油气混动、电推、无人驾驶等技术领域和主轴推进设备,助航设备、大

① 《南通船舶海工产业展开幕,"大国重器"模型集体亮相》,南通网,2023 年 12 月 1 日。

南通中远海运川崎建造的国内在建最大船舶24000TEU超大型集装箱船
图片来源：南通市工业和信息化局

型LNG船、化工品船以及新型材料等制造领域，还存在许多短板，由于以美国为首的西方对我国实施技术封锁，在造船某些领域被别人卡了脖子。要扭转这种局面，必须开展新技术研究，创新突破，破解船舶建设中的技术瓶颈。首先，建立国家、企业研发机构，加快关键核心技术自主创新，提高国产化替代率，推动制造业向高端迈进。其次，打通"产学研造用"国产化重点环节，跨行业推广运用新技术、新材料，让国产装备、材料在造船业上形成"内循环"。最后，引进制造业方面的高端人才，打造创新团队，开展技术攻关，破解技术封锁，实现关键技术突破，把核心技术牢牢掌握在自己的手里。令人欣喜的是，我国在船舶制造技术方面也取得了可喜的成绩，如创建于1865年的江南造船（集团）有限责任公司，创造了许多"中国第一"，被誉为"中国第一厂"，为国防建设和航运事业作出了巨大贡献。江南造船集团公司拥有最先进的造船设施，全面实施区域造船、数字造船和绿色造船，广泛应用先进三维体验平台技术，能设计建造全系列液化气船、大中型MK－Ⅲ薄膜

走向蔚蓝：张謇与港航现代化

舱、B型和C型舱LNG船、科学考察船、公务船、化学品船、各型集装箱船、全系列散货船、大型海洋工程设施等产品。[①]

江南造船99000立方米超大型乙烷运输船
图片来源：澎湃新闻　张静

（三）扩编四通八达水运网络

我国江河湖泊密布，江河海港口林立。2023年底，全国内河航道通航里程12.82万千米，[②]建成了干支衔接、通江达海的内河航道体系。我国沿海港口已同世界200多个国家、600多个主要港口实现了通航，基本形成了比较完备的水运综合运输网络。充分借鉴张謇在航线开辟经营方面的成功实践，全面构建现代化便捷贯通的水运综合运输网络。

一是扩大开放，织密全球远洋海上航线。习近平总书记在第二届

---

① 《蔚蓝深海　扬帆起航——南通船舶海工产业展预热展示》，南通市工业和信息化局，2023－11－23。https://www.nantong.gov.cn/ntsrmzf/bmyw/content/5529a215-aea4-4589-8555-79ec3c8a3d77.html。

② 《2023年交通运输行业发展统计公报》，中华人民共和国交通运输部网站，2024年6月18日。

联合国全球可持续交通大会开幕式上的主旨讲话中谈道:中国构建更高水平开放型经济新体制的方向不会变,促进贸易和投资自由化便利化的决心不会变。中国开放的大门只会越开越大,永远不会关上! 开放对海上贸易的拉动非常明显,贸易到哪里,海运就到哪里。张謇曾经提出过"航业必求发达,航路必应扩张"的理念,启示我们不断扩航,重要港口、重要贸易、重要资源都要开辟航线,打造全球公司,共建合作共赢新生态。随着"一带一路"建设深入推进,互联互通等基础设施建设步伐不断加快,我们要积极参与"一带一路"建设,形成"点线面极"运营网络。以码头为点,突出支点作用,强化"一带一路"沿线港口布局;以航线为线,突出纽带连接,优化"海上丝路"航线网络架构;以物流为面,突出全程物流,夯实"陆上丝路"物流服务基础;以极地为极,突出空间拓展,开辟"冰上丝路"商业运营版图,通过海运引导贸易流通,引导制造业发展。

二是联合开发,畅通周边国家国际航道。我国跨国界河流有15条,大多数河流不具备通航条件,湄公河、乌苏里江存在国际贸易,由于河流险峻,航道复杂,受天气影响大,吞吐量都比较小,但湄公河是中国与缅甸、老挝的水上往来通道之一,也是东南亚多国的经济动脉;乌苏里江则是中俄界河,其航运作用不容小觑。要深化国际贸易,必须加强与各国联合开发,加大水运基础设施建设,尤其升级航道等级,提升公共服务和应急保障能力,畅通通信渠道,实施信息共享,打造区域经济圈,促进周边国家国际贸易繁荣。

三是疏通堵点,拓展干支航线运输功能。加快建设"四纵四横两网"国家高等级航道,强化东西向水运通道,加快推动三峡水运新通道、长洲五线船闸等重点项目开工建设,提升长江、西江黄金水道功能,持续加快淮河干线、黑龙江等高等级航道建设,不断提高干支航道连通水平;完善南北向水运通道,加快推进江淮运河和平陆运河建设等。发挥深港澳大湾区、珠三角、长三角、渤海湾等水运枢纽作用,完善内河基础建设,实施互联互通,推动江河、江海联运,实现物流、人流和信息流畅通。

(四) 做强港口航运物流体系

2023 年,全国港口生产用码头泊位 22023 个,其中内河港口生产用码头泊位 16433 个、沿海港口生产用码头泊位 5590 个;完成港口货物吞吐量 169.73 亿吨,完成集装箱吞吐量 3.10 亿标准箱,全年完成港口旅客吞吐量 7844.53 万人次。[①] 港口作为基础性、枢纽性设施,是物流、人流的中转站,是各种要素的聚集点,充分借鉴张謇依托港口发展综合交通物流的经验做法,全面构建港口物流中心及配套运输体系,开辟"大通道",构建"大网络",畅通"大循环",发挥其在供应链、产业链上举足轻重的作用。

一是提升功能,建立衔接公铁空管为一体的港口枢纽物流体系。提升港口承接功能,建设深浅配套,功能齐全的码头泊位,优化码头装卸设备和堆存设施以及适应现代船舶大型化趋势的航道、锚地。加快各种交通方式相对独立发展向更加注重一体化融合发展转变,建立衔接公、铁、空、管为一体的港口枢纽物流体系,引导功能性机构和相关要素资源加速集聚,率先探索先进的港航运作模式,促进物流快速流动,实现物流快进快出,大进大出。以提高客户满意度和提升全程承接能力为着力点,延伸产业链,构建统一的多式联运标准和规则,从以往的"港到港"模式发展成"门到门"模式,打造覆盖全球的集疏运物流体系。推动港航基础设施互联互通,打造分工合理、协作高效、竞争有力、辐射全球的世界级港口群。从而,深度融入国际港航治理体系,积极贡献中国智慧。

---

① 《2023 年交通运输行业发展统计公报》,中华人民共和国交通运输部网站,2024 年 06 月 18 日。

二是科技赋能,打造信息化、智能化的智慧港口。运用移动互联网、人工智能、大数据、区块链等新技术为物流畅通打通"堵点卡点"。建立协调工作机制,调整船队运力、加大市场租船、提升航行速度。推出散改集、特改集等内部协同和陆改水、陆改铁、空改水、水水中转、水铁中转等特色服务,加快重点水域新一代移动通信、北斗导航部署应用,推进BIM(建筑信息模型)、GIS(地理信息系统)等在水运基础设施设计、建造和管理中广泛应用。加强国家高等级航道运行状态在线监测,逐步建成长江、珠江、京杭运河等智慧航道。推动船岸协同、自动化码头和堆场发展,积极推动港口装卸、库场作业等自动化和智能化运营技术研发应用,打造新一代智慧港口。

三是完善机制,做大做强航运服务市场。打造全球一流的国际航运中心,引导港口、船舶、金融等港航服务与保障等相关要素聚集,加强各行业信息共融共享,建立航运交易的经纪与鉴证、航运信息发布、船舶交易、船舶修造、设备租赁、口岸、金融保险、劳务中介、技术咨询等服务平台,发展船舶交易、船舶管理、航运经济、船舶技术等各类航运服务机构,拓展航运服务产业链,延伸发展现代物流等关联产业,优化口岸查验、通关流程,促进航运服务市场健康发展。

二、拓宽海事发展之路

众所周知,传统的海权论突出海军能力建设,具有排他性、对抗性和战略性三个主要特点。但随着科学技术的发展以及国际治理方式的演变,各国对海洋的利用方式、利益诉求、治理机制已经远远超出军事的范畴。同时,随着全球变暖、海洋环境污染、海盗等全球性非传统安全挑战的加剧,各国在海上合作的必要性和意愿也不断加强。现代海权已经不仅是国家的海军力量建设以及制海权的单层次问题,而更重要的是维护国家领土主权和海洋权益,实现对海洋的综合利用和开发,并参与全球海洋治理的进程,现代海权一定是更为包容且内涵更为丰富的战略选择。我国海事的主要职责即保障水上交通安全、保护水上环境清洁、保护船员整体权益、维护国家海上主权,当代海权内涵的新发展也深刻影响着我国海事战略的选择与实践。

早在 100 多年前,张謇就认识到了海洋的重要性,领悟到"得海洋者得天下"的深刻含义。张謇从渔界视角认识世界海权争夺给中国带来的危机:"际此海禁大开,五洲交会,各国日以扩张海权为事,若不及早自图,必致渔界因含忍而被侵,海权因退让而日蹙。……利害相形,关系极大。"①张謇认为世界海权争霸势所难免,这在当时有海无防、外患内忧深重的困难条件下,在清朝统治者普遍对海洋权利意识淡薄、未能引起重视的情况下,能入木三分地看到这一点,是非常难能可贵的。张謇港航早期现代化理念与实践,对加强新时代海事高质量发展有着深刻的启示。

(一) 增强海事行业实力

张謇指出:"办一国事,要有世界的眼光。"他以日本为例,强调具备世界眼光的重要性:"与世界竞争文明,不进则退,更无中立,日人知之矣。"②因此,唯有冲破传统观念的限制,以世界眼光客观地认知彼此,并积极采取措施以迎头赶上,才能有助于海事高质量发展。

正如我国的港口国监督事权,作为海事维护我国合法权益的主要手段之一,要不断与世界文明竞争,始终站在世界眼光的角度,才能不为他国所左右,从而有效维护我国港航企业和船员的合法权益。港口

---

① 李明勋、尤世玮主编:《张謇全集》(第 1 册),上海:上海辞书出版社 2012 年,第 102 页。
② 李明勋、尤世玮主编:《张謇全集》(第 8 册),上海:上海辞书出版社 2012 年,第 542 页。

国监督是各港口国当局根据公约要求对进入本国港口的外国籍船舶所实施的检查,其目的在于借助港口国力量对航行于不同国家港口之间的船舶状况进行监督和控制,体现了世界各国在保证航运安全和防止海洋环境污染方面的国际合作。港口国监督在国际海事监管中的形成和作用,决定了该措施在我国海事监管中占据着独特的位置;同时,正确把握港口国监督在世界范围内的发展趋势也有助于增强我们对监管手段的理解,用好港口国监督事权,可以不断提升海事行业作为。

一是为我国高质量发展护航。港口国监督通过对一些低标准的船舶采取严格的惩处措施,如滞留、驱逐出港等方法,从而防止低标准船给我国国土安全和人民生命财产安全带来危害。由于国家和区域的标准不同,一些危险的或者低标准的船只没有被列为重点的检查对象,就会给这些低标准的船只有机可乘,从而给我国环境和国民安全带来威胁。因此需要提高安全检查技术标准,一方面通过技术壁垒的方式降低低标准船给我国带来危险的可能性,全面监督和控制着进入我国船舶的安全以及海洋污染问题和安保问题,保护我国港口、水体及海洋权益,这也符合绿色发展、长江保护法理念。另一方面通过高安全技术检查标准的方式提高我国船舶船员队伍的水平,从而降低我国船舶成为低标准船的可能性,进一步提升我国船舶的竞争力,助推我国高质量发展。

二是为全球船员职业权益护航。近年来,以国际航运行业为代表的海上劳动者权利保障问题越来越突出,船员作为保障水上物流畅通的"关键工作者",是航运业发展的重要资源,在保障水上交通运输安全中发挥着重要作用。维护船员合法权益是保障船舶安全的重要措施,也是保障航运安全、水域环境清洁的重要举措,更是实现让人民更满意的海事现代化实践要求。我国作为世界航运大国,需要为全球船员职业权益护航,要通过港口国监督加强海事劳工条件检查,改善船员生活和工作环境,保障船员体面工作,始终将船员作为"关键工作者"地位落到实处,切实维护船员合法权益。同时港口国监督要不断优化检查方式,减少港口国监督检查对船员正常休息时间的影响,使船员有充足的休息时间,在保障船舶安全的同时关注船员身心健康,着力满足船员及家属对提升水运经济性、安全性、时效性、可及性的美好向往。

(二)彰显海事国际作为

1903 年,张謇创办了我国第一家渔业公司——江浙渔业公司,并任渔业公司经理。在任期间制定了详细的渔会章程,设立渔业学校,组织渔民参加渔会,并主持购买了捕鱼轮船,在渔轮上配有轻重武器,参与捕鱼、巡海、救护,保障渔民海上安全。张謇的渔业行为名为保护渔利,实则通过巡航搜救维护海权,其理念为我国履行沿岸国事权提供了宝贵借鉴。

海事机构拥有国际海事公约赋予的沿岸国管理权利和义务,包括无线电通讯效劳、气象效劳和警告、搜救效劳、海道测量、船舶定线制、船舶报告系统、船舶交通效劳、助航设施等等。用足我国的沿岸国履约事权对于维护国家主权,打击海事违法行为,开展搜寻救助,更好地维护良好的通航环境和通航秩序,树立海事执法权威,彰显海事国际作为具有十分重要的意义。

一是提升海事执法搜救能力,体现大国责任。现代的海事巡航执法是依据国际、国内相关公约、法律、法规,对我国管辖海域实施动态监督管理的一种综合行政监管执法行为,搜寻救助对于人民群众安全便捷出行影响巨大,关乎海上旅客的生命和财产安全,是海上人命安全的最后保障。因此海事定期开展巡航、搜救、海上秩序维护,履行“人命救助、环境救助、财产救助”职责,不仅展示我国大国责任,也就是新形势下的必然抉择。一方面要大力发展多用途巡航救助一体化船艇,进一步加大无人机、无人船等搜寻救助设备的配备,尤其是强化远距离巡航装备,提升即时监管能力和救助能力,确保对管辖海域实施全覆盖监管提供稳定保障。另一方面要加强海事人员的专业培训，建立巡航救助培训体系，通过军事化管理方式训练培养一流的救助和空巡专业人才，提高完成高强度和高难度的救助任务能力，为巡航执法和人命救助提供强有力的保障。

二是推进深远力量常态部署，展示大国实力。实现沿岸国履约事权，不仅需要海事对于辖区海域做到动态感知"看得到"、风险研判"认得清"，还需要做到巡航值守"赶得到"、打击违法"干得好"、应急响应"救得了"。而"看得到""赶得到""救得了"则需要强化执法和救助力量投射，优化海事执法布局，增强深远海服务，实现执法管控和处置的全覆盖，保障海域安全通航。要加强实现管辖海域巡航值守的有效覆盖，需要建立统一的海区管理机制，进行区域力量整合，具体负责对领海以外管辖海域的统一执法，管理万吨级海巡艇和海事直升机等先进装备，实施轮流值守，开展联合行动，统一调度指挥区域内列编的大型海巡艇，逐步实现常态化巡航值守力量全域布局。

三是推动海事服务资源共享，彰显大国风范。不论是从法律赋权的海事管理职责要求，还是保障我国海域管理资源的客观需要，加强对外合作与内部协同都是海事管理的必然要求。海上执法与服务既具有很强的专业性，也具有高度的技术复杂性，如果在茫茫大海上孤军奋战，开展执法、救助行动的效力难以保证。因此推进海事服务资源共享协作是必然选择，如与海警机构合作，细化非无害通过与逃避执法、暴力抗法等事件的联合处置流程；又如加强与南海周边国家及我国港澳台地区的海空搜救及防污染合作等等，均为共同维护海上交通安全及海洋环境安全提供了便捷，彰显我国大国风范。

（三）提升海事强国地位

张謇在筹设渔业公司后，开始了我国渔业法规的构建。1904 年 4 月，张謇在参照国外渔业法规的基础上，以内外海界规定新旧渔业行渔范围,近海为小船捕鱼区,远洋为机械化拖船捕鱼区,使原有渔民仍操旧业,远洋渔业亦可扩大生产。中华民国成立后,张謇任农商总长,下设渔牧司,职掌水产监督保护及教育、渔业监督保护、公海渔业奖励、渔业团体事项等内容。并于 1914 年—1915 年公布了《渔轮护洋缉盗奖励条例》《公海渔业奖励条例》《公海渔船检查规则》。凡农商部检查合格之渔船,合于《渔轮护洋缉盗奖励条例》之规定者,得受政府护洋缉盗之奖励金,公海渔船检查规则合格之渔船,给予建造费补助金。这些工作为国民政府 1930 年正式颁布实施《渔业法》《渔会法》奠定了基础。在张謇初步探索、建设渔业法规的基础上,今天的我国在维护渔权、海权的法制化建设方面取得了巨大进步,为以法治渔、以法兴渔、维护国际海上运输市场秩序,维护我国海洋权益,也为建设海事高质量发展奠定了坚实的基础。当前,中国海事正处于发展的重要战略机遇期:一方面"海洋强国""交通强国"建设为海事发展提供了良好的政策环境,也为海事未来发展指明了方向;另一方面,IMO(国际海事组织)成员国强制性审核将海事履约提升到一个新的阶段,作为 IMO 的 A 类理事国成员之一,要加强履约研究工作,合理利用发言权和话语权,这是适应全球海事治理变革需求、规范国际海事秩序、推动海事治理标准化的职责所在,也是打造中国海事强国地位之所需。

一要追寻业态最新需求,打造我国法规领先标准。过去大部分时间,我国在国际海事组织中一直是在学习、适应、追赶过程之中,把已经出台的公约逐步转化为国内法,全面实现了与国际接轨。近些年,我国在国际海事组织的作用日益彰显,参与制定、修改公约、规则、标准的权重不断增加。当前需要加强新兴业态需求研究,针对智能航运和绿色航运发展等新形势开展研究,如对纯电动船、无人驾驶船等智能船舶的标准进行研究,制定出台全局性、关键性、前瞻性的中国法规标准,从而提升新业态行业治理水平,促进新业态行业发展,让我国新兴业态走在世界前沿。运用 A 类理事国的角色,为有关新业态国际交流合作与开放发展提供中国标准参考,促进我国海事国际话语权与影响力的提升。

二要强化海事履约能力,贡献我国海事智慧力量。履约提案是一个国家综合技术水平和软实力的主要表现形式之一,是参与和影响国际规则制定及修订的基础平台和重要载体。同时,提案也是反映一个国家立场主张和利益诉求的基本手段,是在全面有效研究基础上的成果体现,在一定程度上显示一个国家的科研水平,同时也是在国际会议上向与会各国代表施加影响的一个主要方式。作为 IMO 的 A 类理事国,通过出席 IMO 的各级会议,参与度在逐步深入,我国向会议提交提案情况比较前些年有了很大程度的提高。作为发展中国家,同样又是船队大国、船员大国、造船大国和港口大国,需要进一步重视和加大履约建设工作,海事、船检、船企、科研部门、航运公司等关联机构要紧密合作,作出高质量的提案;会前要与国际相关方进行必要的沟通交流,为我国的建议能在会上顺利通过打下良好的基础,不断提升我国作为 A 类理事国在国际地位,切实维护我国航运利益服务。

(四) 拓展海事国际空间

张謇于 1906 年至 1908 年间四次组织参加国际渔业赛会。当时的他就明白国际相互合作的意义所在,组织参加赛会的目的,一方面是讲究出品力求精美,展示了我国丰饶海产;一方面是观摩各国的渔业设施、渔业捕捞、渔船制造、渔业养殖等技术方面取得的进展情况,以此作为我们国家发展渔业的参考,开阔了眼界,并明确了改进方向。最重要的是张謇借参会契机,宣示了渔界海图,明确了我国的渔权与海权。作为张謇"护渔权、张海权"系列思想中的一部分,加强国际合作交流对当代中国拓展海事国际空间有着非常重要的借鉴意义。按照传统的海事管理理念,海上安全包括交通安全与海洋环境保护,目前世界上每年有约 90% 的国际贸易需通过海运来实现,保障海上安全与保护海洋环境,实现海上交通的畅通尤其重要。我国船队航线遍及世界各地,有发达区域,也有十分贫困落后区域;有和平安全区域,也有海盗盛行、战争风险的区域,但服务保障网络还没能及时跟进延伸到船舶航行的所有点、线。因此,海事需加强与国内关联机构的协同,加强与沿航线国家相关专业机构的合作,推进情报交流、执法互助等,布局站点、投射力量,才能切实加强维护我国港航企业的国际权益。

一是加强基础设施建设,拓宽海事国际空间。我国是航运大国,船舶航行于世界各地,在国际贸易与合作尤其是"一带一路"建设中发挥着重要作用,船舶航线涉及众多国家和地区,有的海事管理十分薄弱,经常发生惨重的航运安全事故,却得不到及时救助处置,也得不到国际社会的应有关注。因此要想对重要海域确保我国航船权益得到保障,就需要加强海外基础设施建设,通过经济方式与"一带一路"沿岸国家共建基础设施,提升航线运行保障能力。加大与航线各国合作配合,不仅有助于提升我国海事话语权,促进海上安全,更有助于维护我国港航权益,拓宽海事国际空间。一方面要与各国合作成立海事服务机构,共同建设为海上通道提供支持的基地,重点针对关键海域和敏感水域附近港口、主要贸易对象国港口、主要通道的替代港口等,建立海外支持保障基地,以此来维护我国港航企业日常安全和紧急情况的权益;另一方面要利用国际合作机制,持续深化与"一带一路"沿线国家和地区、东盟成员国的海事交流,从海事层次支持指导相关国家发展,主动帮助力量薄弱的国家推动航运经济可持续发展,构建全方位、多层次、复合型的海事合作网络,以大国风范带动各国走向和平富裕,从而赢得各国尊重。

二是建立协调合作机制,共建命运共同体。"人类生活在同一个地球村里,生活在历史和现实交汇的同一个时空里,越来越成为你中有我、我中有你的命运共同体。"十年前,国家主席习近平首次面向世界提出人类命运共同体理念。十年来,习近平主席在多个场合多次倡导开辟 21 世纪海上丝绸之路、构建人类命运共同体,这一理念在海事实践中得到不断丰富、发展。世界格局在变化,随着经济全球化,各国利益在通道的汇集密度不断提高,产生了一种新的安全合作形式,即海上战略通道的国际合作机制。面对海盗、海上恐怖主义等具有跨国性、突发性和不确定性的恐怖威胁,一国的执法力量显得十分单薄和有限。我们也要从海事层面要加强与世界各国的交流,增加了解和信任,建立多边合作机制,根据平等、互利、开放原则,开展如联合搜救的界定和行动、反海盗巡逻和行动、联合多边救灾活动等项目的合作,才能共同处理海上船舶遭遇的突发事件,应对海上船舶遭遇的各种威胁,建设持久和平、普遍安全、共同繁荣、开放包容、清洁美丽的世界命运共同体。

三、明晰港城融合之道

"有轮步则市面可兴"①是张謇以港兴城主张的重要体现。当前,"建港兴城,以港兴城,港为城用,港以城兴,港城相长,衰荣共济",是世界范围内港口和港口城市发展演变的普遍规律。它一方面揭示了港城关系的变迁过程,另一方面也反映出港城相互作用的机理。港口的发展带动城市的发展,反过来,城市的兴盛也将促进港口的繁荣,两者之间相辅相成,互为因果。这也是张謇在近代"建港兴城"的实践给我们带来的启示。南通地处中国东部海岸线与长江交汇处、长江入海口北翼,三面环水,形似半岛,集"黄金水道""黄金海岸"于一身,素有"江海门户"之称,是以港建城、建港兴城的典型代表。自张謇建设天生港港口,经过南通港的大发展,南通城市的发展始终与南通港口的发展紧密联系在一起。张謇的南通港城融合发展实践以及对吴淞商埠的周密规划建设,对当今港口城市建设有着十分重要的借鉴与启迪意义。

---

① 李明勋、尤世玮主编:《张謇全集》(第 2 册),上海:上海辞书出版社 2012 年,第 159 页。

（一）推进港城一体化发展

张謇认为港城建设要加强规划，"尝考各国重要商埠，其地势必近海岸，而不当风水之险，其以旧市改造者，用费大而收效迟……从平地建造者，用费省而成功易"，"开埠之宜建新，不宜改旧，宜近海而避风水……故根本计画，在于全区域内预定重心，大约宜在虬江、蕴藻两河之间。其地前临深水，而不当三夹水之冲，中贯铁路……既极水陆运输之利，可收平地创造之功。所拟全埠街道、码头、水陆交通、公共事业、模范市场以及分区建设办法"。[①] 可见，清晰明了的科学规划是港城建设之首要任务。

一是把握港城一体化要素相互关系。科学配置区域要素和资源，理顺港口和城市的内在关系，将两者整合为步调一致、共生共荣的利益共同体。主要内容包括港口与临港区域项目一体化、港口与临港区域布局一体化、港口与城市其他交通方式一体化、港口与所在城市战略目标一体化等。

二是注重港口与城市规划有机融合。科学规划，统筹港口与城市、社会、环境的关系，与国土开发、海洋资源利用、城市、产业、综合交通规划等相协调，合理布局港口。结合沿江沿海规划，建设沿江沿海产业创新带和高质量蓝色经济带，突出大项目、大产业、大基地发展导向，大力发展航运服务、会展与国际贸易服务业，培育区域海洋创新平台，打造沿江沿海高质量发展经济带。

三是提高港口资源节约化综合效能。抓住"加快沿海和内河港口码头改建扩建工作"有利时机，重点推进码头等级提升类、专业化改造及货类调整类、预留水工结构等级能力释放类以及自动化智能化改造

[①] 李明勋、尤世玮主编：《张謇全集》（第 4 册），上海：上海辞书出版社 2012 年，第529 页。

类 4 种类别项目。视码头泊位等级、性质对后方陆域纵深的不同要求，建设高质量内港池，限制并逐步搬迁港口后方与港口关联度较低的工业企业和一切非港口用地单位，拓展形成陆域纵深。改变码头深水浅用、占而不用的状况，回填码头后方的废弃内河港池，扩大陆域纵深并实现与邻接港区的陆域连通。

（二）提升立体化运输能力

张謇认为码头建设要选枢纽之地。他在《为开埠事咨周督文》中阐述："查天生港由江口至内河道仅十余里，其东至海门，西至靖江、如皋、泰兴、泰州，北至东台、兴化、盐城，凡八州县，一水可通，而天生港适为枢纽之地，去冬今春，复将内港浚深辟阔，港河交界处建设船闸，以利运道。"同时天生港轮步距离唐家闸大生工业区距离近，有航道、公路连通，与南通城也有公路连接。因此，在交通运输体系建设过程中，要充分发挥港口的枢纽作用。

一是找准城市定位，建设高质量港口枢纽。加快建设港口型国家物流枢纽，充分发挥港口型枢纽作用，科学设置"全国性综合交通枢纽"，明确高质量港口枢纽规划及用地边界，以连片集中布局为主，在港口物流枢纽选址方面，要位于或毗邻港口作业区，具备铁路专用线，与高等级公路、管道相连，兼顾靠近临港产业集聚区，具有衔接港口和产业的核心作用。为港口腹地及其辐射区域提供货物集散、国际中转、转口贸易、保税监管等物流服务和其他增值服务。

二是以港口为枢纽，建设多联式运输体系。完善以铁路为主干、以公路为基础、水运民航比较优势充分发挥的国家综合立体交通网，推进"6 轴 7 廊 8 通道"[①]主骨架建设，充分发挥港口枢纽作用，增强区域间、城市群间、省际间交通运输，特别是水运交通联系。依托沿海、内河港

---

① 2021 年《国家综合立体交通网规划纲要》。

口,对接国内国际航线和港口集疏运网络,实现水陆联运、水水中转有机衔接,构建公铁空水管、江海河立体化现代综合交通运输体系。加快综合货运枢纽多式联运、换装设施与集疏运体系的建设,统筹转运、口岸、保税、邮政快递等功能,提升多式联运的运输效率与物流综合服务水平。

三是立足高新标准,科学推进港口配套建设。推进生态友好型港口、航道、场站等交通基础设施的建设,加强港口堆场、码头扬尘污染控制,推动靠港船舶使用岸电等清洁能源。加速推进设施设备数字化、智能化改造,提升港口整体作业效率和安全水平;建设智慧港口、无人场站、智能化仓储;推进货物运输信息互联互通,完善信息平台服务功能,构建供应链信息服务平台,再造枢纽业务流程和运营模式,注重现代信息技术应用,构建新型智慧港口交通生态圈。

(三)打造特色性港航品牌

张謇对于港航特色产业、港航运输的认识非常深刻:"今者海舶吨增,不能入浦,非就吴淞筑港,无以利国际运输。淞沪相隔不足九英里,汽车、电车顷刻可达,例以伦敦、漫切司头、纽约、旧金山、亨堡、安特维卜、毕那爱各埠,面积纵横数十英里,淞沪合一势所必至。"因此,增强具有自身优势特色的港航功能至关重要。

一是不断优化港口功能设置。逐步完善港口功能,扭转长期以中转服务为主的局面;紧密结合临港工业和现代物流的发展,增加港口对直接腹地的货物吞吐。港口企业要更新改造集疏运系统设施设备,更新改造堆场、中转仓储等配套设施,提高粮食、能源等大宗商品中转接卸、集疏运能力;提升绿色工艺技术水平,优先采用清洁能源和新能源,提高生产效率和安全环保水平,打造全球知名港口品牌。

二是尽力拉长港口产业链条。加强区域港口联合、努力增开航线、优化口岸环境、加大硬件投入、扩展运输功能,促进集装箱货物吞吐快速增长;积极发展现代物流业,依托港口和现代化综合交通体系,实现整合物流各环节、供应链上下游信息,有效支撑枢纽一体化运作业务开展;优化调整港口及后方物流园区的功能布局,构架港产城融合的纽带,打造全球产业链枢纽品牌。

三是打造港口特色产业品牌。大力发展临港工业,依托江海深水大港,加快发展以产业集聚为核心、以大型项目为带动的冶金、石化、电力等临港工业。走新型工业化道路,发展集约型、集群型经济,提高产业整体发展水平,构建临港先进制造业高地,形成全球知名电力、石化、储能品牌。

(四) 培育海洋经济新动能

张謇创办江浙渔业公司、开发沿海农垦以及发展盐业等实业,利用南通滨江临海的地理优势大力发展海洋经济,对新时代发展海洋经济、促进港产城生态协调发展具有启示意义。

一是不断改造升级海洋传统产业。通过技术创新,加快海洋渔业、海洋船舶工业、海洋能源等传统产业改造升级,提高产品技术含量和附加值,增强市场竞争力。建立现代造船模式,推进产品结构调整,提高自主研发能力,大力发展船舶配套产业,形成适应现代造船模式的船舶工业产业集群。合理调整拓展养殖空间,加快推进标准化健康养殖,积极发展水产品精深加工业。加强沿海风电、沿海光伏、潮汐发电等新能源发展,建设"能源谷"。

二是培育壮大海洋新兴战略产业。巩固壮大海洋工程装备制造业,加快发展海水利用业,扶持培育海洋药物和生物制品业以及海洋可再生能源业,有效提升产业竞争力。在海洋油气资源勘探开发装备、海洋可再生能源利用装备、海水利用装备方面,提升技术水平和制造能力。积极探索海洋生物资源新物质和海洋生物制品新功能,推进海洋生物新技术、新产品产业化。

三是积极发展海洋配套服务能力。大力发展海洋交通运输业、海洋旅游业和海洋文化产业,积极发展涉海金融服务业、海洋公共服务业。优化海运船舶运力结构,促进海运船舶的大型化、专业化,建设现代航运服务体系。科学规划和开发滨海、海岛等旅游资源,积极推进生态旅游示范区、滨海度假区等建设。加快海洋信息体系建设,提升海洋立体监测和预报服务能力,提高海洋工程服务水平。着力建设海洋经济发展智库,努力提高属地高校海洋经济研究能力。

四、锚定港航人才之需

人才是富国之本、兴邦大计。习近平总书记在党的二十大报告中强调,必须坚持"人才是第一资源",深入实施"人才强国战略",坚持"人才引领驱动"。纵观张謇一生,他认识到"穷"和"愚"是阻碍近代中国发展的两大顽疾,应振兴实业以济穷,发展教育以治愚,提出了"父实业、母教育"理念。张謇坚信"实业救国"和"教育救国"的信念,以实业利润反哺教育,以教育人才推动实业发展。在其港航事业的实践过程中,教育和人才培养始终发挥着作用。

张謇在人才队伍建设方面,有很多想法和理念。在为什么培养人才方面,他提出:"今日最亟之教育,即救亡图强之教育也。非有观察世界之眼光,则救亡图强之教育政策无自而出。""若教育未兴,人才缺乏,即有坚舰利炮,谁能用之?"在如何培养人才方面,他提出:"以应国家、社会之需求,而为世界之比较。""努力学问,厚养志气,以待为国雪耻。"在中外人才如何使用方面,他提出:"吾国人才异常缺乏,本应在工程未发生之先,从事培育,庶不至临事而叹才难,自毋须借欧美之才供吾使用。""无论教育实业,不但打破地方观念,并且打破国家界限。"张謇的人才培养观念对高质量港航人才队伍建设方面有很好的启示。

（一）铸造一流港航院校

建设世界一流大学和一流学科，是中共中央、国务院作出的重大战略决策，有利于提升中国高等教育综合实力和国际竞争力，为实现"两个一百年"奋斗目标和中华民族伟大复兴的中国梦提供有力支撑。张謇认为："中国创办商轮局已数十年，而管驾、管机悉委权于异族，非特利权损失，且无造就本国之才。际此商战竞存之世，欲借以得主权而辅海军，非创设商船学校不可。惟各省现已解之款，不过四万两千余两，且间有指明为水产学校经费者，兹拟移缓救急，先造中国商船学校。"可以说，学校是张謇港航事业版图中的重要一块。

一是打造一流学科，建设全球高端港航人才摇篮。要加强港航学科布局的顶层设计和战略规划，瞄准国家及行业重大战略需求，统筹协调各学科高质量发展，构建具有港航特色的学科体系。要提供优良的发展环境和政策支持，培养国内优秀高端师资，引进国外顶尖师资，打造高端教师集群。要聚焦海洋运输安全与保障技术、船舶污染防控与节能技术、智能船舶开发及运用技术、国际海事规则与海商法创新等先进学科方向，建设一批国内领先、国际一流的学科群。加强航海学史教学，梳理和盘点海洋、长江、大运河等文化资源现状，深入研究航运文化的理论层面问题，研究归纳中国港航精神，列入高等院校港航专业必修科目，传承港航精神，提高学生荣誉感。

二是倾心前沿研究，引领港航高新理论技术标准。立足国家长远发展战略来加强基础类港航学科的布局深化，科学处理港航基础研究与应用研究的关系，充分发挥前沿学科布局对于科技创新的引领作用，着力提升解决重大问题能力和原始创新能力。大力推进高校港航科研组织模式创新，围绕港航理论、原理、标准等，争取国家重大专项支持，围绕重大基础科研项目，开展基础学科协同创新，致力于产出具有前瞻性、颠覆性的原始性创新成果。

三是设立海外分校,贡献中国智慧传播港航文化。国际化已经成为高等教育发展的主流趋势之一,合作办学的逻辑既包括"引进来"也包括"走出去"。港航学科是一个国际性学科,2007年,大连海事大学在斯里兰卡建立海外校区,实现了中国高等航海教育的首次输出。虽然现在中国高校海外建校方面已经越来越多,但是还存在着开办专业相对单一、招生人数较少,办学规模和效应相对有限的状况。要结合"一带一路"倡议,在重点港口城市、重要水域国家继续开办港航院校分校,扩大办学规模,科学设置课程,特别是要加强优势课程的教学水平,加强科学研究,提高海外分校的教学科研水平。要将优秀的港航文化资源转化为可感知的文化产品与文化服务,准确、全面、立体表达中华文化的博大精深,充分利用学术交流、参加展览、学习角等形式传播中国港航文化,不断提高港航院校海外分校的世界知名度。

(二)锻造"国际型"人才

　　习近平总书记提出,要拓展国际视野,立足中国,放眼世界,提高把握国际市场动向和需求特点的能力,提高把握国际规则能力,提高国际市场开拓能力,提高防范国际市场风险能力,带动企业在更高水平的对外开放中实现更好发展。张謇认为"吾国人才异常缺乏,本应在工程未发生之先,从事培育,庶不至临事而叹才难,自毋须借欧美之才供吾使用"。在发展港航事业过程中,张謇也积极选用国外人员来发展自己的事业。

　　一是建立国家层级港航管理专门研究机制。港口航运业是一个庞杂的产业,不仅牵扯国内各行各业,更是一个涉及国内国外方方面面、极其庞大的产业集群。建立专门的国家级的港航管理研究机构,不仅能从国家的角度加强对港航产业的研究,更能提高政策制定的前瞻性、科学性和系统性;建立高等级的港航研究智库,凝聚全球各地区著名的航运智库和研究机构,为促进参与机构彼此了解各地区航运业发展情况搭建合作交流平台，促进信息交流和共享，推动航运智库及研究机构与航运业界的良性互动；建立多层次团队研究机制，国家机关、科研院所、高等院校、头部企业等合作成立科研团队，与市场、行业紧密结合，探索实践港航企业"出题悬榜"、高校"答题揭榜"的产学研深度融合模式，通过与企业共建校企联合研发平台，共同设立产学研前沿探索基金等方式，推动中长期前沿研究和"卡脖子"技术的攻关；建立国家级的港航产业数据平台，能够统筹国内国外航运数据、运用人工智能和大数据对数据进一步分析处理，为国家制定航运业、制造业政策提供真实科学的数据支撑。

二是健全国际港航办事机构选拔派遣机制。港口航运业，特别是海事行业不同于其他行业，国际组织在行业内有重要话语权，比如国际海事组织（IMO）、国际船级社协会（IACS）、国际航运公会（ICS）、波罗的海国际海事公会（BIMCO）、国际独立油轮船东协会（INTERTANKO）、国际劳工组织（ILO）等等。目前我国是国际海事组织 A 类理事国。国际组织在公约的修改、规则的制定、技术准入门槛的设定、国际海事仲裁等方面有着举足轻重的地位。要在全国范围内储备一批具备航运知识、港航规则、外语知识、国际视野的人才，联合各部委、海事院校、科研院所开展针对性培训，通过考核选拔人选，派驻到各航运业国际组织工作。派驻人员可以尽快熟悉各国际组织工作流程，提前获得最新国家航运发展趋势，更能在关键时刻发出中国航运声音，为中国航运业发展争取有力政策，减轻西方发达国家的掣肘，帮助中国航运业在世界竞争中处于领先和有利位置。

（三）打造"世界级"工匠

劳动者素质对一个国家、一个民族发展至关重要。习近平总书记在致首届大国工匠创新交流大会的贺信中，强调"技术工人队伍是支撑中国制造、中国创造的重要力量"。张睿认为："各本性所近，习一艺而专之;各本识所明,力所胜,习一事而勤之。"遵循这样的理念,张謇在南通培养了一批拥有一技之长的劳动者,有效推动了地方经济社会的发展。港航产业作为技术密集型行业,技术工人,特别是"工匠"型工人发挥着不可替代的作用。

一是尊重劳动技术,营造尊重港航工匠社会氛围。"工匠精神"是一种职业精神,它是职业道德、职业能力、职业品质的体现。要积极培育和选树港航工匠的优秀代表进行表彰奖励,并作为宣传和弘扬工匠精神的重要载体和抓手;从发动、推荐、评审、认定、激励各个环节,全过程宣传港航工匠和工匠精神;媒体要把握舆论导向,持续不断地为港航工匠发声,让港航工匠享有尊重和敬意,在全社会形成尊重技能人才、认同技能人才、争当技能人才的主流价值观念,让劳动最光荣、劳动最崇高、劳动最伟大、劳动最美丽的价值追求蔚然成风。

二是多层多式发力,完善港航工匠培养训练机制。要加强顶层设计,全方位梳理港航技术工人类别,对标国际先进标准,明确培养目标和计划;组织优秀港航技术人才参加国际劳动技能竞赛,让优秀人才在竞争中脱颖而出;校企合作共建"工匠"班,升级"现代学徒制人才培养模式",开展订单式培养、套餐式培训,创新校中厂、厂中校等方式;学校教师与企业技术人员进行定期交流、合作、岗位互换,充分将教师的理论知识与企业技术人员实践技能完美结合,从"教"的方面做到理论与实践的先进性;对港航相关专业执行"工学交替"教学模式,在企业里学习先进的生产技能,感受"工匠精神"。港航企业要构建科学合理的技术工人培训体系,通过系统的、专业的、全方位的员工培训,有目的地提升职工技能素质,使之真正成为能做事、会做事、做好事,并创造高效劳动价值的港航"工匠"型人才。

三是建立评价机制,充分激励港航工匠发挥作用。要开辟优秀港航技工的上升通道,完善港航技能人才的评价机制与优秀技能人才奖励制度,确保港航技能人才充分就业,提高"工匠"收入、待遇,充分享受自己的劳动成果；建立全国港航"工匠"表彰制度，大力评选表彰杰出技能人才，树立港航工匠精神先进示范；全国港航头部企业、国有大中型企业、高等院校、各航运职业技术学院要依托现有"工匠""劳模"发挥比较优势，建立港航"工匠"团队，鼓励企业、院校等各方积极参与合作，深化产教融合、校企合作，组织攻关，提高现场工作效率，加快实现港航"卡脖子"实用技术的突破。

五、明确港航保障之要

航运业是世界各国人民友好往来的重要纽带，也是国内国际双循环的血脉乃至命脉，一旦中断，所造成的损失轻则影响一国经济正常发展，重则引起世界经济震荡。巴拿马籍货轮"长赐号"在苏伊士运河搁浅事件及其所造成的后果有力证明了港航服务保障体系建设的重要性。高质量港航服务保障体系的建立最直接的目的就是保证航运安全畅通，张謇在近代从疏浚航道、修建船闸、绘制海图、设立航政机构等多方面保障航运发展。现代化港航服务保障已不限于此，应当从保障落实"交通强国""航运强国"等国家战略总体技术方案的角度出发，制定"陆海空天"一体化水上交通运输服务保障体系，进一步强化对"一带一路"建设、长江经济带发展战略等重点领域的支撑保障，加快智慧海事服务建设，提升港航保障服务智能化水平。

（一）分析掌握全球港航信息

张謇通过对南通沿海及沿江水网进行勘测，对南通及其周边水域的航道水深水文情况的全面掌握，为后续航道的疏浚及整治、堤坝维护提供了决策依据。近年来，全球信息科技发展迅猛，信息智能化收集取代了传统方式，对港口、航运信息化也带来了重大影响。信息科技通过与港航业的深度融合使港航业进入了数字化转型期,世界各国全球化的港航系统也都在探索并逐步实现中,将为世界经济、航运指数、物流发展、海事管理等多方面提供科学、可靠、全面的参考决策依据。

一是提升港航企业生产与调度业务分析能力。早年,各航线每千米的单价并不一致,张謇以航道的好坏、轮船耗煤量的多寡、拖船载运量的大小以及营业额等来决定票价贵贱,利用大生系统内航运公司的信息共享,实现了船舶班次、客货联运、航线、票价的统一调度管理。而在区域港口一体化的今天,港口信息系统的一体化步伐也不断加快。首先,在推动大型港口集团统一生产调度系统的同时,向中小型港口物流企业推广,最后建设区域性的管、控一体化的港航调度系统,如已建成的长江江苏段港航一体化调度系统,实现船舶调度的精准化、交通监管的智能化。其次,构建信息系统逐渐实现跨港口数据共享协同,国内港口数据共享,国际港口数据互通,实时了解国际航运动态,为航运公司业务决策做好支撑。最后,在采集全球船舶航行作业数据后,通过船舶管理软件的数据分析能力,加上能耗、污染排放数据采集和自动报告功能数据挖掘,支撑船舶运营决策。

二是提升海事安全监管和服务保障感知能力。与张謇时代提出的设立航(渔)政管理机构、派船定期巡查海上船舶航行和渔船作业情况、维护海上船舶航行灯塔等体现国家管理事权不同,现代化安全监管信息技术正在逐步代替日常巡航等基于传统技术的治理模式与治理工具,成为提升各国海事管理效能的重要手段。海事管理机构明确提出构建"陆海空天"一体化水上交通运输安全保障体系,实现"船舶航行到哪里,海事服务保障就跟进到哪里",保障全球重要战略通道、重要战略支点安全,在关键时刻发挥关键作用。因此,要通过推广基于北斗系统的全球化应用技术和高精度时空海事服务系统关键技术及应用,构建系统集成的水上交通动态感知体系;要建设立体化导助航服务网络、布局交通安全应急全球卫星通信组网等,以实现中国籍船舶在全球范围内的有效感知和通信保障。增强深远海服务和保障能力,全力打造安全顺畅的水上交通运输格局,为国家战略物资海上运输和水上供应链稳定畅通提供坚实保障。

三是提升国家港航发展和对外战略决策能力。张謇主张设立渔业公司,其目的就是"定渔界以伸海权",渔船和货船就是海上移动的情报收集单元。根据现代化航运需要,在国际战略通道及支点建设国际航运战略情报中心,掌握全球船舶动态、航运发展、港口经济信息十分必要。要在国家层面部门设置专门机构、配备必要装备、培养专业人才,强化信息的收集和数据的分析,定期总结形成专题报告。同时,推动航海学会、船东协会、港口协会等组织走出去,加强全球布点。多途径做好对重要海上运输数据资料的收集掌握,加强五星红旗、中资方便旗船舶在重要海上运输通道航行情况研究并开展规律分析,做好海上运输通道安全风险评估和监测预警。以多种方式汇集航运发展最新动态,为国家对港航发展制定战略政策提供实时依据。

(二)熟悉运用国际港航规则

张謇就任农商总长后,主持制定《公海渔业奖励条例》《渔轮护洋缉盗奖励条例》,次年又制定有关施行细则,以及《公海渔轮检查规则》,通过对检查合格船舶和打击海盗船舶奖励,维护了渔民权益。从古至今,港航权益维护需要依托完备的法制保障和支撑。在体系合理、结构科学、内容完备的海洋法律体系下,适应港航经济全球化,需要不断推进国际合作,提升维护海外权益的能力,保障与各国之间港航贸易通畅。

一是加强涉外法治的有效衔接。一百年前,张謇针对民国初年棉铁大量进口造成的严重的贸易逆差,提出棉铁主义的主张,主持制定一系列推动夯实行业基础、保障产业链自主的法律法规……国际航运业发展历史悠久,形成了大量的国际条约。西方发达国家也制定了许多港航方面的法律法规,使国际和外国的港航法律具有内容广泛、覆盖面广的特点。由于不熟悉相关国际或外国港航法律,我国航运权益得不到有效维护的事件不胜枚举。在国际航运经营活动中产生纠纷之事时有发生,在妥善处置争议时,由于国际法与国内法分别扮演着不同的角色,也发挥着不同的作用,需要协调国内法与国际法的关系。然而,国际条约与中国国内法的关系目前尚未获得宪法或涉外基本法的总体性确认,国际条约在中国国内法中的地位和效力一直是"老大难"问题。"条约必须信守"是国际法的一项重要原则,也是维护国际关系和国际法律秩序稳定性的根本基础。港航涉外法治建设应有效衔接本国法与国际法、外国法,有效协调本国港航特色和全球港航共识,结合我国实际,借鉴国外法治有益经验,体现全球共识,在制度设计及法律实施过程中,处理好跨国航运关系、管理关系,为促进国际港航交流与合作提供法治保障。

二是扩宽港航权益维护路径方式。为了与列强抗衡,维护我国航权,张謇创办通州大达小轮公司、上海大达轮步公司。德国、日本等外国渔轮不断进入南海诸岛及其附近海域,张謇主张用"自护之法",由民间联合创办渔业公司,同时建议派军舰在中国的海域内巡逻。目前我国已实施的《中华人民共和国海商法》《中华人民共和国民事诉讼法》等法律法规对海事维权都有相关条款规定。在国内大型港口所在城市已设有海事法院协调解决,部分地区出台船舶、船员维权指导意见,比如《台州市海船船员维权服务协助机制实施意见》等,维权保障机制相对健全。而国际维权需在当地法律、国际法和国际条约的框架下开展,难度较大。可以通过在港口、重要航运通道所在地大使馆、领事馆派驻海事专员,专职协调解决海事纠纷。充分发挥涉外行业商会、行业协会作用,在出现法律纠纷、劳资纠纷及国家权益、航运公司权益、船舶权益、船员个人权益受到不法侵害时,通过国家机关、国际组织、行业协会、民间机构多层次、多角度共同配合维护合法权益。

（三）完善港航运输应急机制

应急机制是保障航运安全的最后防线。大达公司所属的"大德"轮在 1931 年 12 月失火，全船被烧，焚毙溺死二百余人。此间第十区公所救获五十余人，以大学生为多。此前的同年 3 月，公司"大吉"轮亦遭焚毁。一年内两轮船事故共计死亡 300 余人，伤者上千人，船上货物尽损，相关赔付让公司元气大伤。安全保障及应急救援的不到位，是致使大达公司慢慢走向衰落的一个重要原因。也说明港航运输需要做好各种应急保障，因为港航运输不仅受政治因素、自然因素、各种人为因素的影响，而且受世界经济、国际贸易等因素的影响。航运风险，从购买（或建造）船舶开始，自投入营运、承载货物、海上运输、进出港口直至交付货物等一系列活动都存在着巨大风险。加上国际区域安全形势持续动荡，个别地区的不安全因素的增多，一些国家的贸易垄断等影响和平发展的因素，不仅对全球港航运输市场造成巨大冲击，也明显降低了全球范围内物流供应链的流转效率，均对航运发展产生重大影响，同时船舶航行安全也受到严重影响。所以，建立健全全球航运应急保障机制，一体化高效应对突发事件，是高质量发展的必然要求。

一是建立全球化的应急保障力量。近年来，随着国际形势复杂多变和涉海活动日益频繁，类似马航 MH370 失联、韩国"世越"号翻沉等事件时有发生，国际搜救任务也逐渐增多。各国奋力加强海洋搜寻救助力量建设，尤其是建立国际应急救援队伍，加强应急救援装备与能力建设。要建设一支强大的应急救援力量，需要在救援装备、人员培训、救援体制改革、快速反应等多方面下大力气。首先，要重点发展专业远洋搜寻救助船队，提升海上救助的辐射范围；其次，建设海上人命搜救协调队伍是现代化搜救事业发展的根本，强化远洋搜救人才的培养，保持搜救人才队伍的战斗力、创新力和高素质是新时代应急搜救队伍建设的基本要求；最后，加强部门间的协调合作，完善搜救资源的有效配置。探索国际救援综合保障基地布局,为海上船舶应急行动提供便利支持。推进大型测量船、中型溢油回收船、中远程无人机、大型海事航保基地码头等重点项目建设,为海上船舶应急行动提供便利支持。

二是加强应急搜寻救助国际合作。海上船员生命、船舶航行安全是最基本的海上交通权益维护,《国际海上人命安全公约》等法律法规、国际公约作了明确的规定。在国际法律体系的框架下,第一是推动构建海上搜救合作规则体系,共同维护海上秩序。国家间可依据需要自由签署搜救合作多双边协议,同时促进区域性的多边搜救合作协议建立,明确搜救范围、权利义务以及跨区域合作相关事项。第二从维护航行安全的多边合作入手,在船舶制造与检验、船员培训、海道测量、助航设施建设等方面开展国际合作,既有利于维护和促进航行安全,也有利于扩大合作国家在该地区的影响力。

三是提升重要物资保运保畅能力。充分发挥国际物流保障协调工作机制作用,提高国际物流服务保障能力,做好国际国内物流供应链保通保畅工作。持续优化完善海运服务网络,推动稳定我国出口航线运力和集装箱供给,加强沿海集装箱码头能力和粮食码头中转仓储能力建设,要统筹利用各种运输资源,保障"出口货物出得去、进口货物进得来",着力做好煤炭、天然气、粮食、矿石、原油等关系国计民生重要物资的运输保障工作。健全重要物资应急运输保障体系,全力保障集装箱运输,提高应急物资运输指挥调度水平。提升航道、重要通道和港口的监测和预警能力,保障航道运输畅通。

四是提升国防战备应急保障能力。张謇认为商船、战船可以相互利用,在需要时渔船、商船都可以成为战船。悬挂我国国旗的船舶肩负着我国国防海运的使命,特别是在保障我国海外战略海运能力方面,具有特殊的不可替代的作用。为此,港航交通管理部门平时要健全船员、船舶基本信息数据库和实时动态监控系统,必要时能随时提供资料数据、精准调度船舶船员;要加强日常国防宣传教育,增强船员国防安全意识,提升应对应变能力。这样,在需要时庞大的商船船队国防潜力,就可能迅速转化为国防战备实力,促进国防战略投送和海上支援保障能力建设。

(四) 提升港航财经服务能力

张謇曾言:"农工商业之能否发展,视乎资金之能否融通。"这是对金融作用触及本质的一种认识。1932年,南通德记钱庄倒闭,大达轮船公司所存的20万利金荡然,公司损失惨重,资金极度缺乏,濒于垮台,不得不进行改组,反向说明港航财经的重要性。世界经验表明,建设国际航运中心是航运、财经同步发展,相辅相成,互为支撑,我国建设国际航运中心、物流中心,同样需要体系发达、功能完备的金融中心的支持,三个中心建设需要同步推进。如果有较好的金融基础,在新一轮港航建设中,航运金融创新发展将起到积极作用。

一是创新航运财税优惠政策,助力港航产业转型升级发展。1913年10月至1915年4月。张謇出任北洋政府农商总长,他全力支持熊希龄总理制定各项金融法律法规,以期保障民族资本的健康发展。为此,推动北洋政府制定和颁布了《国币条例》《劝业银行条例》《典当业条例》《证券交易所法》等一系列金融法规条例。这些法规、条例反映出张謇试图以法律手段,推动近代金融业的发展,解决民族资本的融资问题。当今港航产业发展,要积极争取国家船舶抵押、融资、租赁、保险等金融政策,鼓励港航市场、机构、产品、服务创新,为港航企业发展创造良好的政策环境。对注册在港口城市的从事国际港航金融的企业积极争取相关税收优惠政策。鼓励保险公司发展船舶保险、货运险、保赔保险等保险业务,针对航运、物流行业特点,创新发展试航保险、船价保险、运费保险和船队保险等产品,拓展保险覆盖面。鼓励与周边国家和地区合作构建区域性航运金融服务体系,推动与国际大港联合开展航运金融合作探索。逐步取消或者放宽优质境外投资者在航运金融领域的资质要求、股权比例、经营范围等准入限制条件,带动促进我国港航金融业的发展。

二是做强船舶保险保赔行业,及时防范港航企业重大风险。张謇在大生资本内部开展金融资本运作,以减少利息负担,降低成本开支。他在上海开办大生沪所,主要从事各种金融业务,专门为大生调度资金,逐渐成为南通实业银钱往来之枢纽。如今应进一步借助国际大港在港航金融方面业绩基础,发挥港口航运在城市发展中的核心作用,支持港航集团整合市场资源,发起设立交易所、保险公司、港口产业投资基金,探索并购组建港航银行,发展集银行、保险、基金、租赁、小贷、担保、交易市场等为一体的现代航运高端服务体系,为航运发展解决后顾之忧。积极引进或推动大型港航企业与金融机构联合设立金融及融资租赁公司,推动融资担保机构与银行的合作,建立风险共担机制,切实提高担保能力,不断完善航运、物流企业融资服务体系。做大做强我国的船舶融资、保险机构及互保协会,鼓励支持上述机构在全球设立分支机构,开展国际合作,对中资船舶实施有效的风险管控和全面保障。

(五)加强港航日常运行保障

张謇对于港航事业的贡献不仅限于开辟航道、建设港口,更体现在他对日常保障水平的深刻洞察和细致关怀。其中,他在军山上设立气象台之举,便是他重视港航气象安全的生动体现。张謇深知气象对港航安全的重要性,特别是在长江这一繁忙的水域,气象条件直接影响着船舶的航行安全。因此,他选择在南临长江、与江南福山对峙的军山上设立气象台,这一地理位置的选择堪称绝妙。军山耸立于江海大地,视野开阔,能够准确观测到长江及周边地区的气象变化,为船舶航行提供及时、准确的气象信息。张謇在气象台上配备了专业的气象观测设备,并招募了经验丰富的气象观测人员,以确保气象数据的准确性和可靠性。张謇注重气象信息的传播和利用。他要求气象台定期发布天气预报,并通过各种渠道将气象信息及时传递给船舶和港航管理部门。这些气象数据不仅为船舶航行提供了重要的参考依据,也为港航管理部门制定应对措施提供了科学依据。这使得船舶能够提前了解气象状况,做好航行计划,避免在恶劣天气下冒险航行。同时,港航管理部门也能够根据气象信息制定相应的应急预案,确保在突发天气事件发生时能够迅速、有效地应对。总之,张謇对港航气象的重视不仅体现了他对港航安全的深刻认识,也展现了他作为一位杰出的实业家和社会活动家的远见卓识。他的这一举措为港航事业的发展奠定了坚实的基础,也为后来的港航气象服务树立了榜样。当代,科学技术突飞猛进,港航日常保障也随着变化,常规化的航海保障已不能满足要求,坚定一流航海保障的建设目标,加快形成对国家管辖水域信息态势全面感知能力,通过国际化、智能化发展才能提高港航保障的覆盖面、参与度和成功率。

一是加快通航信息感知能力建设。张謇以英国海军绘制的中国海图为蓝本,收集信息主持绘制我国的渔场海图,标明中国渔界经纬线度。目前单一的测绘已不能满足当代通航的需求,通航环境信息采集向多维感知发展,感知体系建设尤其是远距离复杂目标与环境的精准感知能力建设尤为重要。首先,通过分步建设航海保障基地,全面收集气象、海况、潮汐等信息,完善深远海航海保障体系。强化海图测绘合作融合,建设应用多功能智慧航标,完善北斗报文服务系统加入全球海上遇险与安全系统、北斗搜救载荷加入国际中轨道卫星搜救系统后续工作,加大多功能航标的通航环境信息感知网和服务网、北斗卫星服务平台等投资力度,通过不间断更新覆盖中国海域乃至世界重要航道的海图来形成船舶航行应用场景。其次,通过搭载5G海上高速通信、空基中继协同组网通信等设备,形成立体化的船岸通信中继和水上无线电监测感知系统。最后,针对海洋地理数据信息采集和数据治理能力不足,围绕海洋空间信息基础设施建设,全面提升海洋地理信息和航行

　　　　　　　　　　　　　　走向蔚蓝:张謇与港航现代化

安全信息采集、处理和综合应用能力。

二是提升船舶安全保障技装水平。这是当前航海事业高质量发展需要解决的重要问题。历史上，英国人曾想长期霸占在嵊泗花鸟山岛上建造的被誉为"远东第一灯塔"的花鸟山灯塔。这一举动不仅侵犯了我国的海洋权益，同时也给我国渔民捕鱼带来了巨大困扰。然而，这也从另一个角度凸显了航海保障设施的重要性。后来，张謇积极争取并维护了海上航行灯塔的事权，有效维护了海洋权益并为航海安全提供了保障。如今，随着我国航运业的快速发展，航海保障工作愈发显得重要。但目前国内航保设备供应商在技术支持方面仍显薄弱，创新能力不足，缺乏有针对性的研发、改良和应用。这导致我国在航保设备的选择和使用上受到一定制约，难以完全满足现代化船舶的需求。为了改变这一现状，我们应借鉴历史经验，集合航海保障方面的专业人才，设立专门的研发机构，并投入充足的资金和设备。可以设立一个由航海专家、工程师和技术人员组成的研发团队，专注于解决航保工作中出现的疑难问题。通过集中精力进行技术攻关，可以有效提升航保技术水平，实现航保设备的自主研发。随着船舶制造业向大型化、智能化发展的趋势日益明显，现代化船舶的系统集成度越来越高，操纵难度也越来越大。24000标箱集装箱船、超大型油轮（VLCC）和大型重大件运输船等已成为世界各大港口的常客。这些船舶的操纵和维护都对航海保障提出了更高的要求。为了应对这一挑战，我们不仅需要提升航保技术水平，还应关注智能船舶的发展。可以先行研究无人船的需求，构建智能控制感知系统。这将有助于我们更好地为现代化船舶提供全面、高效的港航服务保障。同时，通过智能技术的应用，还可以进一步提高航海安全和效率，推动航运业的持续发展。目前已经有国家成功研发出智能船舶控制系统，通过集成先进的传感器、导航系统和自动化技术，实现了船舶的自主航行和智能避障。这些技术的应用不仅提高了航运效率，还大大降低了事故风险。要借鉴这些做法，推动我国航保技术的创新和发展。

三是持续优化港航保障服务水平。张謇在内河航道整治的基础上兴办长江与内河水上运输业,船行之处避免损坏堤岸,在便利出行的同时不损害乡里利益。当今,仍要坚持将港航保障服务水平同交通强国建设、海洋强国建设和绿色发展等国家发展战略部署结合起来,在保障港航发展的同时,更要注重生态环境保护及港航权益维护。通过积极整合内外部资源,探索港航保障服务新模式,大力推进港航保障与海事监管、航运服务等深度融合,提供一站式、综合性、全方位的保障综合服务,全面满足航运企业、船舶、船员的多元化、个性化、差异化服务需求。重点提升通信履约服务能力,加大研发、建设、投入力度,建立便捷的船岸通信方式,加强船员心理健康疏导,为航运安全和港航经济发展提供有力服务保障。

六、巩固港航安全之基

张謇港航事业从酝酿创办到艰苦创业到鼎盛时期再到逐步衰落阶段的发展历程,使我们进一步认识到,港航产业是国家的重要支撑性、保障性和战略性产业,港航产业要安全发展,必须以国家安全为基本前提,必须以国家政策支持为保障,必须建立健全现代化的企业管理机制和人才培养机制,必须有效防范和化解各类重大风险。

(一)切实维护国家安全

2016 年 4 月 10 日,习近平总书记在首个全民国家安全教育日到来之际作出重要指示指出:"实现中华民族伟大复兴的中国梦,保证人民安居乐业,国家安全是头等大事。"

要充分认识牢固树立总体国家安全观的重大意义。张謇主张"护渔权、张海权",并把海权等同于陆权,纳入国家主权范围。张謇在发展港航事业过程中,通过保渔权固海权、固海权护海防、以航权张国权、张国权护商权,这种权权互保的逻辑是今日国家总体安全观的历史映照。党的二十大报告指出:"必须坚定不移贯彻总体国家安全观,把维护国家安全贯穿党和国家工作各方面全过程,确保国家安全和社会稳定。"国家安全是民族复兴的根基,社会稳定是国家强盛的前提。当今世界面临百年未有之大变局,我们必须坚定不移贯彻总体国家安全观。

要充分认识国家安全是行业生存发展的基本前提。国家安全是国家生存发展的基本前提,也是各个行业生存发展的基本前提。没有国家安全和稳定,一切都无从谈起,港航产业也不例外。张謇港航事业发展实践及兴衰过程,是在半殖民地半封建社会,西方列强航运企业全面侵占了国内沿海、沿江重要港口和水域市场的背景下,经过了艰难的发展过程,取得过辉煌的成就,但因国家安全局势动荡加剧等因素影响,最终步入了衰落阶段。这充分说明了国家安全得不到有效保障,国内民族港航等行业就无法正常发展。

要充分认识国家安全对港航安全发展的重要保障。张謇所处时代适逢新旧时代转换,帝国主义入侵、军阀战乱不断,张謇心系国家安全,为停止内战发挥个人关系积极奔走,但未能如愿,军阀混战是导致张謇港航事业逐步衰落的重要原因之一。必须充分认识维护国家安全对港航安全发展的重要意义,正确认识港航行业安全和国家安全之间的关系,认清行业自身的发展和安全首先离不开国家总体安全,如果没有国家安全,港航产业安全发展就无法得到有效保障,只有维护国家安全稳定,才能为港航产业高质量发展提供安全稳定的大环境。

(二)保障港航产业安全

张謇对帝国主义列强侵占中国领海、领水和航权、渔权以及港口开放主权有着十分清醒的认识和深刻的觉悟,在维护国家海权、航权、渔权和开放主权等方面提出了比较系统的思想主张,并进行了一系列有益的尝试。张謇认为港口航运业的发展在当时对提升整个国家竞争力具有非常重要的作用,并积极呼吁国家必先提倡发展港航业。进入新时代,港航产业在国内国际双循环格局构建和"一带一路"建设发展中,发挥着连通国内、国际市场和资源的重要作用,是国家安全的重要组成部分,国家应大力支持。

认清港航产业安全是涉外安全的重要载体。港航产业是国际物流供应链中的重要组成部分,涉外安全方面涉及维护航行安全和自由、国家海洋权益、国家开放主权和海防安全等。船舶作为港航产业链中的重要载体,是国家的"移动国土",视为国家领土的延伸,在国际上保护本国船舶及船上人员权益和安全视为保护国土完整。保护港航产业涉外安全是强化我国涉外安全管理的重要内容,务必高度重视,完善顶层设计,科学系统规划,构建涉外安全体系,全面保障我国船舶及船上人员权益和安全。

认识港航产业安全是国家安全的重要支撑。港航产业既涉及国际安全,又涉及国家海洋战略安全、港航行业安全、港航物流安全、运输保障体系安全、水上交通安全、交通战备安全等。港航产业安全是国家安全的重要组成部分,在维护国家主权完整和构建国内国际双循环新格局中起着不可或缺的重要作用,保障港航产业安全发展对加快建设社会主义现代化国家具有重要的战略意义。

明晰港航产业安全发展需要政策倡导支持。港航产业作为国家经济体系中的重点支撑性、保障性和战略性产业,必须从国家战略层面研究制定相应的扶持政策,科学规划、系统支持和大力保护港航产业安全发展,建设高质量港航产业安全发展支持体系,构建港航产业及从业人员权益安全保障体系,如出台支持政策,激励大型国际航运公司高质量发展,增强全球航运市场竞争力等。

（三）健全安全制度体系

大达轮船公司发展过于依靠张謇的个人能力和人脉关系，以及总经理鲍新斋在江湖势力间的权益维护。在公司灵魂人物张謇、关键人物鲍新斋去世后，公司经营权逐步旁落他人。从后期衰落过程中，可以看出大达轮船公司管理制度不够健全，过于依靠个人能力，对当今港航企业发展有着深刻的警示意义。

注重与时俱进，建立健全现代企业管理制度。用科学的制度管理取代人为管理是摆脱企业管理中出现衙门作风和任性而为的重要举措。科学区分企业管理与国家管理、社会管理的不同，认识把握企业管理与其他管理相通性基础上的特殊性。港航企业应与时俱进，传承发扬中华民族优秀传统文化，借鉴张謇引进西方先进设备、先进技术并与东方哲学思想相融合的有关理念和实践，祈通中西，力求精进，创新建立现代化港航企业管理制度，把企业管理归结为科学，上升为艺术，这也是港航企业可持续发展的重要依托。

运用世界眼光，构建港航企业安全发展体系。系统树立和运用张謇"办一国事，要有世界眼光"的世界观念，站在世界维度，拓展国际视野，构建港航企业安全发展体系，包含港口类、航运类、船舶类、船员类、支持保障类等子体系，争创安全质量体系认证。体系的生命力在于执行，必须充分吸取国内外企业安全发展先进理念和成功经验及失败教训，健全"横向到边、纵向到底"的港航企业安全发展责任体系，层层压实企业负责人、分管负责人、安全生产管理人员、具体岗位人员责任，确保体系建立到位、执行到位，并保持持续动态更新完善。

坚持以人为本，培树港航专业人才发展梯队。张謇一生重视教育，尤其重视面向大众的职业教育和培养技术类人才，如开办吴淞商船学校培养轮船驾驶人才等，却因固守封建家长制忽视了对企业管理人才的培养，以至于在大生系企业交班和传承问题上乏人可用。新时期，既要秉承张謇重视港航、重视职业教育的思想理念,又要在人才培养结构上做出调整和创新,同等重视专业技术人才和高级管理人才的培养和任用。企业负责人应站位高远,坚持以人为本,建立系统的人才培养机制,通过"走出去、引进来"等多种形式,提供良好的人才成才环境,为企业安全发展和持续发展提供源源不断的人才输出保障。

(四)科学管控安全风险

港航风险管控的重要性在于确保航运安全、促进经济流通,并有效应对潜在的运营和环境风险。历史上的前车之鉴时时给当下的人们敲响着警钟。1931 年 3 月和 12 月,大达轮船公司所属的"大吉"轮、"大德"轮因管理疏忽而先后突发火灾,两轮船共计死伤千余人,船上货物尽损,相关赔付让公司元气大伤。从事故发生的原因分析,大达轮船公司及船方未能及时精准辨识载运官兵及武器弹药风险,致使"大吉"轮发生特大火灾事故。"大吉"轮火灾事故发生后,公司没有充分吸取教训,未全面排查火灾风险并采取加强防范措施,时隔不到一年,"大德"轮又发生了重特大火灾事故。1932 年,南通德记钱庄倒闭,大达轮船公司所存的 20 万利金荡然无存,公司损失惨重,资金极度缺乏,濒于垮台。大达轮船公司未能充分研判国内外环境剧变带来的金融安全风险,致使公司存入钱庄的 20 万利金一夜之间化为乌有。从上述火灾安全事故、金融安全事件可以看出,大达轮船公司缺乏对重大风险的辨识,风险管控防范化解措施不全面,此事件对当代港航企业安全发展有着重要的借鉴意义。前车之覆,后车之鉴。新时代,港航企业要充分认识"发展是安全的目的、安全是发展的保障"的深刻内涵,正确处理好发展与安全的关系,统筹推进港航发展与港航安全,充分吸取教训,坚持举一反三,强化风险防控,做到警钟长鸣。

必须精准辨识风险。要始终树立强烈的忧患意识、风险意识,做到"安而不忘危,存而不忘亡,治而不忘乱"。要建立健全安全风险辨识制度。落实全员安全责任制,企业负责人应及时组织安全管理人员、专家和全体员工全面参与安全风险辨识,特别要结合本行业、本地区、本企业所发生的事故险情和突发事件,突出风险辨识的针对性,确保企业风险辨识全覆盖。同时要加强宣传教育和培训,做到安全风险底数清、人人熟知岗位安全风险,做到防患于未然。如南通建成全国首个港航安全生产警示教育基地强化安全意识。2021 年 6 月 16 日,南通市港航事业发展中心与江苏航运职业技术学院签署战略合作协议,推进江苏省港航安全生产警示教育基地建设。该基地为全国首家,主要围绕航道、港航领域发力,聚焦事故安全警示教育工作,通过引入多媒体动画安全教育、VR 互动体验、真人实操等方式,将虚拟现实、多媒体、移动互联网等新兴技术与安全教育有机融合,设计有针对性的安全教育培训课程,对港航从业人员开展沉浸式培训。警示教育基地建成使用,为提升港航安全发挥了积极作用。[①]

必须科学防范风险。要健全风险分析评估机制。对辨识出的安全风险,要按照程序组织分析评估,重点分析风险产生的原因、可能造成影响和损失等,明确风险类型、判别风险等级,实行分类分级管理。针对每一类风险、每一级别风险,要研究制定落实有针对性的风险防控措施,落实落细每个岗位的风险防控责任,并加强日常监督检查。对重大风险,港航企业要主动向行业主管部门、监管部门报告,会同相关部门落实联防联控措施。

必须有效化解风险。要健全风险防范化解机制。要建立风险监测预警制度,跟踪掌握风险动态变化情况,及时发出预警,健全风险应急响应预案,在科学防范风险的基础上,做到有效应对化解风险。注重科技创新和技术进步,善于运用 AI 智能等新技术监测和化解风险,探索

---

① 南通市地方志编纂委员会办公室:《南通年鉴(2022)》,南京:江苏人民出版社2022 年,第 231 页。

建立以智能化为核心的港航安全风险管控与隐患排查治理一体化信息平台,研发基于船舶、设备、证书、环境、人员、金融、保险等多元数据的实时监测预警技术,逐步实现用技术创新化解多重安全风险,提升行业安全发展系数。

结　语

　　中国港航早期现代化在晚清和民国初期开始起步。由于西方资本主义势力的入侵，中国由封建社会步入半殖民地半封建社会。随着《南京条约》《中英五口通商章程》《马关条约》等不平等条约的签订，西方资本主义在国家主权方面对中国进行侵略，在经济发展方面对中国进行掠夺，中国沿海、沿江和内河重要港口被迫对外开放，英国、德国、俄国、日本、美国、挪威、荷兰、丹麦、西班牙等国家大举侵占中国港航业市场并不断扩张各自势力。清朝政府一直奉行闭海闭关锁国政策，直至甲午战争后，方才准许"内河行小轮以杜洋轮攘利"，而此时西方势力及洋商已取得中国许多重要航运特权，侵占了沿海、沿江和内河重要港口。中国民族港航事业发展举步维艰，既受到国外港航势力的碾压，还受到封建官僚的盘剥和刁难。

　　在这种历史背景下，一批有识之士奋起抗争，其中以清末状元张謇为代表的爱国仁人志士积极倡导并践行"实业救国"思想主张。张謇运用世界眼光高瞻远瞩，结合发展地方实业与自治实践，指出"地方之实业、教育，官厅之民政、军政，枢纽全在交通。交通以道路、河流为两大端。河流汇贯，则士农工商知识易予灌输；道路整齐，则军警政治效力易于贯彻"，充分认识到港航交通产业在促进实业发展、带动城港联动、推动国力提升的救国路径中的作用和价值，极力建议政府最高统治者、重要官员重视兴办港航产业，逐步形成和完善了张謇港航早期现代化理念，其中许多重要建议都得到了政府部门和官员的认可并采纳施行。

同时,张謇在发展地方实业和地方自治过程中,不断排除来自多方的阻力和障碍,联合各方人士大力发展民族港航事业,积极同西方势力开展行业竞争,多方位维护国家航权、海权、开放主权以及商权和民生权益,取得了十分显著的成就,影响非常深远,成为中国民族资本家中杰出的航运企业家。

张謇港航早期现代化理念的产生形成与实践,基于西方列强在侵犯中国领土、侵犯中国海洋主权、掠夺渔业资源的同时,利用远洋航运对中国进行原料掠夺、商品倾销、经济侵略的历史背景。张謇认为西方列强"暗中剥削,较赔款尤甚。若不能设法,即不亡国,也要穷死"。面对西方国家的经济侵略,他主张大力兴办实业,以增强中国抵抗经济侵略的能力,而"地方之实业、教育,官厅之民政、军政,机纽全在交通","交通以道路、河流为两大端",要发展实业必须要先发展港航交通。

张謇港航早期现代化理念的产生形成与实践,源于张謇强烈的爱国情怀、坚贞的民族气节、可贵的民族觉悟。面对上海黄浦江沿岸,除招商局码头之外,"其余尽为东西洋商捷足先得……每见汽船、帆船往来如织,而本国徽帜反寥落可数"的状况,张謇"自立码头,自开航路……以商界保国界,以商权张国权","务冀华商多占一份势力,即使洋商少扩一处范围"。因此,张謇在南通发展实业,分别在上海、南通创建大达轮船等港航企业,要求本公司船舶悬挂中国国旗,彰显国家航权,并积极同外国势力竞争。

张謇港航早期现代化理念的产生形成与实践,始于张謇"办一国事,要有世界眼光"的世界观念。张謇以其高屋建瓴的战略眼光和胸怀全局的世界眼光,清晰地看到了经济全球化的趋势,"自欧洲停战后,商战将在中国",他认识到世界经济一体化的大趋势,只有"开门以求活""与世界共经济",才能与帝国主义列强相抗衡,才能找到一条立国自强的出路。而打开国门开放必须要将开放主权掌握在本国手中,张謇大力提倡自开商埠、自立码头并付诸实践,同外国势力相抗衡。在开埠过程中,张謇注重吸取国内外先进经验,对商埠和城市建设进行现代化规划设计,建港兴城。

张謇港航早期现代化理念的产生形成与实践,在于张謇具有超越他人的商智、国智和深厚的为民情怀。张謇认为"民生困苦,由于实业不兴","国际商法竞争之本源,一在国势,一在商智。国势强,则外人不能夺其内地之权利……商智开,则内地自有团结之气局",各级官员"其于世界航业竞争之机栝,未有觉悟",推进"航业之发达,航路之扩张"思想保守、行动迟缓。他坚持扩张航路、开埠通航、发展实业和兴办教育,目的是便捷百姓出行、拓宽眼界、利商工农和开商智、觉官悟、富国民、增国势。

张謇港航早期现代化理念的产生形成与实践,归于张謇觉醒的海权意识和发展航业振兴海军、稳固海防的理念。张謇敏锐意识到,近代中国闭关自守,有海无防,海权丧失,导致了中华民族的百年世纪悲怆。张謇指出"查海权渔界相为表里,海权在国,渔界在民。不明渔界,不足定海权,不伸海权,不足保渔界"。因此他积极推动设立渔业公司、航(渔)政机构,购置官船开展沿海巡航,组织绘制海图,并在米兰博览会上展示中国渔界全图,宣示中国领海主权。张謇认为航业发展可以为海军海防起到重要的支撑作用,提出设立商船学校并付诸实施,大量培养中国自己的航海人才,并为海军准备人才。

张謇是中国历史上具有改革开放意识并付诸实践的先觉之士,是中国近代思想解放最为杰出的代表之一。张謇无论是为官行政、经商办实业,还是发展教育、热心公益,始终不变的是矢志不渝探索富民强国和维护国家主权之路。张謇港航早期现代化理念与实践是张謇"实业救国"思想主张的重要组成部分,两者相辅相成、相互促进、共同发展。张謇在发展港航实业的过程中,他立足国内和地方实际,运用世界眼光系统规划、科学谋划,敢于同西方列强开展港航业务竞争,展现了中国民族企业家的拳拳爱国之心,为国家国力提升、经济社会发展、民众生活改善带来了希望和曙光。张謇不愧为中国近代民族港航现代化的先驱。

交通是兴国之要、强国之基。航运系国运,向海则兴,背海则衰。港航交通始终是中国经济发展的重要支柱。历史经验证明,强国的路径有多条,但通过一个产业的发展,进而带动国家地位的提升,这在世界产业经济中是少见的,港航业就具有这样的特点。尤其是当代一些国家的快速崛起,都离不开航运的发展。进入新时代,我国由港航大国向港航强国迈进,随着当今世界百年未有之大变局形势的不断演化,当代中国港航事业发展面临着前所未有的新形势、新挑战和新机遇。张謇丰富的港航早期现代化理念内涵及富有成效的具体实践,对新时代航运强国建设、海事高质量发展、港口城市建设、港航人才培养、港航服务保障和港航安全发展等方面有着深刻的启示意义与借鉴作用。

与世界相交,与时代相通。港航交通是经济的脉络和文明的纽带。张謇港航早期现代化理念起源于清末民初,流传至今仍充盈着世界智慧光芒,闪烁着"与世界相交、与时代相通"的熠熠光辉。我们要在传承张謇港航早期现代化理念与实践成果的基础上,进一步发扬中国航海传统优秀文化,不断创新发展张謇港航早期现代化理念,切实增强中国港航事业道路自信、理论自信、制度自信、文化自信,大力支持和发展港口航运产业,充分发挥港航产业在畅通国内国际双循环方面的重要作用,推进交通强国、海洋强国、航运强国建设,勇于开拓现代港航事业创新实践和维护国家航权、海权、主权的新局面,为全面建设社会主义现代化国家提供强有力的支撑,为推进全世界港航事业高质量发展提供更多更好的中国智慧、中国方案、中国力量。

附　录

附录1:张謇生平简介

张謇(1853—1926),字季直,号啬翁。中国近代著名实业家、教育家、慈善家和社会活动家。

张謇的一生以状元及第为界,可以分为前后两个时期,前期是指1894年考中状元及其之前,处于清王朝急剧衰退时期,张謇主要是读书写字,参加科考,担任幕僚,从事农商事务,任职于书院。后期是1894年中状元后,处于清末和民初的社会大转型时期,张謇主要是创办实业,经营南通,担任各种职务。张謇的一生可以用八个字来概括:半生文章、半生事业。

前半生文章

1853年(咸丰三年),张謇出生于江苏海门常乐镇。他自幼聪颖,三岁能背《千字文》。十二岁时,塾师出上联:"人骑白马门前去。"张当即对曰:"我踏金鳌海上来。"对仗工整,不同凡响,一时传为佳话。

张謇十五岁开始进入科举试场,从此在科举道路上历尽坎坷。

张謇二十一岁时,家况艰难,应江宁发审局孙云锦之邀,任发审局书记,结识了许多有声望的师友,并初展才能。二十三岁入淮军吴长庆幕府内任机要文书。客幕期间,曾随军赴朝鲜平息乱事,其才识受到当朝尚书翁同龢的赏识,后更建立起师生关系。

1894年(光绪二十年),慈禧太后六十寿辰,清朝政府特设"恩科"会试。在此前二十多年中,张謇的赴考之途极为艰辛,15岁考中秀才,32岁考中举人(第二名),但后来4次参加会试都名落孙山。张謇身心憔悴、心灰意冷。当"恩科"考试的消息传来,他也无法燃起赴考的激情。但是老父亲张彭年仍对他寄予厚望,作为孝子,张謇只能遵父命再次赴京赶考。所谓"有心栽花花不发,无心插柳柳成荫"。张謇终于不负众望,他考中了六十名贡士,复试名列第十,殿试钦点为状元,被授予翰林院修撰之职。状元及第改变了张謇的人生轨迹,从此,他迈向了自己传奇、丰满的后半生。

"半生文章"时期,张謇在考学、当幕僚、从事农桑、执教书院的过程中,对世情、对社会、对人生有了比较深刻的体验和思考。这四十年的磨炼与曲折、失败与成功为他后来的事业生涯做了深厚的积累和铺垫。

后半生事业

就在张謇考取状元后不久,中日甲午战争爆发。1895年,清政府与日本签订了《马关条约》,准许外商在中国内地设厂,激起张謇极大的愤怒和忧虑:"捐我之产以资人,人即用资于我之贷售我,无异沥血肥虎,而祖肉以继之。利之不保,我民日贫,国于何赖?"张謇认为,必须发展民族工业以抵制帝国主义的经济侵略。在湖广总督张之洞的支持下,他在家乡南通筹办了大生纱厂,开始了"实业救国"的后半生。

作为绅士的张謇,同官场有一定的联系,有声望有地位,上通官府,下通民情,在社会上有相当大的影响力和号召力。因而绅士往往通官民之邮,张謇就是这样一个绅士的代表。他下海办厂经商称为绅商,并非官商,是在中国半殖民地半封建这样一个特殊社会里的民营经济。张謇充分认识到"夫立国由于人才,人才出于立学"。在发展实业取得一定资产的基础上,他又大力创办教育事业,开始形成他"父教育而母实业"的强国富民思想。他以南通为基地,以地方自治的形式展开系统的设想与实践,并希望由此而推广到江苏乃至全国。

1903 年,张謇应日本政府驻江宁(今南京)领事天野的邀请参观日本第五次国内劝业博览会,并对日本工农业与教育进行了 70 多天实地考察,收获甚丰。另一方面,日本之行促进了他对政治改革的态度。回国后,他积极地投入立宪运动,成为立宪派的领袖人物。

1911 年,孙中山领导辛亥革命,张謇顺应历史潮流,实现了一生中最大的转变,毅然由立宪派转向拥护共和。1912 年 1 月 1 日,民国临时政府成立,孙中山就任临时大总统,任命张謇为实业部部长。

1913 年,张謇为实现他思谋已久的强国安民的方针政策以及他梦寐以求的"棉铁主义",就任北洋政府农商总长兼水利局总裁。两年间,张謇主持全国农林、工商政务,编订颁布有关工商矿业、农林水利、渔牧业、度量衡、银行证券、引用外资等 20 余个法规条例,对我国民族资本主义工商业的发展,起到了积极的推动作用。1915 年,袁世凯称帝阴谋暴露,张謇劝说无效,愤而辞职,返回南通。从此倾注全部精力开办实业、教育和社会文化慈善事业,推行地方自治的实践。

1926 年 8 月 24 日,张謇因病逝世,葬于南通市南郊。墓上不铭不志,此前他曾为墓门自拟联语:"即此粗完一生事,会须身伴五山灵。"

张謇的一生

张謇的一生是勤劳的一生,他有着宏大的抱负和坚强的性格,终生抱定"实业救国、教育救国"的爱国热忱。

实业是张謇一生事业的主体,以"大生纱厂"为中心,先后创办了通海垦牧公司、大达轮船公司、复新面粉公司、资生铁冶公司、淮海实业银行等多个企业,并投资江苏省铁路公司、镇江大照电灯厂等企业,为我国近代实业贡献了毕生精力。张謇投身实业,历尽艰苦磨难,一句"时时存必成之心,处处作可败之计",既道出了创业之艰辛,又饱含着张謇"功不唐捐,玉汝于成"的执着坚守。在当下的中国,这种扎根实业,不畏艰难,锐意进取的精神仍然值得发扬光大。

在发展教育与其他事业方面,他先后创办了通州师范学校、农业学校、纺织学校、博物苑、女红传习所、医院、图书馆等。他的教育思想与办学实践，在中国近代教育史上占有重要地位。张謇尊重科学，爱护人才，扶植新建学术社团，提倡科学应该为社会经济服务的正确方针，与许多科学家建立友谊。把戏剧改革与社会改良联系起来，也是张謇的高见卓识。他创建了伶工学社及更俗剧场，与梅兰芳、欧阳予倩的交往更是实业家与艺术家联手的一段佳话。

张謇以兴办实业起家，而后倾资兴学、以商养学，把他经商的红利捐作教育、慈善和地方公益经费。可以说，张謇一生所获财富，皆为社会服务。他通过兴办实业带动地方经济、教育、文化、社会的全面发展，亲手将南通缔造成为"近代第一城"。这条以企业办社会的道路在今天仍有强烈的示范效应。

名人的评价

胡适这样评价张謇："张季直先生在近代中国史上是一个很伟大的失败的英雄，这是谁都不能否认的。他独立开辟了无数新路，做了三十年的开路先锋，养活了几百万人，造福于一方，而影响及于全国。终于因为他开辟的路子太多，担负的事业过于伟大，他不能不抱着许多未完的志愿而死。"

20 世纪 50 年代，毛泽东主席指出："谈到中国民族工业，我们不要忘记四个人……轻纺工业不要忘记张謇。"

在 2020 年 7 月份的企业家座谈会上，习近平总书记称赞张謇是爱国企业家的典范。2020 年 11 月，习近平总书记在江苏考察期间，专程前往南通博物苑，参观张謇生平介绍展陈，再次称赞张謇是民营企业家的先贤和楷模。三个月内两提张謇，可见习近平总书记对弘扬张謇式企业家精神的高度重视。

"为大众利益事，去一切嗔恨心。"不以个人利益最大化为目标，但为救国救民醉心实业，张謇的一生始终在践行自己的崇高理想。这样的一个人，值得后世好好地研究、宣传和学习，张謇身上所彰显的企业家精神应该在新时代散发出更为耀眼的光芒。

附录2:张謇港航事业大事记年表

1896年(光绪二十四年),44岁,设立通州商务局。

1898年(光绪二十四年),46岁,创办上海商务局。

1900年(光绪二十六年),48岁,建立大生轮船公司,开辟上海至南通的航线。

1901年(光绪二十七年),49岁,创建通海垦牧公司;兴建天生港港口。

1902年(光绪二十八年),50岁,开设大中通运公行;成立泽生船闸公司;组建南通州商务总会,后更名为通崇海泰商务总会。

1903年(光绪二十九年),51岁,三月,创办第一家民族航运企业——通州大达内河小轮公司;开通南通至吕四的航线,开辟南通至扬州、盐城至泰州的航线;创建唐家闸内河码头。

1903年(光绪二十九年),51岁,五月—七月,参加日本劝业博览会,考察日本国渔业、航政和教育等各业。

1903年(光绪二十九年),51岁,七月,筹建全国第一个渔业公司—吕四渔业公司。

1904年(光绪三十年),52岁,三月,第一次提出特设"渔政之官"、派游弋兵轮。八月,在南通成立天生港轮步公司,是江苏第一家专营码头、仓库、运输业务的民族航运企业。建设天生港大达逶步码头——是中国民族资本创建的第一个近代化长江港口码头。创办了中国历史上第一家股份制海洋渔业公司——江浙渔业股份有限公司,创办南洋渔业公司;制定渔业法规;收回花鸟山灯塔。

1905年(光绪三十一年),53岁,在上海南市十六铺一带租下大量沿岸土地,成立大达外江轮步公司,为江苏省首家民营航运公司,建造七座船码头,统称为"大达码头",是中国私人资本在上海建立的第一个轮船码头。设立泽生外港水利公司;兴建天生港船闸——中国最早的现代船闸;疏浚开挖港闸河,开通唐闸与天生港航道,开拓江河水水联运新模式;修建港闸公路——全国最早的民营公路、江苏最早的公路,开创了水陆联运的先河。专门提出吴淞设立渔政公所建议,并推荐"总理渔政",第一次提出设立渔会;第一次提请设水产、商船两学校。

1906年(光绪三十二年),54岁,组建达通航业转运公司;开辟天生港为商埠;组织绘制我国渔界海图,在意大利米兰渔业博览会上展示,宣示我国海权;设立商船公会;在通州师范附设测绘科,倡办水利教育;创办渔业学校,设于吴淞炮台湾海军公所。

1907年(光绪三十三年),55岁,创建大生码头。

1909年(宣统元年),57岁,筹设江淮水利公司。

1910年(宣统二年),58岁,筹建水产学校。

1911年(宣统三年),59岁,张謇购置的吴淞土地和筹款转赠邮传部高等商船学堂,在吴淞建新校舍,招生开学。1912年吴淞商船学校(是大连海事大学、上海海事大学的前身)在吴淞落成,张謇推荐萨镇冰任校长;将沪通线延伸至扬州霍家桥,打通南通至扬州长江航线。

1912年(民国元年),60岁,南通天生港江边建造大型船坞;天生港向东经芦泾港到任港沿江筑堤6.5千米;提议并推动浦口自开商埠;启动兴建青龙港船闸;创办江苏省立水产学校(今上海海洋大学的前身)。

1913年(民国二年),61岁,兴建惠通公栈。

1914年(民国三年),62岁,制定《公海渔业奖励条例》《渔轮护洋缉盗奖励条例》,成立航渔政机构;推动开辟北方八区(归化城、多伦诺尔、赤峰、张家口、洮南、辽源、龙口、葫芦岛)为对外贸易商埠。

1915年(民国四年),63岁,制定《公海渔轮检查规则》;创办河海工程专门学校——第一所水利学校(今河海大学的前身)。

1917 年（民国六年），65 岁，成立南通水利会；兴建南通大储堆栈；在上海、南通、海门等地建立大储站，拓展物流业；建立全国第一家民办气象台——军山气象台，服务南通区域及长江船舶航行。

1918 年（民国七年），66 岁，成立上海大储堆栈股份有限公司。大达轮船公司兼并英商祥茂轮船公司。

1919 年（民国八年），67 岁，重建唐家闸；建造东栈、西栈两栈仓库；启动南通综合电厂建设；成立天生港大山砂石公司；建设遥望港九门闸，建成青龙港船闸。

1920 年（民国九年），68 岁，创办中比航业公司、新通贸易公司、左海实业公司；创办吴淞商埠局；江苏运河工程局任督办，推进对苏北段大运河的疏浚整治；建设蒿枝港合中闸。组织成立中国海外航业公司；在南通成立绣织局，在上海设立南通绣品公司，并在美国纽约设立分公司，是中国民族资本经营的第一家海外公司。

1921 年（民国十年），69 岁，兴建"东渐"四闸和"西被"三闸四涵；出任吴淞商埠督办，发表《吴淞商埠督办就职宣言》；建成青三铁路——第一条厂区通港铁路、第一条铁水联运通道、苏中地区第一条铁路。

1922 年（民国十一年），70 岁，逐走停靠南通的日本军舰。

1923 年（民国十二年），71 岁，元旦，在《申报》正式发表《吴淞开埠计画概略》，概述吴淞商埠新城建设"三步走"规划。建设东灶港船闸；自天生港向西经太平港至九圩港直至丝鱼港，筑江堤 8.5 千米。

1924 年（民国十三年），72 岁，任港向东经姚港、狼山港、小洋港、裤子港至营船港筑江堤 13.5 千米。

1924 年（民国十三年），72 岁，辞去淞沪督办职务。

1926 年（民国十五年），74 岁，七月十七日，病逝于南通。

附录3:参考文献

1. 李明勋、尤世玮:《张謇全集》,上海:上海辞书出版社,2012年。

2. 曹从坡,杨桐:《张謇全集》,南京:江苏古籍出版社,1994年。

3. 罗一民:《开路先锋:张謇》,南京:江苏人民出版社,2021年。

4. 翰墨林编译印书局编:《通州兴办实业之历史》,南通:南通翰墨林印书局,1910年。

5. 张謇:《南通测绘之成绩》,南通:南通翰墨林印书局,1911年。

6. 张孝若:《南通张季直先生传记》,上海:中华书局,1930年。

7. 张孝若.《张季子九录》.上海:中华书局,1931年。

8. 吴葭:《宝山县再续志》卷6《实业》,民国二十年(1931)铅印本。

9. 何炳贤:《中国实业志·江苏》,实业部国际贸易局,1933年。

10. 陈翰珍:《20年来之南通》,1935年。

11. 交通史编纂委员会:《交通史航政篇》,第1册,1935年。

12. 好博逊:《好税务司来函(三十三年十一月二十三到)》,南通市档案馆馆藏B401-111-10。

13.《申报》1899年、1923年、1931年等。

14. 聂宝璋:《中国近代航运史资料》,上海:上海人民出版社,1983年。

15. 樊百川:《中国轮船航运业的兴起》,成都:四川人民出版社,1985年。

16.《中国海关百科全书》编纂委员会编:《中国海关百科全书》,北京:中国大百科全书出版社,2004年。

17. 上海市航海学会:《中国近代航海大事记》,上海:海洋出版社,1990年。

18. 《广州市志·内河航运志》,广州:广州出版社,2000 年。

19. 章开沅:《张謇传》,杭州:浙江古籍出版社,2021 年。

20. 中华人民共和国交通运输部:《水运"十四五"发展规划》, 2021 年。

21. 交通运输部、发展改革委、工业和信息化部、财政部、商务部、海关总署、税务总局:《关于大力推进海运业高质量发展的指导意见》(中华人民共和国交通运输部令 2020 年第 18 号)。

22. 庄维民:《近代山东市场经济的变迁》,北京:中华书局, 2000 年。

23. 严学熙:《论张謇——张謇国际学术研讨会论文集》,南京:江苏人民出版社,1993 年。

24. 许立荣:《助力交通强国——航运业的新航程》,《学习时报》, 2021 年 10 月 18 日。

25. 庄安正:《南道"关庄布"与"北洋线"外销渠道》,首届海洋文化与城市发展国际研讨会,2010 年。

26. 力心、陈舰平:《张謇:中国现代化之父——兼论中国现代化运动进程》,崔之清、倪友春、张林华主编:《中国早期现代化的先驱——第三届张謇国际学术研讨会论文集》,北京:中华工商联合出版社, 2001 年。

27. 杨涛:《论张謇发展交通运输思想与实践的现代意义》,《南通大学学报(社会科学版)》,2018 年第 5 期。

28. 李元冲:《张謇在海门办交通的业绩及其探讨》,《张謇研究》, 2005 年第 1 期。

29. 熊辛格:《中外约章与中国近代物流业的嬗变(1840—1937)》, 湖南师范大学博士学位论文,2020 年。

30. 方舟:《打造大达码头的人张謇(1853—1926)》,《上海商业》, 2002 年第 11 期。

31. 赵莉:《近代上海民营航运与码头岸线——大达轮步公司码头平面图为例》,《航海》,2021年第5期。

32. 郭孝义:《试论张謇与大达三公司镇江师专学报(社会科学版)》,1992年第4期。

33. 渠同超:《张謇自开商埠的原因及作用》,《郑州航空工业管理学院学报(社会科学版)》第25卷第2期,2006年第4期。

34. 朱江:《张謇与晚清江海关税务司好博逊》,《档案与建设》,2020年第3期。

35. 黄鹏:《清末民初江苏自开商埠研究》,苏州大学硕士学位论文。

36. 林彬:《张謇海洋观的演变与内涵研究》,《航海教育研究》,2021年第39卷第3期。

37. 郑祖安:《张謇和吴淞商埠开发规划》,《上海城市规划》,2001年第3期。

38. 周至硕:《张謇对近代上海经济社会发展的贡献》,《档案与建设》,2016年第9期。

39. 庄安正:《张謇对外开放思想中的"蔚蓝色彩"》,《江苏工程职业技术学院学报》,2018年第18卷第1期。

40. 杨松:《张謇对外开放思想及其当代意义》,《江苏工程职业技术学院学报》,2020年第20卷第4期。

41. 朱江:《"孤月随人别路明,惊回别梦是江声"——张謇与天生港》,《中国档案报》2022年8月12日,总第3869期第三版。

42. 黄鹤群:《张謇的海权思想、实践及其复兴之梦》,《张謇研究》2014年第3期(总第38期)。

43. 王淑云、彭飞:《张謇"护渔权,张海权"思想对当代中国捍卫海洋权益的启示》,发展研究2020年第6期。

44. 南通市档案馆,张謇研究中心:《张謇所创企事业概览》,

2000年。

45. 黄志良：《张謇创办民营航运业打破外企和官商在上海的垄断》，《张謇纪念馆》，2022年1月8日。

46. 施仲华：《张謇沿海开发留下的历史思考（一）》，《张謇纪念馆》，2015年12月1日。

47. 黄鹤群：《张謇经济社会事业中的上海印迹》，《张謇研究》，2021年3月26日。

48. 陆乐：《天生港镇的"张謇创新"》，《张謇纪念馆》，2017年7月1日。

49. 张文慧：《港口在城市经济发展中的作用、问题与对策研究——以南通市为例》，苏州大学硕士研究生论文，2010年。

50. 冉修竹：《浅议港口在城市经济发展中的作用、问题与对策研究》，宏观经济，2016年。

51. 吴良镛：《张謇与南通"中国近代第一城"》，《南通师范学院学报（哲学社会科学版）》，2003年第3期。

52. 梁磊：《张謇与近代苏中市镇的发展》，中国社会经济史研究，2007年第1期。

后 记

　　本书作为江苏省张謇研究会系列研究丛书的一种,其付梓出版无疑是一件令人倍感欣慰的事情。从最初的选题构思,到深入挖掘历史资料,再到无数次的学术讨论与修订,每一步都凝聚了研究团队的心血与智慧。我们跨越时空的界限,试图还原张謇先生那个时代的风云变幻,探讨其港航理念与实践对后世的深远影响。如今,这本书的问世,不仅是对张謇研究的一次重要贡献,更是对那段辉煌历史的一次深情致敬。我们期待它能激发更多人对张謇及其时代的兴趣与思考,共同推动这一领域的研究走向深入。

　　为深入实施海洋强国与交通强国战略蓝图,2022年6月25日,江苏海事局与张謇企业家学院签署合作共建协议,共同建设水上交通安全、船舶防治污染和应急管理学科,以培养更多适用型、创新型港航人才,促进港航高质量发展实现新跨越。在此背景下,为推进共建协议相关内容落地,张謇企业家学院会同南通海事局、江苏航运职业技术学院,聚焦张謇先生港航事业发展的宝贵经验与实践探索,共同启动了专项课题研究,成立了以单晓鸣院长为组长,张謇企业家学院、南通海事局、江苏航运职业技术学院相关人员为组员的课题组。

　　为深入推进课题研究,自2022年7月起,课题组查阅、收集和整理了《张謇全集》等书籍、报刊文史材料以及档案资料中关于张謇港航事业发展方面的内容,开展专题研讨,确立课题框架,明确章节内容,细化任务分工,并到南通博物苑、大达轮船公司旧址、青龙港船闸旧址、上海十六铺和吴淞等地现场考察,收集相关研究材料。经过课题组成员努力,于 2022 年 12 月形成了"张謇港航事业及其当代价值"课题研究报告初稿,梳理了张謇开创的近代港航事业发展脉络、发展成效、时代价值,提炼了张謇发展近代港航事业的理念,分析了张謇近代港航发展理念与实践对现代化港航业发展的启迪意义。2023 年 1 月,课题组邀请南通、南京、上海等地研究张謇的专家对课题研究报告初稿进行指导。与会专家充分肯定了课题研究的立题创意、创新成果,提出需要继续收集相关资料、进一步梳理张謇港航事业发展成果、进一步提炼张謇发展港航事业的理念等方面的意见和建议。课题组充分吸取了专家意见,进一步开展了相应的研究工作,对课题研究报告进行了修改补充。

2023 年 4 月 25 日,课题结题评审会在张謇企业家学院召开,原交通运输部副部长、中国航海学会理事长、中国国际文化交流中心副理事长何建中,原江苏省政协副主席、江苏省张謇研究会名誉会长、江苏国际文化交流中心理事长罗一民,长江航务管理局原局长、交通运输部部长政策咨询委员会委员唐冠军,原上海海事大学党委书记金永兴,原大连海事大学副校长刘正江,原中国外运股份有限公司党委书记、总裁张建卫,江苏海事局局长朱汝明,江苏海事局一级巡视员王秀峰,南通大学教授、张謇研究中心学术顾问张廷栖等专家和代表参与课题评审。与会专家肯定了课题研究成果,给出了同意结题的鉴定结论,并就课题报告内容完善提出了中肯的意见和建议。何建中理事长从课题研究报告题目、结构框架、各章节内容等方面对课题研究报告进行了全面点评,提出慎用张謇"港航思想",并重点对张謇港航思想、当代的价值启示等章节内容完善提出了宝贵的意见。罗一民会长从课题研究的开创性、内容的全面性、观点的准确性、思想的启发性、课题的成熟性高度概括肯定了课题研究报告,从充实张謇吴淞开埠思想、增加创办中比国际航运公司内容、妥善论述张謇港航事业与我国近代港航业之间的关系等方面提出了宝贵的意见。其他与会专家分别从各自领域、各自专业角度对完善课题报告内容提出了专业意见,并就课题研究成果的转化提出了建议。课题组充分听取了各位专家、学者的意见,认真查找了存在的薄弱环节和短板,对课题研究报告内容进行了调整与修订,重点对涉及张謇港航思想、当代价值启示等章节内容进行了较大幅度的修改与完善。

单晓鸣院长十分重视课题成果的转化,课题报告完成后就提出明确要求,应尽快以研究报告的形式给相关部门提供咨询建议,并出版图书向社会广泛宣讲张謇港航事业。编写人员在征求了从事张謇研究方面的专家、学者意见的基础上,经过斟酌考量,书名定为《走向蔚蓝:张謇与港航现代化》。对照出版图书的标准要求,以课题研究报告为蓝本,对各章节内容进行了整合,突出张謇港航现代化方面的内容,进行了查重筛选,调整了文字表述方式,脚注了原文引用出处,搜集了相关档案、照片资料,以图文并茂的形式增加书本可读性。在此基础上,又多次征集有关专家、学者的意见并修改完善,于2024年6月形成了本书稿件。

课题组在开展张謇港航事业课题研究以及课题成果转化过程中,得到了社会各界的大力支持,江苏省张謇研究会、(南通)张謇研究中心、南通大学张謇研究院、南通市档案馆、南通博物苑、江苏大生集团有限公司等都给予了帮助和指导,在此表示衷心的感谢!何建中理事长以长期从事水运工作的经历和亲身感悟,对课题报告的整体框架结构、具体章节内容和个别不当表述提出了专业性的指导意见。罗一民会长认为课题组以港航专业人员为主体成员,开创了张謇港航事业方面的专业性与系统性的研究,为开展张謇在其他行业领域方面的专题研究作了很好的示范,并不辞百忙欣然同意为本书作序。唐冠军、朱汝明、金永兴、刘正江、张建卫、王秀峰、郑跃峰、张廷栖、闫晓波、黄巍东、薛扬、承海、蒋楠隽、张开文、王虎、蒋建、彭树林、万晓玲、周建飞、徐荣、朱玉强、钱荣贵、梁栋、黄正平、赵明远、马斌、陈宇里、许崇标、彭智诚、张厚军、唐莉、陆颐、王慧、高佳、羌建等都提出了诸多指导意见，并给予了相应的支持和帮助，在此一并致以诚挚的谢意！同时，在研究与写作过程中，课题组查阅、研读、借鉴、使用了大量档案、图书、论文、图片、实物、遗址等资料。这些资料丰富了本书的内涵，启发了对主题的思考，为本书增添了光彩。在此，对资料所有者或提供者也一并表达衷心的感谢！

在深入探索张謇先生推进港航早期现代化的重要贡献的过程中，编者虽满怀敬意与热情，但鉴于张謇研究是一座亟待开掘的富矿，其深度挖掘还需假以时日。同时，对于其港航事业发展的全面梳理与深入剖析，也难免存在资料搜集的局限与深入研究的不足。这既是对我们研究深度与广度的检验，也是未来不断精进与完善的动力所在。我们期待并欢迎各方反馈，提出宝贵意见和建议，共同探讨挖掘张謇在推进港航早期现代化方面的贡献，分析张謇港航事业发展对当代港航现代化建设方面的启迪意义，以便在未来的研究中不断修正、完善，力求更加准确地还原历史真相，传承先贤精神，汲取先贤智慧，探寻历史发展的内在规律，不断推进我国港航现代化高质量发展，实现新的跨越。